環太平洋文明叢書⑦

テオティワカン

「神々の都」の誕生と衰退

雄山閣

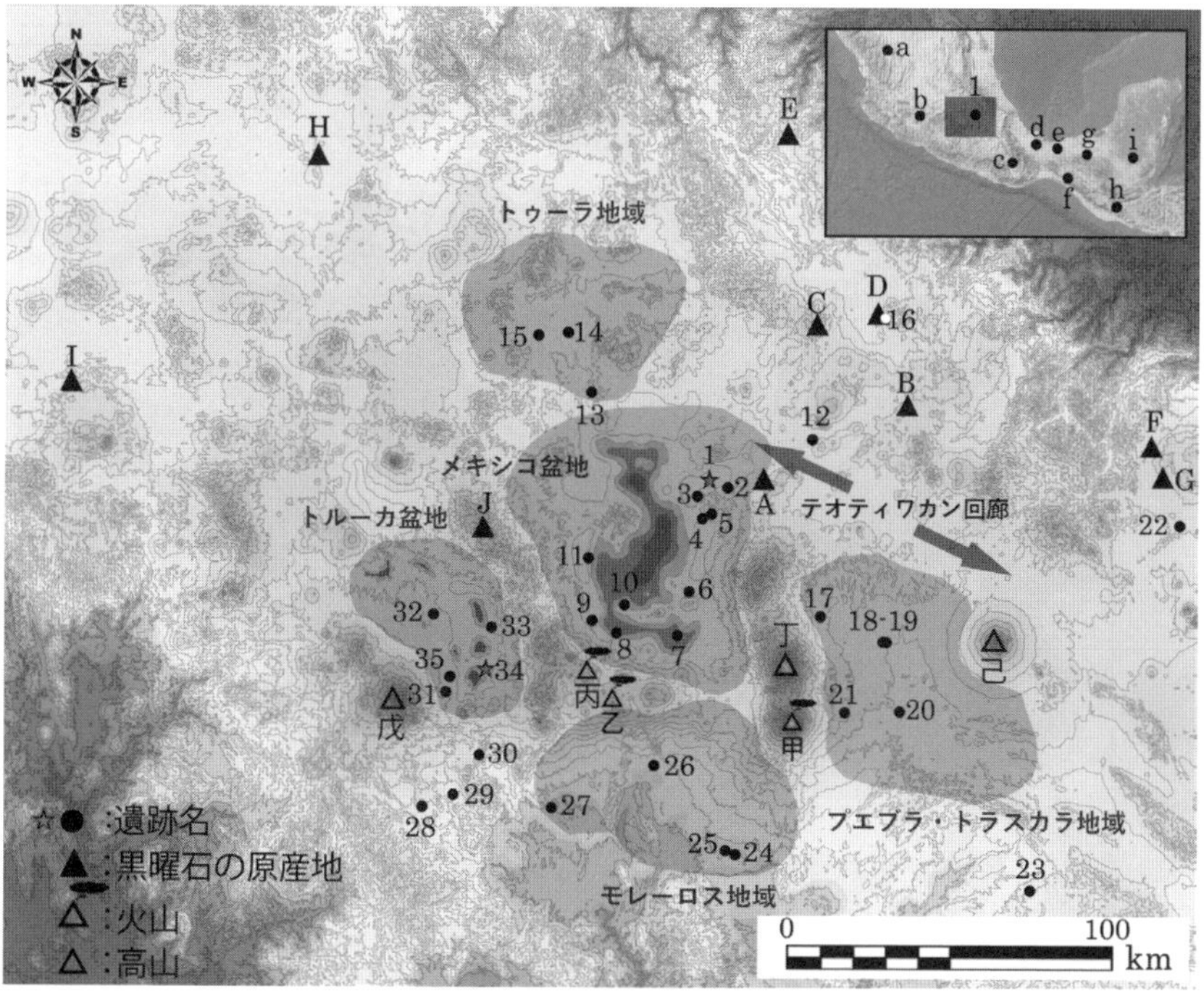

メキシコ中央高原の主要遺跡

●遺跡名

1: テオティワカン　2: オシュトティパック　3: ショメトラ　4: テペティトラン　5: ショラルパン　6: ポルテスエロ　7: ヒコ　8: ソチミルコ　9: クイクイルコ　10: セロ・デ・ラ・エストレジャ　11: アスカポツァルコ　12: テペアプルコ　13: セロ・デ・ラ・アウマーダ　14: チングー　15: トゥーラ　16: ウアパルカルコ　17: トラランカレカ　18: ショチテカトル　19: カカシュトラ　20: チョルーラ　21: テティンパ　22: カントナ　23: テペヒ・デ・ロドリゲス　24: チャルカツィンゴ　25: ラス・ピラス　26: アシエンダ・カルデロン　27: ショチカルコ　28: トナティコ　29: スンパワカン　30: マリナルコ　31: テオテナンゴ　32: サンタ・クルス・アスカポツァルトンゴ　33: オコヨアカック　34: サンタ・クルス・アティサパン　35: オホ・デ・アグア

▲黒曜石の原産地

A: オトゥンバ　B: パレドン　C: パチューカ　D: トゥランシンゴ　E: サクアルティパン
F: サラゴサ　G: オジャメレス　H: フエンテスエラス　I: ウカレオ　J: ラス・パロマス

△火山・高山

甲: ポポカテペトル火山　乙: チチナウツィン火山　丙: シトレ火山
丁: イスタシワトル山　戊: ネバード・デ・トルーカ山　己: ラ・マリンチェ山

●右上図の遺跡名

a: アルタ・ビスタ　b: ティンガンバト　c: モンテ・アルバン　d: マタカパン　e: ラ・ベンタ
f: ロス・オルコネス　g: パレンケ　h: カミナルフユ　i: ティカル

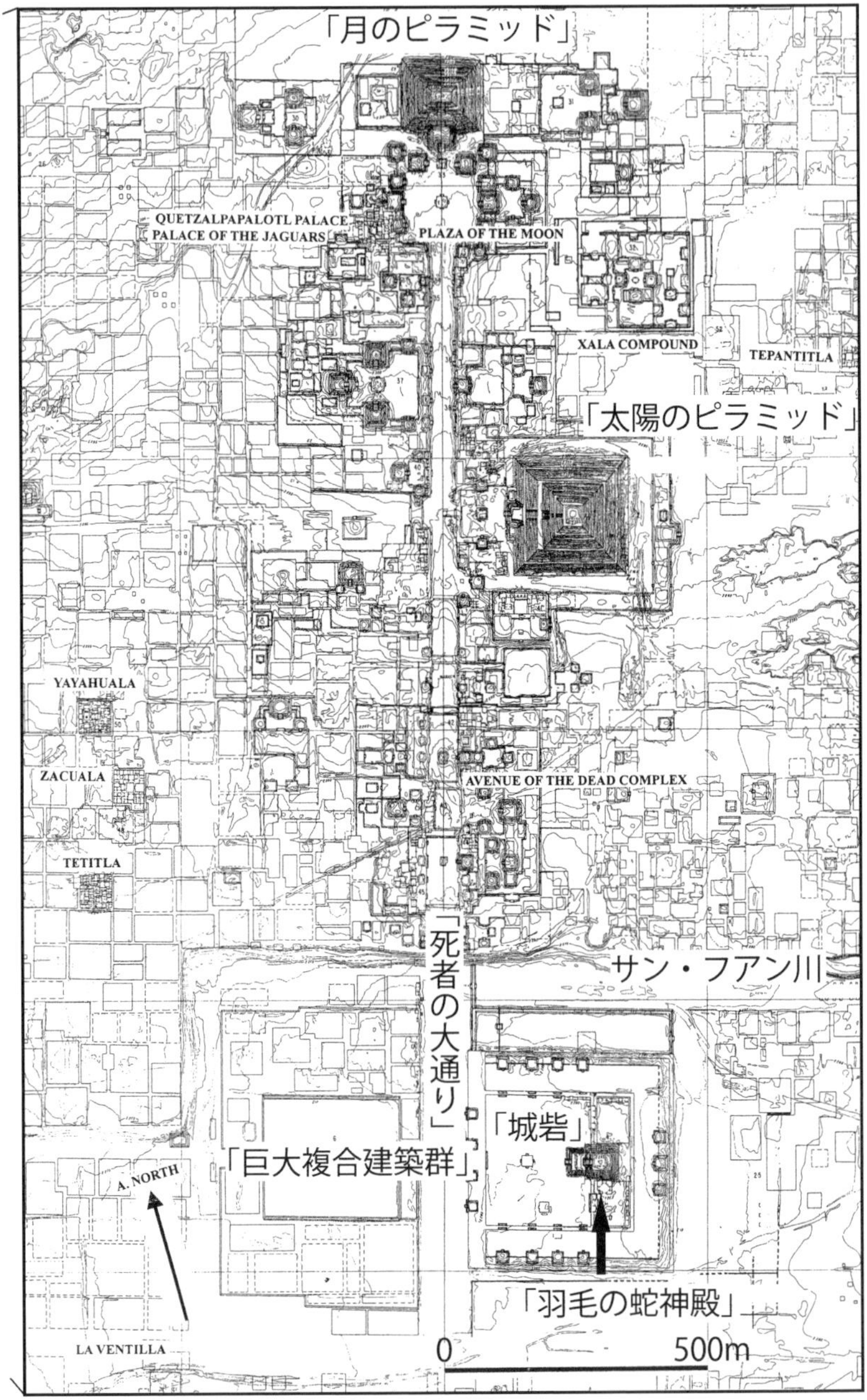
「月のピラミッド」
QUETZALPAPALOTL PALACE
PALACE OF THE JAGUARS
PLAZA OF THE MOON
XALA COMPOUND
TEPANTITLA
「太陽のピラミッド」
YAYAHUALA
ZACUALA
AVENUE OF THE DEAD COMPLEX
TETITLA
「死者の大通り」
サン・フアン川
「城砦」
「巨大複合建築群」
A. NORTH
「羽毛の蛇神殿」
LA VENTILLA
0
500m

都市中心部

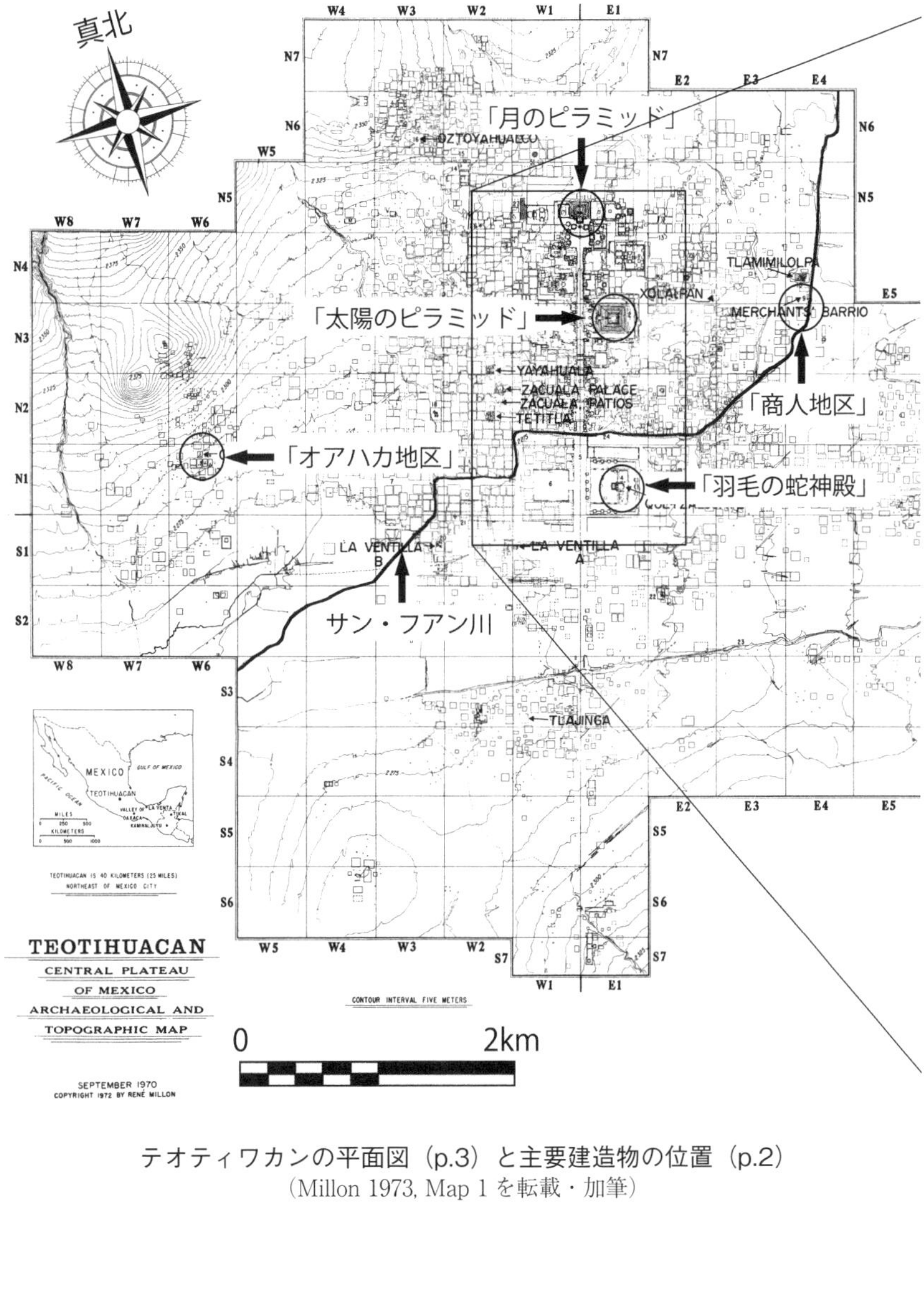

テオティワカンの平面図（p.3）と主要建造物の位置（p.2）
（Millon 1973, Map 1 を転載・加筆）

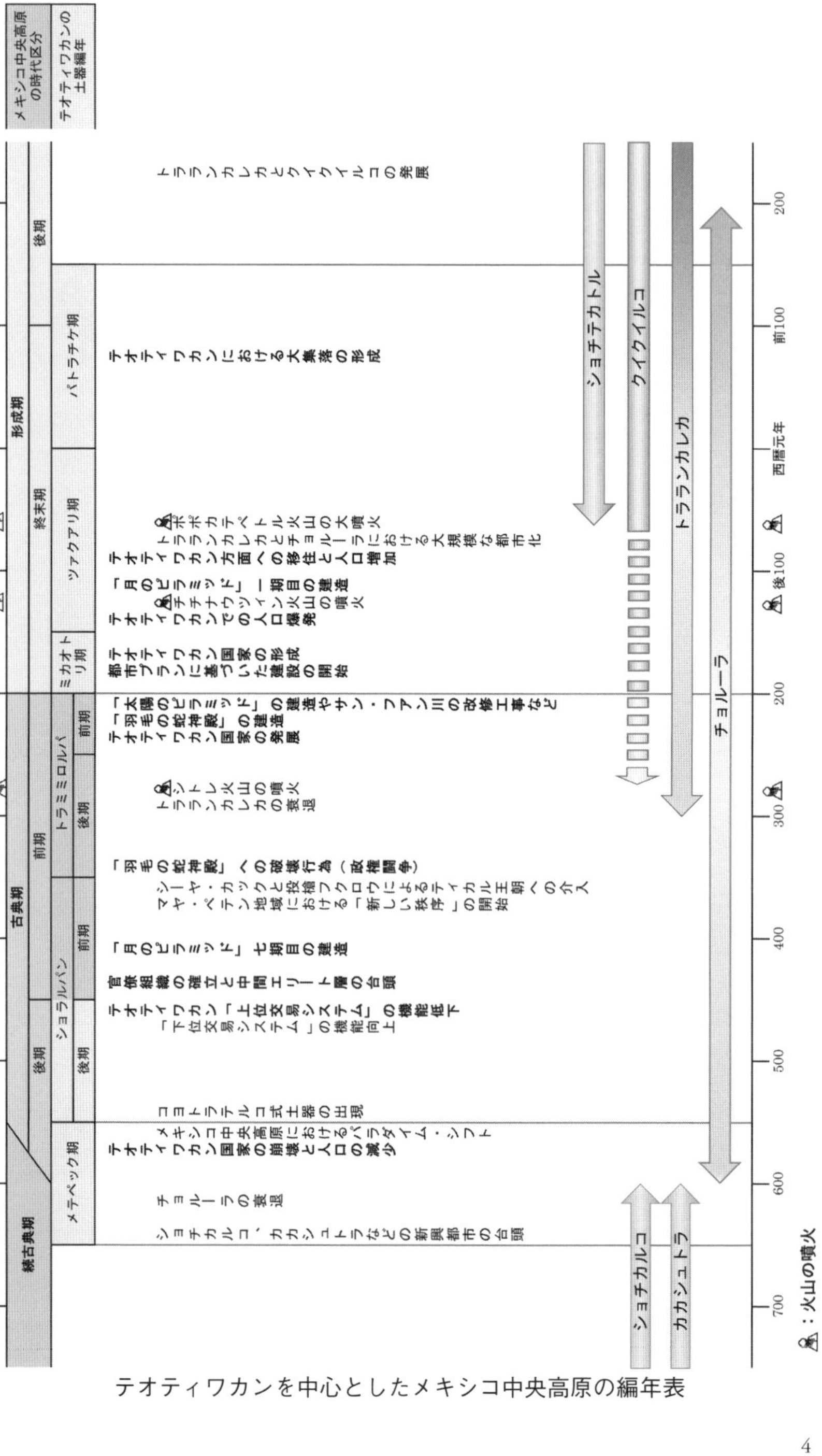

テオティワカンを中心としたメキシコ中央高原の編年表

はじめに

本書は、なぜテオティワカン（前一五〇～後五五〇／六〇〇年）という古代国家が誕生し、衰退したのかについて考えるものである。古代メソアメリカ文明（前約二〇〇〇～後一五二一年）の中で、この国家は特別な存在として位置付けられている。それは、メソアメリカの各地域でテオティワカンと関係する物質文化の影響が色濃く認められるからである。例えば、土器や石器などの遺物は、この地から一〇〇〇キロメートル以上も離れた地域でも確認されている。また、情報の伝播と言う意味において、芸術・建築様式も同様の範囲に広がっている。

特に芸術・建築様式は、この国家が衰退した後も影響力は消滅せず、トルテカ王国（後九〇〇～一一五〇年：図1）やアステカ王国（後一三二五～一五二一年：図2）といった、古代メソアメリカ文明を代表とする王国においても継承された。これは、後の王国がテオティワカンの栄光を利用し、ここに出自を求めることで権力の正当性を喧伝したからである。さらに、現代メキシコにおいても、テオティワカンという文化遺産は、ナショナリズムの高揚やツーリズムの促進に大きな貢献を果たしている。

このように、テオティワカンという古代国家はその崩壊をもって当時の社会的な役割を終えたが、現代社会の中で、学問的な価値は言う

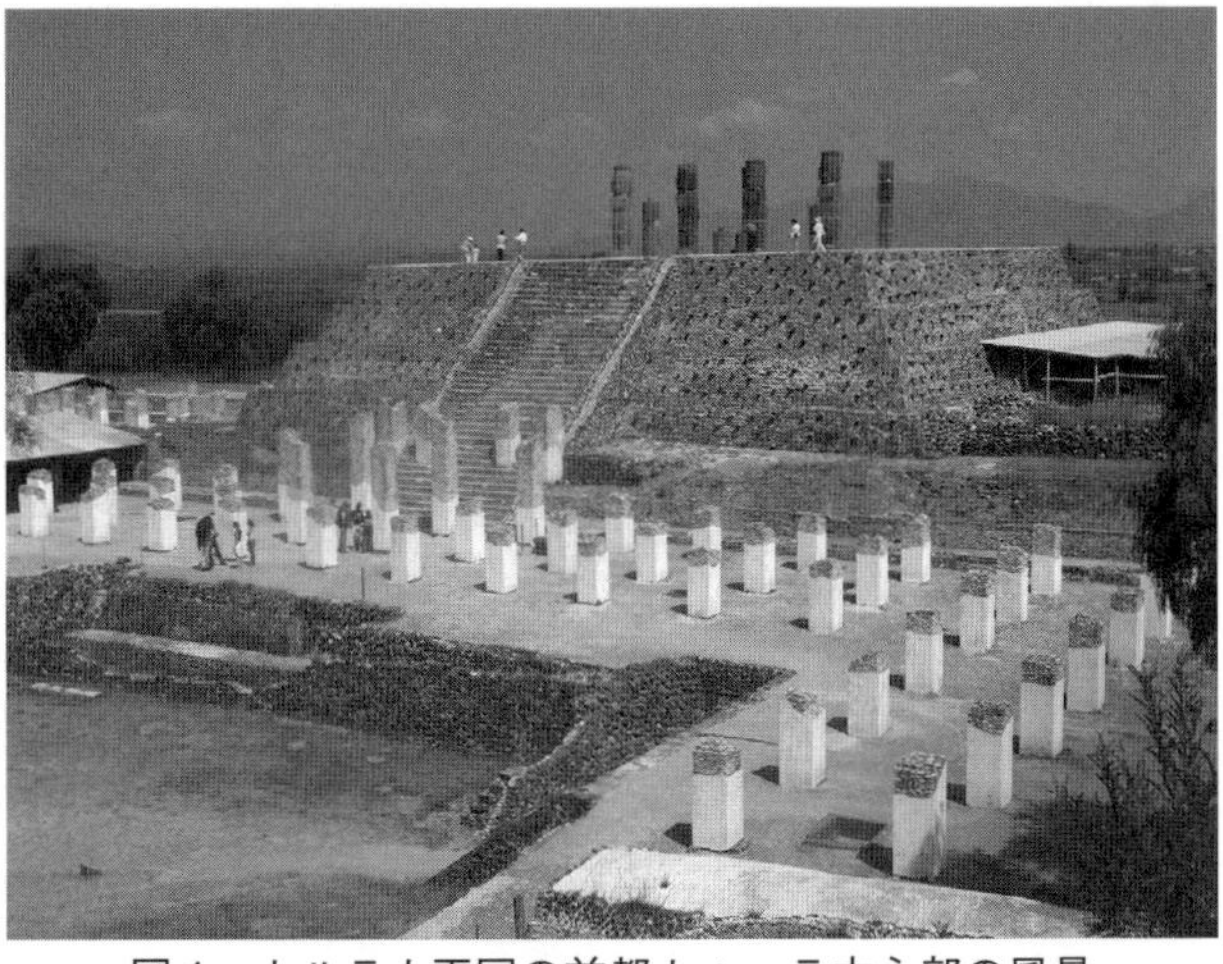

図1　トルテカ王国の首都トゥーラ中心部の風景
（南東から撮影）

に及ばず、政治的・経済的に力強く生き続けている。

現在のテオティワカン研究において、この国家の発展については詳しく研究されている。しかし、誕生と崩壊のプロセスに関しては充分に議論されていない（この理由については第一章四・五節で詳しく述べたのでそちらを参照して頂きたい）。そのためこの国家は、あたかも突然誕生し消滅したかのような印象を与えている。ミステリーであるがゆえに、多くの人々を惹き付けているのかもしれない。

本書は、このミステリーの解明に向け、三つの新しい視点から挑戦している。

一つ目は筆者が最も重要だと考えることから始めた。それは、古代メソアメリカ文明に生きた人々は、私たちとは全く異なった世界観を持っていたと理解することである。本書での世界観とは、以下のテーマが古代人によって自問自答され、彼らの間で共有化された考えを指す。世界はどのような姿をしてどこまで広がるのか、この世界はどのように成り立っているのか、そして何が存在しているのか。さらに、なぜ私たちはこの世界に存在しているのか。また、私たちの役割とは何であるのか。

図２　アステカ王国の首都テノチティトラン中心部の風景
（南から撮影）

第一章はこの世界観について議論したものである。そして、テオティワカンという古代国家を理解するためには、前提として、どのような視点が必要であるのかについて説明した。私たちの世界観を解体し、古代人の世界観を理解することで、今まで見えてこなかった古代の姿が見えてくる。一つの中心テーマとして、「なぜピラミッドは造られたのか（二節）」を採り上げた。それは、ピラミッドには当時の世界観が表現されているにもかかわらず、一般的に理解されている答えは存在理由の一面のみが強調される傾向にあり、世界観を多角的に捉えているとは言えないからである。さらに、私たちと古代人との世界観の違いから、都市とは何であるのかの定義も異なっているため、これについても説明した。他方、現代メキシコにおけるテオティワカンの社会的重要性についても述べた。それは、この遺跡が非常に重要な文化遺産として扱われているため、バイアスの掛かった学術的評価を生み出していると考えるからである。テオティワカンにおける現代的価値を考察することによって、より多面的にこの古代国家の実像に迫ることができると考える。

第二章の主要テーマは、なぜテオティワカンという国家が誕生したのかについてである。この理解に向け、同時代のメソアメリカ地域の中で、この国家はどのような特徴を持った社会であり、他地域の主要王国（モンテ・アルバンやティカル王朝）とどのような関係を結んでいたのかを考察することから始めた。それは、国家の発展期におけるテオティワカンの国内外における社会動向や役割を理解することで、国家誕生の社会的意味を考察することが可能になると考えたからである。その後、従来から提示されているテオティワカンの形成要因を紹介すると共に、先行研究の問題点と課題を指摘した。テオティワカンが形成される前の社会についても述べ、国家の形成には、先行社会の役割を理解する必要性を指摘した。そして、この先行社会の発展の延長上に、テオティワカン国家が誕生したとする筆者の仮説を提示した。これが二つ目の新しい視点（通時的観点の重視）である。

第三章は、テオティワカンの衰退後の世界の動向について述べたものである。第二章で採ったアプローチが古い時代（形成期終末期：前一〇〇～後二〇〇年）から新しい時代に向けたものであるのに対し、この章では新しい時代（続古典期：後五五〇／六〇〇～九〇〇年）から古い時代に視線を向けた。第二章では先行社会の役割とその衰退要因を知ることで、次のテオティワカンの時代には、何が求められているのかを推測し、形成の要因について議論した。この章でも同様の推論を働かせ、テオティワカンの衰退は、次の時代には社会的役割を終えたことにあったと考えた。これ以後の社会動向を理解することで、より明確な形で、テオティワカンの何が時代の変化に対応できなくなったのかが見えてくるだろう。

ここから、テオティワカンという強大な国家は、周辺地域を支配するにあたり各地域の政治的・経済的状況によって戦略を柔軟に変えていたことが理解できた。そして、国家の経済基盤として、成熟した交易システムを確立させていたことが分かった。しかし、このような交易システムが存在しながら、なぜ国家が衰退したのかは理解されていない。それは、これについて深い議論をおこなえる先行研究が乏しいからだ。

これを可能にするには、交易システムがなぜ破綻したのかについての理論研究をおこない、そして、ここから導き出される仮説を証明するために、実践研究を実施する必要がある。

そのため、第四章ではまず理論研究をおこなった。先行研究におけるテオティワカンの経済基盤を支えた交易システムはどのようなものであったのかについて確認し、その問題点と課題を指摘した。これを基に、筆者がより合理的であると考える交易システム（「多層的交易システム」）の枠組みを提示した。これは、共時的観点から周辺地域のダイナミズムや独自性を考慮したものであり、三つ目の新しい視点である。

第五章は、この理論的枠組みが考古学データから果たして立証できるのかどうかを検証したものである。分析をおこなうにあたり、黒曜石を分析対象とした。その理由は、古代メソアメリカ文明において、石器は主要な利器であったことが挙げられる。そして、黒曜石は産地同定の分析が進んでいるため、先行研究から得られたデータとの比較研究がおこないやすいという利点もある。これを基に、テオティワカンの衰退期の前と後で、どのように供給源が変化したのかを考察した。例えば、衰退期前後で黒曜石の獲得システムに変化がない場合、交易システムはテオティワカンの衰退要因の一つではなかったと言えるだろう。一方、逆の分析結果が出る場合、これは一つの要因であったとも解釈可能である。

第六章は、第五章と同様の理由で、搬入土器を分析対象としたものである。それは、交易とは様々な種類の商品や資源を交換する活動であるため、黒曜石という一つの遺物から復元された交易システムは、このシステム全体を代表するものではないからである。したがって、これに全幅の信頼を寄せ、テオティワカンの衰退を考察することは非常に危険であると言える。黒曜石の分析から復元された交易システムの傾向と搬入土器のものが同じであれば、前者の補強データとして利用できる。一方で、そうではない場合、なぜ異なるのかについて様々な角度から考察することで、より説得力のある衰退要因を提示できる機会になるだろう。

最後の第七章の前半は、これら理論研究と実践研究を総合的に解釈し、復元された交易システムから、テオティワカンの衰退について議論したものである。他方、筆者はテオティワカンの衰退要因を、交易システムの考察のみから理解できるものではないと考えている。それは、冒頭で述べたように、古代人の世界観を充分に考慮しているとは言えないからである。本章の後半でこのテーマを議論するにあたり、これまでの章で得ることのできた知見と共に、なぜテオティワカンは衰退したのかについて、世界観に着目して筆者の結論を述べた。

ミステリーの解明にあたり筆者は、時の支配者が変化していく世界観に対応できたかどうかがキーポイントになったと考えている。異世界に住む神々や精霊とはどのような存在であるのか、またどのような方法で彼らと交信するのか、そして、どのように人々を導くのかについて沈思し実行したかどうかである。社会組織と世界観は互いに影響し合いながら変化する（図3・4）。これらの均衡と不均衡が、古代の国家や都市の盛衰を左右したと筆者は考えている。

図３　豊穣をもたらすテオティワカンの女神
（古典期；Baird 1989, Fig. 9 を転載・修正）

図４　社会と権威の安定を願うカカシュトラの鳥の戦士
（続古典期；Baird 1989, Fig. 3a を転載・修正）

テオティワカン―「神々の都」の誕生と衰退― 目次

第一章　古代メソアメリカ文明を理解するために

一節　異文化を見る眼差し

行為の奥に隠される真意

まず図5の絵文書をよく見て頂きたい。

男性と男の子が何をし、その右下に描かれているものの正体（図5のCとD）について考えてほしい。古代メソアメリカに生きた人々の世界観を知る一助になると思うからである。

次のように四つの選択肢を挙げた。この中から正しいと考えるものを選んでもらいたい。

①人身御供の場面である。アステカ社会では、神々に活力を与える目的で生贄を伴う儀礼が日常的におこなわれていた。この場面は、炎の神に男の子を捧げようとしているところである。唐辛子（赤＝炎）は炎の神への副葬品である。

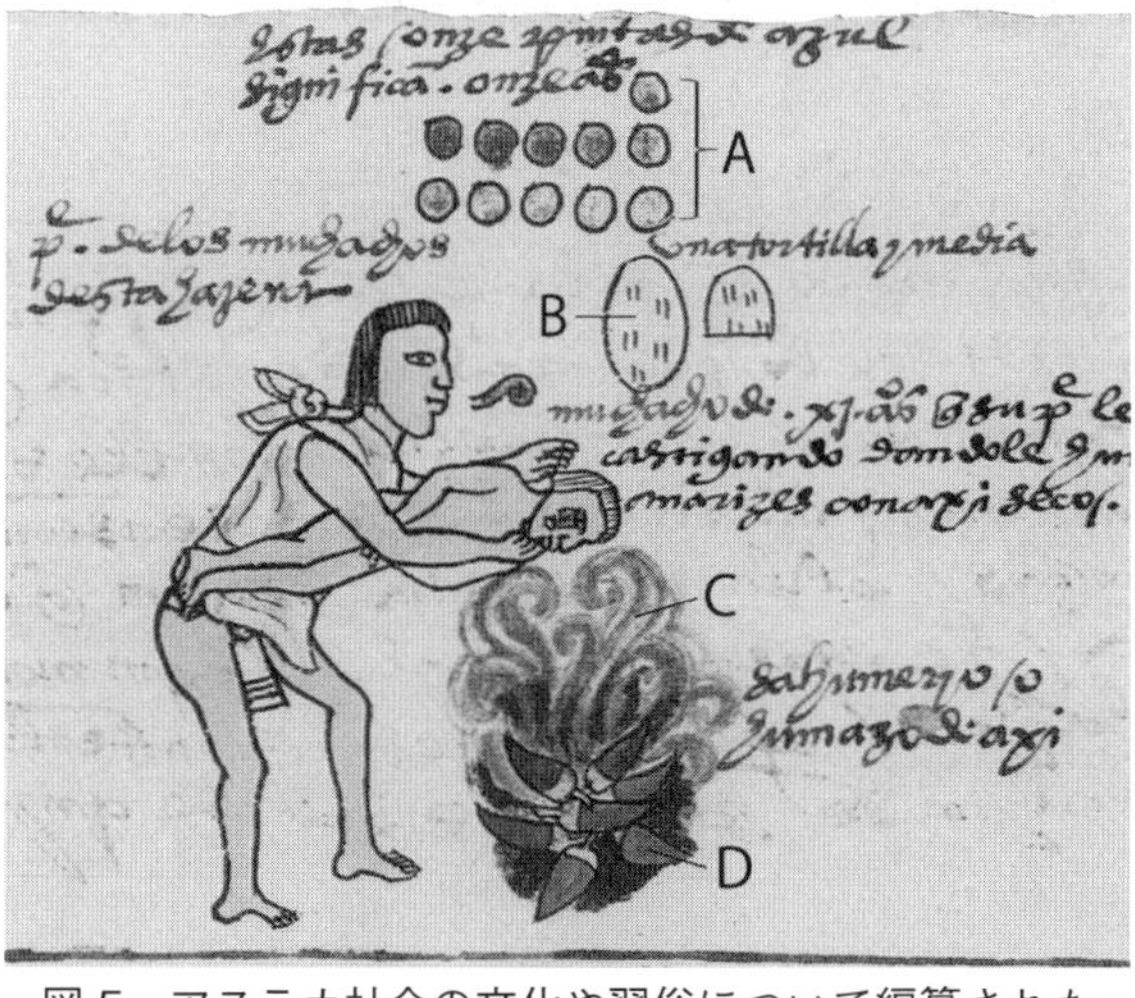

図５　アステカ社会の文化や習俗について編纂された『メンドーサ絵文書』の一場面

（A: 男の子の年齢を表す　B:11 歳の子供が食べることのできるトルティージャの量（1 枚半）　C: 煙　D: 唐辛子。Berdan and Anawalt 1997, FOLIO 60r から抜粋・加筆）

②男性に抱えられた男の子は何か悪いことをしたため折檻されている。動きを封じられた男の子の目は、煙で覆われているため、涙が止めどなく流れている。たちの悪いことに煙はただの煙ではなく、目への痛みをより増加させる目的で唐辛子がくべられている。

③男の子に折檻をしているように見えるが、その対象は彼ではない。男の子に憑依した悪霊退治の場面である。古代メソアメリカの社会では、唐辛子には不思議な力があると信じられていた。そのため、唐辛子の煙を用いることで、男の子の体内から悪霊を追い出そうとしている。

④男性は呪術師である。男の子（一一歳）の目には疾患があるため、唐辛子の煙でわざと涙を流させ、治療をおこなっている。年齢や体格に応じて唐辛子の数を調整せねばならないため、専門的な知識が必要とされる。その証拠として、唐辛子が七つくべられていることや、治療方法を熟知していることから、男性の表情は穏やかであることが挙げられる。

選択肢には、男の子を生贄にしようとする恐ろしいものから、逆に治療しようとするものまである。果たしてどれが正しいのだろうか。アステカ社会についての知識がある方は②を選んだかもしれない。これを不正解だとは言えないが、完全な正解とも言えない。

正解は選択肢③である。確かにこの場面が収められている『メンドーサ絵文書』には、どのように子供たちを教育し折檻したのかが描かれており（図6）、これもその一例として挙げられている。図6からは、現代社会における刑罰の軽重が罪状によるように、折檻の方法が子供たちの悪いおこないの内容によって、異なっていたことを理解することができる。しかし、類例がいくつか並置されることによって、私たちの理解はこれらすべてを折檻の場面である、との範囲に狭められてしまう。

異なる社会の文化を理解する際、私たちには充分な知識の獲得が求められる。他方、この積極的な働きかけ以外にも、もう一つ重要な姿勢が必要とされる。それは、現代の価値基準を一度取り除き、研究対象の社会の中では、物事がどのように理解されていたのかを常に念頭に置くことである。

この事例のように、私たちの目には折檻していると映るものが、ある特定の悪行に対しては、折檻の対象者を実行者にではなく、その中に巣くう悪い霊魂に向けられる。彼らの折檻の方法は、現代の私たちには野蛮に見えても、まだ理解できる範囲だろう。一方、この世に霊魂が日常的に存在し、生命体に憑依するとの考えを受け入れることは、私たちにとって困難だ。しかし、そのような世界の中に生きていると信じた人々がいたのだ（現在でもメソアメリカ地域の一部ではまだ信じている人々が存在する）。

これに関連して、興味深い風習がある（図7左）。古代メソアメリカ文明では、骨が柔らかい乳幼児期に、額と後頭部を板などではさみ、形を細長く矯正する頭蓋変形が実践されていた。トウモロコシから人が誕生したと信じた古代人は、頭をトウモロコシの形に近付けることによって、さらなる超自然の力を得ようと欲したからだと解釈されている。しかし、この解釈は一つの側面を言い表しているに過ぎない。

古代人は、肉体を霊魂の器として捉えていた。ここで重要なのは後頭部の存在（外後頭隆起）にある。この隆起には頭と上半身を行き来する善良な霊魂の循環を阻害する働きがあり、病気や死をもたらすと信じられていた。この危険性を軽減する目的で、現代医学の観点から見て脳への重大な疾患を伴う可能性があるにもかかわらず、彼らは頭蓋変形

図6 『メンドーサ絵文書』に描かれた子供への折檻

（A: リュウゼツランの棘　B: 棒切れ。1はリュウゼツランの棘を目の前に恐怖し、口頭で注意を受けている場面。2は口頭での注意に耳を貸さなかったため、リュウゼツランの棘で折檻を受けている場面。3は棒切れで殴られている場面。Berdan and Anawalt 1997, 123頁と125頁から抜粋・修正）

をおこなっていたのだ。これを補強する資料として、死者の神には外後頭隆起がある状態で描かれることを指摘できる（図7右）。

人間は各時代や各地域で共有される世界観に縛られ生きている。私たちの多くは、ルネサンス以降発展した合理主義に基づく科学と、効率性を追求する経済活動（資本主義）に大きく影響を受けている。一方、古代メソアメリカ社会は、神々との契約によって世界が維持される時代だったと考えられている。この世界観の相違を念頭におかず、現代社会で観察される行動や欲求を、無批判に古代社会の事例に当てはめることはできない。

精霊と共に生きた古代人

古代メソアメリカの世界は、魂に満ち溢れた世界であった。現代の私たちにとって、自然景観を構成する各要素（天体、山、水源、洞窟など）は意思を持っては動かない。しかし、古代メソアメリカの人々は、あらゆるものに神々が宿り、あらゆる自然現象に神々の意思が反映される世界観を持っていた。

自然景観を構成する要素の中でも、特にメキシコ中央高原では、山や火山はとりわけ重要なものであり、「聖なる山」と捉えられていた。それは、標高二〇〇〇メートルを超すこの高原地帯には、ポポカテペトル火山（五四二六メートル）、イスタシワトル山（五二三〇メートル）、ネバード・デ・トルーカ山（四六八〇メートル）をはじめ様々な高山がそびえていることと関連する。これらは霊峰として崇められるだけでなく、世界の中心、人類の発祥地、社会秩序と権威の源泉の象徴として、社会的に認知されるに至った。ちなみに、古典期（マヤ地域では後二〇〇～九〇〇年、メキシコ中央高原では後二〇〇～五五〇／六〇〇年）のマヤ地域では、この「聖なる山」のことを「真実の原初の

図7　マヤ地域で出土した多彩色土器（左：頭蓋変形が認められるマヤの高官　右：死者の神。Tiesler 2017, Figura 5 を基に作成）

山（Yax Hal Witz）」と呼んだ。

いくつも存在する「聖なる山」を中心に四方に地上界が広がると考えた。さらに、この「聖なる山」には、守護神の国（天上界）や死者の国（地下界）へと通ずる扉としての機能も付与されていた（López and López 2009: 93-127）。これは、この世が地上界によってのみならず、天上界と地下界の三層により構成されていたことを示し、現代の私たちとは決定的に異なる世界観を持っていたことを表す。なぜ、古代人はこの世が三層の異なる世界から成り立つと考えたのか。それは、「（トウモロコシの）種の人々、真実、そして血統の創造は天に向かう木と、地下界全体に向かう木で誕生した」との言い伝えにヒントがある（López and López 2009: 40）。トウモロコシを主食とする古代メソアメリカの人々は、人類は天上界と地上界と地下界が垂直に交わる「聖なる山」で誕生したと信じた（図８）。この創世神話を知的体系化し物質化することで、人々はこの世の安寧が保たれると考えていたのだ。「聖なる山」が世界の中心であるという理由は、地上界が単に水平方向に延びる世界の中心に位置するだけではなく（水平軸）、上下垂直方向へと延びる五番目の方位軸（垂直軸）をも創りだしているからである。

「聖なる山」は水平軸と垂直軸に広がる世界の要である。古代人は、天上界・地上界・地下界の三層を連結する「聖なる山」を舞台とし、各層に生きる存在と交信することが可能であると考えた。そして、この舞台での儀礼行為を介して、先祖や異世界の神々や精霊が与える恩恵に授かる権利を獲得できると信じた。

図８　ゲレロ州アウェリカン遺跡（前 900 〜 500 年）で発見された緑の石（a: 天上界の家　b: 天上界と地上界を繋ぐトウモロコシ　c: 四方位に存在するトウモロコシの実　d: 地上界　e: 洞窟　f: 人類の起源になったトウモロコシの種。Fields and Reents-Budet 2005, Figura 85 を転載・加筆）

重要なのは、これが観念上の問題に留まらないということである。
いつしか古代人は、この「聖なる山」を自分たちでも造ることはできないかと考えたのだ。

二節　なぜピラミッドは造られたのか

観念の物質化

「ピラミッドの用途とは何か？」と質問されると、どのように答えられるだろうか。王の墓と答えられるかもしれない。しかし、古代メソアメリカ文明において、すべてのピラミッドが王の墓であったのではない。また、そうであっても、単純に王の亡骸を安置するためだけにピラミッドが建設されたのでもない。

この答えは「世界を掴む」ためだったと言える。

古代メソアメリカ文明のピラミッド（モニュメント建造物）の多くは、「聖なる山」のレプリカである。これを大集落や都市の中心部に建造することによって、異世界の神々や先祖そして精霊と交信し、世界の安寧を掴もうとしていた。つまり、古代人は世界観を物質的に復元する作業をおこなっていたのだ。

この起源は、少なくとも紀元前一四〇〇年頃にサン・ロレンソ遺跡で興隆したオルメカ文化にまで遡ると考えられる（Pool 2007: 98-102）。しかしながら、当初からピラミッド型をした建造物が造られたわけではない。土木事業の萌芽期においては、自然の地形を整地し、この上に基壇を造りあげ、観念上の「聖なる山」を物質化していったと思われる。そして、この傾向は時代が新しくなるにつれ、大型ピラミッドの建造を伴い、より複雑な形で遂行されていった。現代の私たちにとって、これをより明確に理解できる古い時期の好例は、ラ・ベンタ遺跡（前九〇〇年〜前四〇〇年頃）の紀元前四〇〇年頃まで機能し、火山を模したと解釈されている「建造物群C（約一二八×一二八×高さ三〇メートル）」（図9）であろう（González 2008: 403）。

この観念としての「聖なる山」と、それを物質化する事業は、交易網が発展するにしたがい、メソアメリカの各地域で共有され実践されていった。特にメキシコ中央高原（メキシコ合衆国のメキシコ市、メキシコ州、プエブラ州、トラスカラ州、モレーロス州、イダルゴ州を地理的範囲とした高原地帯）では、テオティワカンにおいて顕著である。三大ピラミッドである「太陽のピラミッド（約二三二×二三〇×六四メートル）」、「月のピラミッド（約一五〇×一二九×四五メートル）」、「羽毛の蛇（ケツァルコアトル：Quetzalcoatl）神殿（約六五×六五×二〇メートル）」は、大規模に実践された例として理解できる。

しかしながら、ここで重要なのは、「聖なる山」のレプリカとして建造されたピラミッドは、「世界を掴む」ための一部として利用されたと言うことである。ピラミッドのみでは「世界を掴む」には、不完全であるという事実を見過ごしてはいけない。

先に、この世界は地上界のみならず、天上界と地下界の三層により構成され、これらは行き来できる連続した空間であると書いた。ピラミッドに登るという行為は、天上界に至る行為を表現している。しかし、ピラミッドを介した地上界と天上界の物質的連続性のみでは、世界を物質化しているとは言えない。「聖なる山」を正確に復元するためには、地下界自体、そこへと通じる扉、または道を物質化する必要があったからだ。

密林の中や水平線が背後に広がるマヤ地域のピラミッド、そして、遠方からでもその存在を確認することができるテオティワカンの巨大なピラミッドなどは、現代の私たちに、壮麗で威厳のある人工物として映る。そ

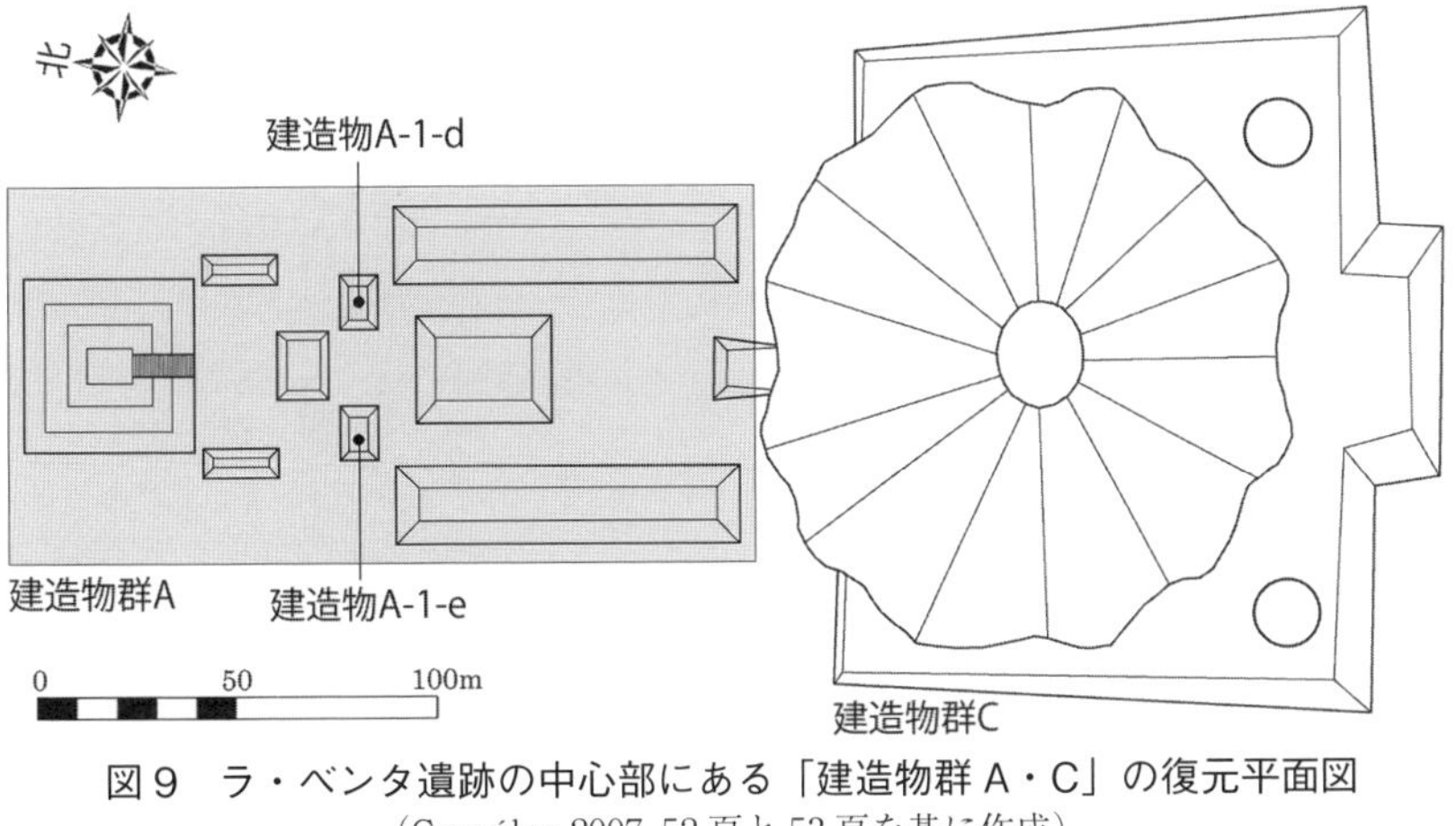

図９　ラ・ベンタ遺跡の中心部にある「建造物群Ａ・Ｃ」の復元平面図
（González 2007, 52 頁と 53 頁を基に作成）

のため、目の前にある存在に意識が奪われてしまう。この地上界しか存在しないという無意識の認識が、古代人は意識していたにもかかわらず、私たちに彼らの世界を直視させることを妨げる。

では、地下界とはどのような方法で繋がることが可能だったのだろうか。

それは、地中やピラミッドの内部に人工的な空間を建造する、あるいは自然の洞窟を利用するといった方法で実践されていた。この地下界を物質化する方法は、時代や地域によって違いが認められる。その理由は、技術力や動員力そして地質の違いといった物理的な問題が大きく関係していたと思われる。天上界へと至る道を物質化するために、初めから巨大なピラミッドが建造されたのではないのと同様に、地下界を物質化する事業においても、当初から洗練された地下空間が造られたのではないと考えられる。

他方、観念の体系化という側面にも留意する必要がある。

時代と共に体系化される観念

古代メソアメリカ文明の起源は、農耕や定住の開始そして土器の出現といった文化要素を基に、およそ紀元前二〇〇〇年にさかのぼると指摘されている。この揺籃期において、異なる三層の世界が存在しこれらは「聖なる山」を中心に繋がる、との観念体系が既に完成していたと考えることは、早計である。観念としては天上界、地上界、地下界という世界が存在すると認知していたかもしれない。しかし、異世界の神々とどのような方法で交信できるのか、そして、それはどのような人物が媒介となり可能であったのかを示す考古学データは存在しない。より複雑な社会の形成、宗教的・政治的権威を持った特定集団の誕生、遠距離交易を介して獲得できる威信財の蓄積などによる社会変動の中から、徐々に世界観の体系化は発展しそして洗練していったと思われる。

テオティワカンにおける垂直性

以下では、先に述べたラ・ベンタ遺跡からの事例と、これより後に発展した時代の類例を紹介しながら、この発展過程について具体的に述べる。テオティワカンの「太陽のピラミッド」の事例は、「聖なる山」の垂直性を明確に理解できるため、まずこれについて触れてみたい。

最新のデータによると、「太陽のピラミッド」は紀元後三世紀の初め頃に建造されたと指摘されている（Sugiyama et al. 2013）。重要なのは、このピラミッドの地中には九七・四メートルに及ぶ人工洞窟が存在し、「太陽のピラミッド」とほぼ同時期に造られていたことである（図10）。この洞窟が天然のものではなく人工的に計画性を持って設計されたと解釈できる理由は、まず、洞窟が「太陽のピラミッド」の東西中心軸上にあり、入り口がちょうど西正面に存在することが挙げられる。さらに、天然の洞窟は同じ高さを維持しながら広がることは稀であるが、この洞窟の高低差はほぼ認められず、かつ凹凸の少ない床面レベルを保ちながらピラミッドの中心へと延びていることも根拠の一つである。また、最深部は自然に生成されることは珍しい形状をしており、四つの部屋状空間に分かれている。この四つの空洞は、地上界と同様に、地下界の中心から四方に空間が広がることを暗示していると考えられる。

地上から「太陽のピラミッド」を登る行為は天上界に、そして、人工洞窟を進む行為は地下界に至る旅路の暗喩であると理解できる。「太陽のピラミッド」の頂上には「火の老神（ウエウエテオトル：Huehuetéotl）」の狼煙台（図11）が安置され

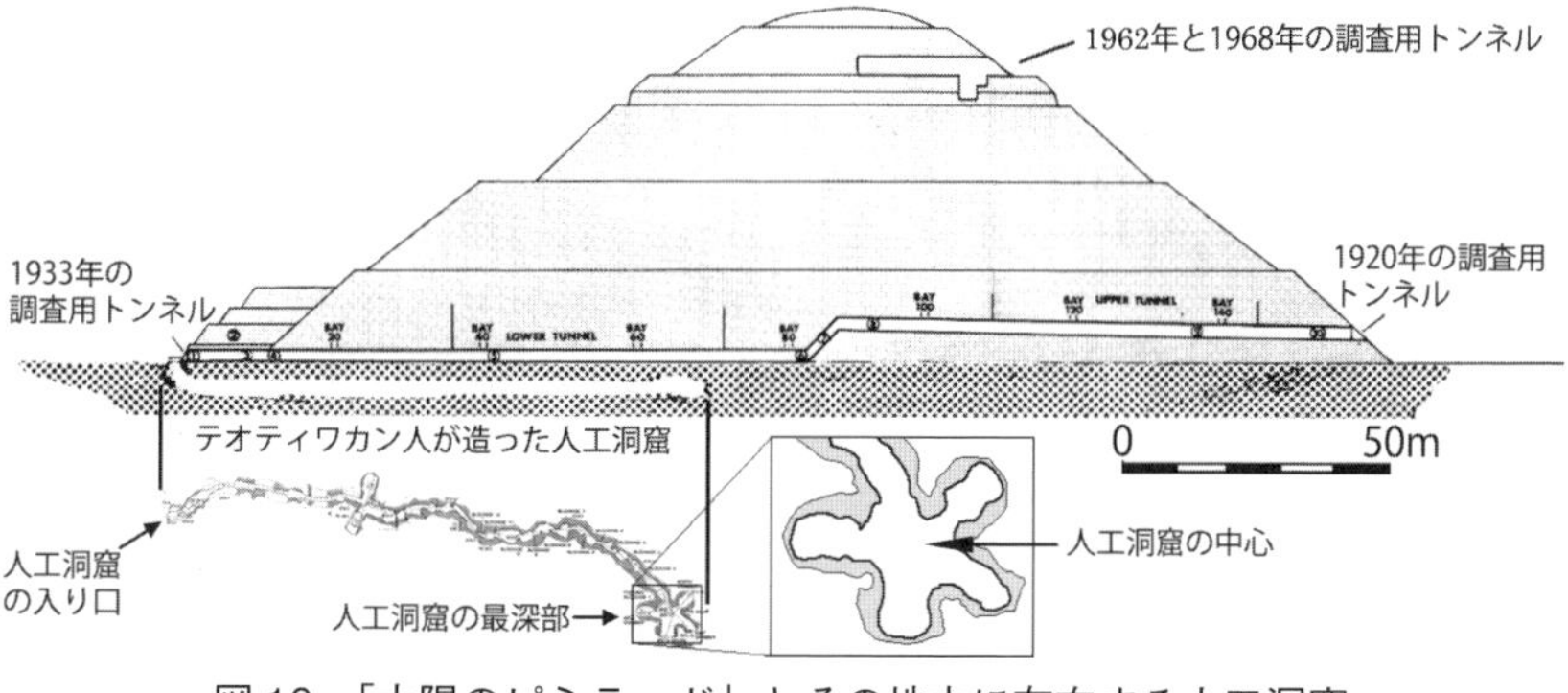

図10 「太陽のピミラッド」とその地中に存在する人工洞窟
（Millon 1992, Fig. 4 と 10 を基に作成）

ており、ここで煙を焚き儀礼がおこなわれていた。「太陽のピラミッド」の存在理由は、新火儀礼（太陽の存続やさらなる活力を伴いその再生を願う儀礼）を実施するためであったと指摘されている（Fash et al. 2009）。この周期的な儀礼によって獲得できると信じた太陽の再生が社会の秩序を約束し、さらに、この安定性により儀礼を執行する為政者らの権威も守られたと解釈されている。

同様に、洞窟の内部でも大地や水の神を祀るための儀礼がおこなわれており、地下界の神々との交信を介して、死者の再生や作物（特にトウモロコシ）の豊穣を願ったと考えられる（e.g. Heyden 1975, 1981）。このように、洞窟は子宮と同じ役割があると信じられており、人類や生物の発祥地でもあったのだ。

テオティワカンの「太陽のピラミッド」と人工洞窟の垂直配列により、天上界・地上界・地下界を連結する「聖なる山」の物質化が完成していたと言えるだろう。さらに、この垂直配列は「羽毛の蛇神殿」でも確認されており、人工洞窟からはかつてないほどの豊富な副葬品が発見されている。一方、「月のピラミッド」では人工洞窟の存在は未だ確認されていないが、二〇一七年に地質の状況を理解できる比抵抗トモグラフィー調査がメキシコ国立人類学歴史学研究所とメキシコ国立自治大学の合同調査団によって実施され、地表面から約一〇メートルの深さで地質の変化が確認された。調査員らは、「太陽のピラミッド」や「羽毛の蛇神殿」の地中から発見された洞窟と類似する空間が存在するだろうと指摘している。仮に「月のピラミッド」でも垂直配列が確認されると、テオティワカンの三大ピラミッドのすべてにおいて、これが物質化されていたことになる。

筆者は、なぜテオティワカンがメソアメリカ地域の大部分において、影響力のある強大な国家として成熟するに至ったのかの理由は、この物質化を都市内部の複数の地点でかつ大規模に実現できたことにあるのではないかと推測している。これに関しては第二章三・四節で考察してみたい。

図11 「太陽のピラミッド」の頂上から発見された「火の老神」の狼煙台
（アレハンドロ・サラビア氏提供）

ラ・ベンタにおける垂直性

テオティワカンにおけるこの物質化を、より古い時代のラ・ベンタ遺跡の事例と比較すると、時の流れと共に観念体系が複雑化し、技術力や表現手段も進歩していることが理解できるだろう。先に、ラ・ベンタ遺跡に暮らしていた古代人は、「建造物群C」を基に天上界への垂直軸を創り出していたことについて述べた。では、彼らは地下界をどのような形で物質化していたのだろうか。

「建造物群C」地区の北側に隣接し、祭祀の場として利用された「建造物群A」（図9）地区から、大規模な埋納遺構が発見された（González 2014: 381-383）。埋納遺構は「建造物A-1-d」と「建造物A-1-e」の地中から対をなすように、そしてこれ以外の地区からも同様のものがいくつか発見されており、古代オルメカ人（前一四〇〇〜前四〇〇年頃）の世界観を知る上で貴重なデータを提供している。この遺構の設置は、各建造物が建造される前に、これらと同じ平面面積で当時の地表面から約八メートルの深さまで掘り起こすことから始まる。次に、この巨大な空洞の中に、一〇〇トン以上の蛇紋岩のブロックを用い、約二メートルの高さのある四角柱の基壇を造った。約五〇〇個の蛇紋岩のブロックで形成された基壇上底部は、後に考古学者によって「ジャガーのマスク」とあだ名される、抽象的なモチーフのキャンバスとして利用された（図12）。その後、このマスクを傷つけまいとするかのように粘土で丁寧に覆い、直上に建造物を建設することで、この空間とマスクを二度と人の目にさらさない配慮が

図12 「ジャガーのマスク」と呼ばれるモチーフ
（Museo Regional de Antropología Carlos Pellicer Cámara 展示）

なされた。現に紀元前九〇〇年から八〇〇年頃に建設されたと考えられるこの埋納遺構は、一九四三年の発見まで盗掘の被害にあっていない。

発見後、このモチーフが何を表すのかについて議論がおこなわれた。ジャガーのモチーフが頻繁に登場するオルメカ文化において、これもジャガーを抽象的に表現したのであろうと解釈され「ジャガーのマスク」と命名されるに至る。しかし、現在では「母なる大地」を模しているとの説が有力である（González 1994: 103-104）。「母なる大地」は、後の時代に人類や生物の発祥地として、より体系化されるに至る地下界の原型であった可能性が高い。オルメカ文化においてこの事例と関連すると思われるのは、聖獣と理解できるモンスターの口や、この中に権力者が鎮座する石彫やレリーフである（図13）。これらの事例から、洞窟は大地の神または「母なる大地」の化身であり、その口は地下界を表していると解釈されている。地中に隠された「ジャガーのマスク」の事例から、原型であったといえども、既にこの時代には地下界を物質化する事業がおこなわれていたことが理解できる。

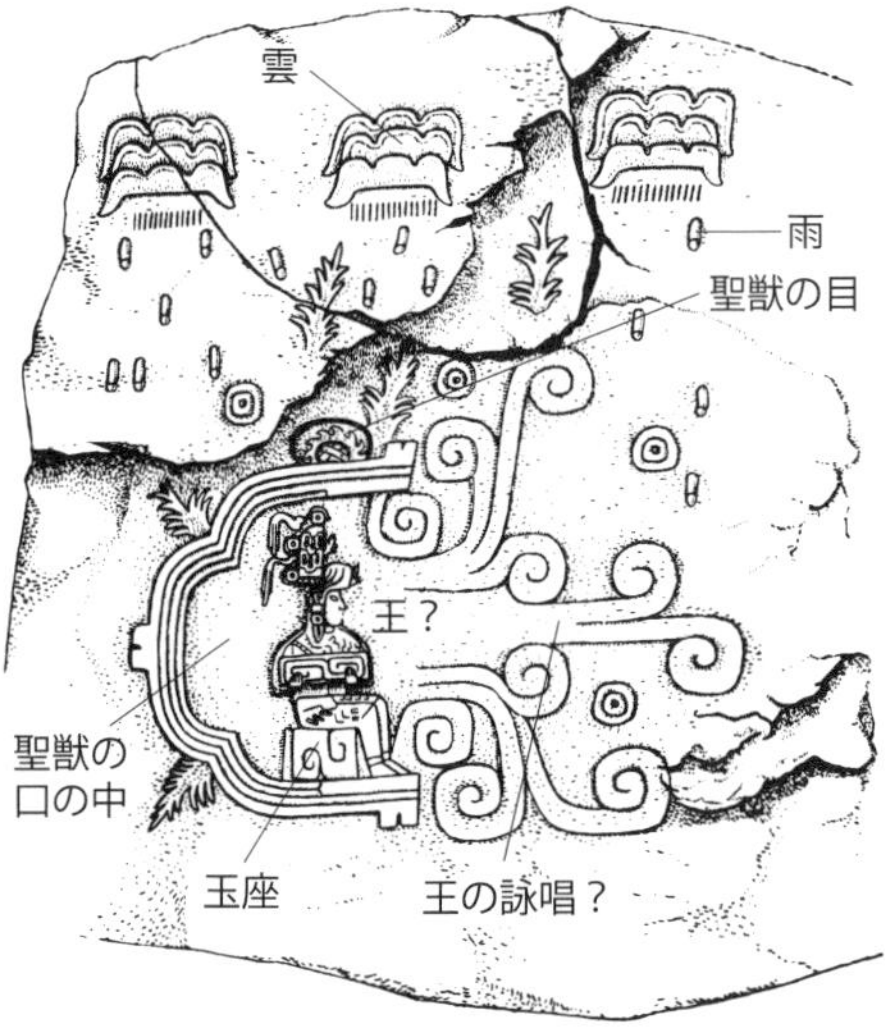

図13　チャルカツィンゴ山の岩石に彫られた「モニュメント1」のレリーフ
（Evans 2008, Figure 6.11 に加筆）

一方、テオティワカンの人工洞窟との違いは、まず垂直軸に配列しないことである。「聖なる山」のレプリカと考えられる「建造物群C」とこの埋納遺構は一〇〇メートルほど離れている。両者の比較でより重要と考えられるのは、地下界の物質化において、テオティワカンでは地下界に至るまで長い道のりを辿らねばならないが、オルメカ文化ではこの旅程は存在しないということである。テオティワカンの地下洞窟は、最深部に行きつく行程に大きな意味を持たせていると考えられるため、次にその機能について述べる。

三節　異なる地下界の認識と物質化

静止画から絵巻物への移行

アステカ文化では、死者が地下界最深部に行きつくまでにいくつもの層が存在し、各層で用意されている試練を克服する必要があった（Matos 2006: 82-87）。テオティワカンにおける洞窟は、「太陽のピラミッド」と「羽毛の蛇神殿」の中心部にまで向かう。これは先に述べたように、建造物の頂点と洞窟の最深部を垂直軸に配列させるためであると考えられるが、この他、いくつもの儀礼（試練の克服）をおこないながら最深部に辿り着くという、プロセスの必要性や重要性を表していると筆者は考える。

オルメカ文化が衰退してから、プロセスを重視する思想は、マヤ地域の物質文化にしばしば認められる。これは死出の旅路のみに限定されることではない。創世神話や人類の誕生といった神話上のテーマに関しても、物語の進展が理解できるように、壁画や多彩色土器などのモチーフとして扱われる事例が増える。オルメカ文化とこれ以降の文化における表現手段のみに着目すると、芸術様式は静止画から絵巻物へ移行していったと言えるだろう。さらに、芸術表現がより洗練されて行く過程を認めることができる。

ここで整理して考えないといけないのは、このプロセスには互いに関連しつつも異なった二つの意味が認められることである。ある活動を遂行するまでに連続した行為を重視する点と、この一連の行為を表現する際、特定の一場面のみではなく、複数の場面を描写する点である。行為としてのプロセスの重要性と、プロセスを表現する重要性である。

オルメカ文化においては、地下界へ至る過程（死出の旅路）の重要性が存在しなかったか、あるいはこの思想が存在していたとしても、これを物質化するには至らなかったと考えられる。この思想自体が存在しなかった場合、観念体系が後の時代よりも未成熟であったと言える。他方、この思想が既に存在していたと仮定すると、技術的に表現できなかったとも推測できるし、技術力はあったが、プロセスを表現することに執着しなかったとも言える。

パレンケにおけるピラミッドの秘密

ここで、オルメカ文化より後の時代に、世界観を物質化する事業において、テオティワカン以外でも天上界と地上界と地下界が連続し、そして、地下界へと至るプロセスが重視されていたことを表す事例を挙げたい。それは、パレンケにある「碑銘の神殿（約六一×四四×三四メートル）」である（図14）。紀元後六五〇年頃に建造されたこの有名なピラミッドは、一九四九年から一九五八年の間に考古学者アルベルト・ルスによって発掘調査され、ピラミッド内部からパカル王（在位六一五～六八三年）の墓室が発見された。王の人骨や副葬品、石板、石棺、墓室そして羨道に至るまで盗掘にあっておらず、どのように王が埋葬されたのかを復元できる貴重なデータを提供した。

マヤ文化の特徴の一つに、王をピラミッドの内部に埋葬することが挙げられる。これにより、ピラミッドは王を安置するための建造物であるとの、決して誤りではないが、一つの側面が強調される解釈が流布した。パレンケ王朝（後四三一～八〇〇年頃）の中で、パカル王は衰退期にあった王朝を建て直し、偉業を成し遂げたため、彼を丁重に埋葬する行為は容易に想像できる。一方、この習慣には、王朝をさらに繁栄へと導く願いも隠されている。次世代の王がピラミッドの頂上部に建設された寺院で儀礼をおこない、地下界に埋葬されたパカル王を召喚そして交信することで、より強力な超自然の力を獲得できると信じたからである。

古典期のマヤ文化では、王は単なる世俗的な支配者ではなく、常人にはない超自然の能力を秘め、神々と交信できる神聖王として理解されていた。王や為政者を神聖視するこの考えは、古典期マヤにのみ特有ではなく、広くメソアメリカ各地で認められるが、

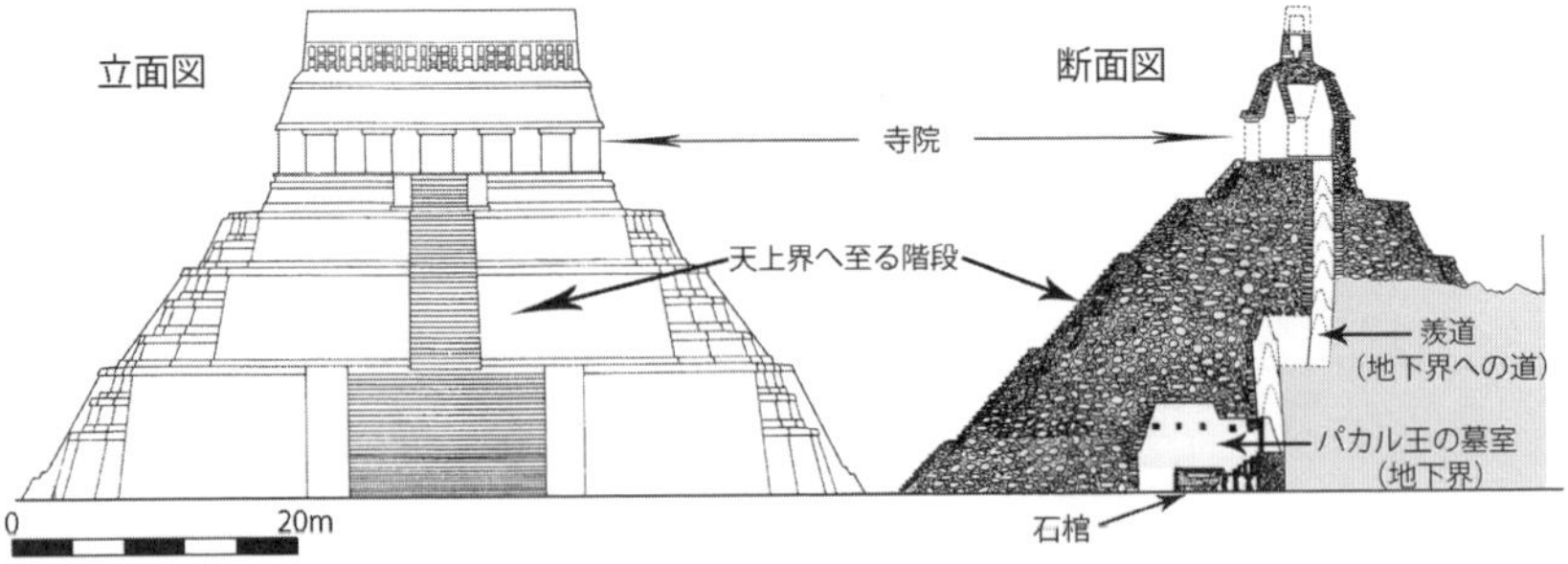

図14　「碑銘の神殿」の立面図と断面図（Ruz 2013, Figura 179a と 179f を修正・加筆）

この時代のマヤ地域では特に強調されていたと考えられる。

パレンケとテオティワカンの「聖なる山」における配列関係の違いは、前者では地下界とここに行き着くまでの道を、ピラミッドが存在する地中にではなく、この内部に建設したことである。つまり、ピラミッドと地下界の結びつきがより密接であったと考えられる。これは、パレンケでは他界した王の超自然の力をより必要としていたため、物質化の距離も相対的に近くなったことを表しているのかもしれない。筆者は、この距離の違いがテオティワカンの衰退要因に、少なからぬ影響を与えたのではないかと考えている（第七章二節参照）。

古代メソアメリカ文明において、大集落や都市には必ずピラミッド群が存在するため、私たちはこれらが古代人にとって非常に重要であったと解釈する傾向にある。それは間違いではない。しかし、ピラミッドの建造は、「聖なる山」を復元するための事業の一端であり、完成形ではない。そのためには、地下界のレプリカを物質化する必要があった。

ここまでの考察から、社会の発展速度の違いや文化的特異性、そしてメソアメリカ地域の自然環境の多様性が、各時代と各地域における世界観の物質化に独自性を生み、各遺跡で均質ではない都市景観が形成されるに至ったことが理解できる。

四節　古代における都市とは

物質空間としての都市

古代メソアメリカ文明の大集落や都市は、天上界や地下界の神々や先祖と交信するためピラミッド群と地下施設を中心に形成された。確かに、これらの土木大事業を実施するには、集権化や富の集積そして技術力が必要となり、古代メソアメリカ文明の都市とは、政治的・経済的・宗教的中心地であり、人口が密集する場所と捉えることができる。さらに、都市と村落という対比関係から見た場合、都市は自然景観から切り離され人工的に造り変えられた空間であるとも言える。

事実、近年までの都市性に関する考古学研究は、都市を物質空間として認識する観点から考察がおこなわれてきた。議論の中心は、遺跡の大きさや拡大過程、人口数とその密度、公共建造物の大きさとその密集性、社会成層の多様性や分業、交易網の確立・発展、そして各遺跡の階層化といった、考古学的に観察されやすい物質的側面に置かれてきた（e.g. Monnet 2003）。一方で、宗教における社会的役割といった非物質的要素に重要性を認め、このテーマを考察する研究が進められている（e.g. Cowgill 2004; Sugiyama 1993）。

オルメカ地域ではラ・ベンタで、オアハカ盆地ではモンテ・アルバンで、マヤ地域ではナクベやティカルなどで、形成期中期（前八〇〇～五〇〇年）から形成期後期（前五〇〇～一〇〇年）にかけて、公共建造物や祭祀施設などを備えた政治的・宗教的な中心地が萌芽し発展していった（Joyce 2010: 118-159; Houston and Inomata 2009: 77-104; Pool 2007: 156-178）。メキシコ中央高原においては、形成期後期から形成期終末期（前一〇〇～後二〇〇年）にかけて、クイクイルコ（前七〇〇～後二七五年頃）、トラランカレカ（前八〇〇～後三〇〇年頃）、ショチテカトル（前八〇〇～後一〇〇年頃）などで都市化現象を確認できる。しかし、これらはいずれも衰退し、テオティワカンにおいて短期間の内に成熟した都市が形成されたとの認識で一致している（e.g. Carballo 2016: 201-216; Cowgill 2015: 41-50）。

一方で、メキシコ中央高原において、なぜ都市化現象が起こったのかについての研究は遅れていると言っても過言ではない。それは、先に示したように、都市性に関する議論が中心であるため、学界動向はこの社会現象を引き起こした原動力についての考察に向けられていないことを指摘できる。また、テオティワカンの洗練された都市空間とこれ以前の社会の都市性が大きく異なるため、両者の比較研究をおこなうことが困難であることも一因である。

しかし、筆者はメキシコ中央高原の都市化に関する研究の停滞を招いている根本的な原因は、他にあると考えている。まず、古代メソアメリカ文明の都市をどのように定義付けるのかという問題と関わってくる。同時に、メキシコ中央高原の場合、メキシコ考古学とナショナリズムの密接な関係が、都市化の問題さらには古代史理解を複雑にしている。本節では都市の定義について述べ、五節で後者について考えてみたい。

象徴空間としての都市：アルテペトル

古代メソアメリカ文明における都市の本質は、物質的豊かさを基に形成された物質空間にはない。社会的紐帯を、より大規模に可能にさせた象徴空間として理解すべきである。つまり、物質的側面に認められる豊かさは、この社会的紐帯の成功がカギとなっていると考える。さらに、社会的紐帯の成功とは、自然景観に存在する各要素（山や川など）のシンボル化とその共有化によると筆者は主張する。

メキシコ中央高原では、人々がより多く集まる空間をアルテペトル（Altépetl：ナワトル語で「水の山」の意味）と呼んだ。この用語は、後古典期（後一二〇〇～一五二一年）のアステカ社会で一般的に使われていたが、一六世紀からのスペイン人支配により本来の意味とは異なった形、つまり都市性を備えた物質空間のみを指すようになった（Bernal and García 2006）。これは、異文化の言語を単純に翻訳できないことを伝える一例である。当時のヨーロッパ文明の視点からは、人や物資が集中する拠点を都市と定義付ける。もちろん、語源としてアルテペトルには、そのような含意も認められるが、より重要な概念が見落とされている。

それは、古代の人々にとって、アルテペトルとは地理的・環境的、かつ象徴的空間を指していたということである（Fernández and García 2006）。アルテペトルには、人工的に造り出された領域のみではなく、そこから可視できる自然景観、さらには不可視の領域も包含されていた。自然景観の構成要素を神格化し、それを社会成員の間で共有化そして物質化することにより、ある特定の地域に人々を密集させる原動力を生み出したと考えられる。

アルテペトルの中心には、当時の観念を物質化した「聖なる山」が存在する。これにより、天上界・地上界・地下界の三層を連結するための人工的な垂直性が復元される。次に、「聖なる山」を軸として、地上界の広がりである水平性を取り込む必要があった。水平性を取り込む方法には、ランドスケープとしての山や丘そして可視できる周辺の都市や大集落の「聖なる山」の位置、さらに天体の運行の把握が重要であった。

このように古代メソアメリカの都市とは、自然景観から人工的・意図的に造り出された領域を指すのではなく、むしろ自然景観と連続し、この各構成要素に宗教的あるいは象徴的な意味を認めることなしには、成立しない概念であると言える。したがって、筆者は、古代メソアメリカ文明において都市を定義付ける最も重要な要素は、この象徴性にあると考えている（嘉幡・村上二〇一五）。

従来の都市の成熟度についての議論は、物質的豊かさを指標に用いる傾向が強かったため、象徴空間として都市を考察する場合、都市性の一部分のみを分析の対象としていたことが理解できる。同時に、都市形成における宗教の社会的役割、つまりピラミッドの建造を介した社会統合やイデオロギーの操作を指摘する研究においても、「聖なる山」の物質化という垂直性の重要性には着目するが、水平性に関する議論は充分ではないと言える。

古代メソアメリカ文明の「都市」を指すアルテペトルの概念も、「聖なる山」と同様に、文明の開始から存在していたものではない（Navarrete 2015: 515-523）。自然景観を包含しながら、宗教的、政治的、経済的、文化的な中心地としての意味合いが、この用語に徐々に加味されていったと考えられる。メキシコ中央高原においては、テオティワカンに先行する社会のアルテペトルに、どの程度まで自然景観が象徴化されていたのかを考察することが今後の重要な研究課題であり、この研究テーマについての考察が進んでいるエスノヒストリーの知見を積極的に取り入れる必要があると考える。

五節　ナショナリズムとメキシコ考古学

政治に翻弄される古代遺産

かつてアステカ王国の首都として殷賑を極めたテノチティトランの中心部は、現在でもメキシコ合衆国の政治と宗教の中枢として機能している。エルナン・コルテス率いるスペイン人によって、このいにしえの王国が崩壊させられた後、カトリック教徒はこの中心部にメトロポリタン大聖堂（図15）を建設した。先住民の聖域の真上にヨーロッパのシンボルを築くことで、征服をより視覚的に表現する目的があった。

一方で、メキシコ独立戦争（一八一〇～一八二一年）を介してスペインからの独立を勝ち取った後、国旗の中心にはアステカ王国のシンボルが登場する（図16）。しかし、このシンボルの再利用は、メキシコという国の成立が、スペインによる征服を起源とするものではなく、古代にまで系譜を辿ることができるとの共通認識から来るものではなかった。独立戦争を指揮したのは、クリオーリョ（スペインで生まれたスペイン人を両親に持つが、アメリカ大陸生まれのスペイン人）であった。彼らはスペイン本国から遣ってきた、ヌエバ・エスパーニャ副王領に住むスペイン人との特権的地位における不平等な分配に大きな不満を持っており、この感情が独立戦争を生んだ要因の一つである（国本 二〇〇二：一三二～一四九頁）。つまり、アステカ王国のシンボルの再利用は、スペインとの別離、さらには非関連性を強調する目的で採用されたと判断できる。もし、ヌエバ・エスパーニャ副王領の首都がメキシコ市ではなく、ユカタン半島にあるメリダ市に置かれていたのなら、国旗の中央には古代マヤ文明のシンボルが採用されていたことだろう。

　古代メソアメリカ文明が栄えた領域の多くを所有するメキシコは、征服（一五二一年）以降、この古代メソアメリカ文明の文化遺産を政治的・経済的に利用してきた。さらに、メキシコ考古学は、時代によって異なる政治戦略によって大きな影響を受け続け、この傾向は現在でも変わっていない。

　トリッガーは、一九一〇年に勃発したメキシコ革命以降のメキシコ考古学を「国家主義的考古学（Nationalist Archaeology）」と理解する（Trigger 1996: 618-620）。内乱が勃発し、政情が不安定であったこの時期、国民を歴史的側面から統一するために、先住民の文化遺産を大きく利用したのだ。古代文明を築いた優れた集団の末裔であり、我々はそれを共通の起源に持つ者であるとの愛国心を高揚させる狙いがあった。しかし、この指摘は二つの点で修正が必要である。

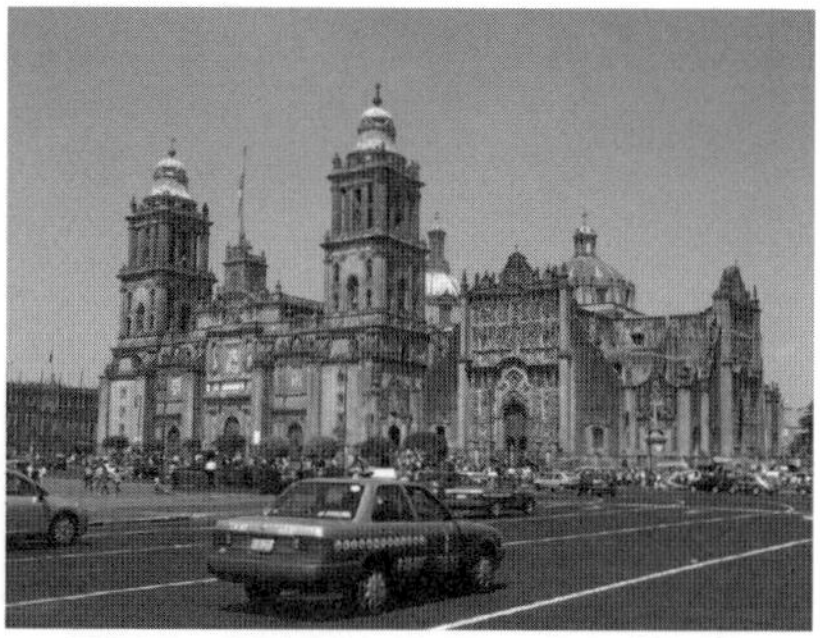

図 15　現在のメキシコ市の中心部
（南東から撮影）

図 16　現在のメキシコの国旗

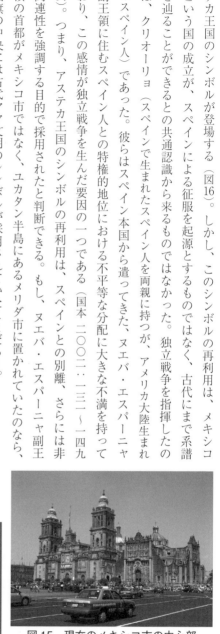

まず、「国家主義的考古学」はメキシコ革命前後に始まったことではなく、既に一七世紀に起源を求めることができる点である（Navarrete 2009）。そして、より重要なのは、後述するが、メキシコ国民の多くは、古代メソアメリカ文明の末裔であるとのアイデンティティーが低い点である（大垣二〇〇八）。

この節では、メキシコの古代遺産がどのように歴代の政府によって利用されてきたのか、その特殊性を概観する。そして、この政治利用がメキシコ中央高原の古代史理解にも介入していることを指摘する。

末裔のいない古代遺産の利用

古代メソアメリカ文明の政治的利用の起源は、遅くとも一七世紀のクリオーリョに求めることができる。ヌエバ・エスパーニャ副王領時代（一五一九〜一八二一年）、クリオーリョたちはスペイン本国よりもこの地に強い帰属意識を持っていた。それは、クリオーリョたちは本国で生まれたスペイン人よりも劣る人種である、と認識されていたことと無関係ではない。この植え付けられた人種差別や劣等感から精神的に逃れる手段の一つとして、先住民の文化遺産を利用した。彼らはアステカ人の栄光を称え始めたのだ。

しかし、決して自らの出自をいにしえの亡国に求めたのではない。ヨーロッパに地中海文明が繁栄していたように、ヌエバ・エスパーニャにもそれに匹敵する古代文明が存在した。我々は彼らが統治していた地を現在支配しているという誇りである。これは、骨董品収集家が希少品を所有する満足感に似ている。この誇りを共有することで、ヌエバ・エスパーニャ副王領生まれの愛国精神を形成していった（Navarrete 2009: 68）。しかし、カトリック教会にとって先住民の遺産は、邪教を信仰した悪魔の作品であるため、公言することは容認されなかった。

本来は古代文化遺産の正統な継承者である先住民の存在を考慮するべきであるが、彼らを意図的に排除した、歪んだ「国家主義的考古学」の土壌が、ここに誕生したと言える。

単系化されるメキシコの古代史

この「国家主義的考古学」は、メキシコ独立革命を経て、別の形へと変化する。先住民との混血が進み誕生したメスティソ階級が台頭してくると、「我々はメキシコ人」であるとの意識が高まってきた。そして、メスティソ階級を統一するために、新たなアイデンティティーが醸成された。一言で表すなら、それは古代メソアメリカ文明の都合のいい取捨選択とヨーロッパ文明との融合である。メキシコ中央高原で栄えた古代文明の歴史を編纂する事業が開始された。テオティワカン文化からトルテカ文化（後九〇〇～一一五〇年）へ、そしてアステカ文化へと歴史を一本化し、これらの文化に「栄光」を与えたのだ（Navarrete 2009: 69-70）。

しかし、先住民文化は不完全であったためスペイン人によって支配されたと解釈する。この「混血」により新たなメキシコが誕生した。「混血児である我々には、この国を治める正当な理由がある」と言いたいのだ。彼らとの生物学的な類縁関係は認め、都合良く抽出した文化に栄光を与えるが、文化的には全く異なっていると主張する。

古代文明を称賛するため、また古代史の一本化を強固にするため、国家主導で考古学プロジェクトが開始された。その最たる例は、レオポルド・バトレス（Leopoldo Batres）が一九〇五年から率いたテオティワカンにおけるプロジェクトである。しかしながら、この事業は、学術的な問題提起に乏しく、独立革命一〇〇周年を祝うための政治的なものであったと後に批判される（Matos 1979）。

一九三九年のメキシコ国立人類学歴史学研究所（Instituto Nacional de Antropología e Historia）と一九四八年の全国先住民研究所（Instituto Nacional Indigenista）の設立により、メキシコの「国家主義的考古学」はより制度化され、トップ・ダウン型の、そして先住民がさらに介在しない考古学が誕生した。前者が文化遺産全般を扱うのに対し、後者は現代に生きる先住民の諸問題を扱う。この分化により、メキシコ国立人類学歴史学研究所は、古代遺産とその直接の末裔である先住民とを関連付け研究を発展させる思考能力を失った。

現在のメキシコ国立人類学歴史学研究所は、考古学調査を組織し、多くの遺跡公園を整備することで、国民に歴史を伝える使命を持っている。しかし、ここには、古代文明を築いた人々と現在のメキシコ人はどのような関係があるのか、彼らにとってメキシコの起源はどこに位置するのかなど、筆者が重要であると考える、歴史とアイデンティティーに関する議論は存在しない。

ツーリズム促進のための古代遺産の利用

他方、近年のメキシコ国立人類学歴史学研究所は古代遺産を介してツーリズムを促進させる戦略を活発化させている（Litvak 1997）。二〇〇九年八月五日、メキシコ州知事を務めていたエンリケ・ペニャ・ニエト氏（Enrique Peña Nieto）は、「テオティワカンのピラミッドは我々メキシコ人のアイデンティティーの源泉であり誇りである」と演説した。そして大統領（任期：二〇一二〜二〇一八年）に就任すると、州知事時代から企画していた「光と音のショー」を二〇一六年三月一九日、メキシコ国内で最大観光客数を獲得しているこの遺跡公園で実現させた。

巨大なピラミッド群を夜のキャンバスにして、ここに映像を投影しながら遺跡を紹介するイベントである。その場で、大統領は「このイベントは、地域のツーリズムや経済的・社会的な発展に持続可能な形で貢献し、我々の文化遺産への絶対的な敬意と保護をもたらすだろう」と力説した。また、「（このイベントは）我々のルーツや文化への、そして我々の過去の遺産を示してくれる旅である」とも述べた。

このイベントは、メキシコ国立人類学歴史学研究所ではなく、大統領の音頭の下、観光省によって積極的に実施された点が興味深い。メキシコ国立人類学歴史学研究所の研究者の中には、装置設置のため遺跡を破壊することになるとの理由で反対する者が多く、当機関としては開催したくないイベントであった。

日々テオティワカンでは発掘調査がおこなわれている。それは学術的な遺跡の破壊でもある。ここから回収したデータをどのように積極的に活かすのかを考えなければ、観光客数が最大である遺跡公園であっても（表1）、一部のグループにのみ政治的、経済的、文化的価値のあるものとなり、メキシコ人全体にとっての「アイデンティティーの源泉」にはならないのではないかと考える。

ペニャ・ニエト前大統領は古代メソアメリカ文明と現代メキシコが同じ歴史軸上にあると解釈したが、それはプロパガンダであり、本気で国民と共有したかったのかも現時点では不明だ。これを悲観的に見れば、クリオーリョたちが形成した、歪んだ形の「国家主義的考古学」に戻っているだけなのかもしれない。

政府は再び異なった形で考古学を、そして古代遺産を利用し始めている。

古代史理解における政治介入：テオティワカン中心史観

メキシコ・中米諸国では、一六世紀にスペインによって征服されたという歴史的事実と、その後の特異な民族抗争史がもたらした文化的混血から、社会成層や人種問題が複雑と

	遺跡公園	観光客数	%	メキシコ人	外国人
1	テオティワカン	4,185,017	25.2%	3,513,346 84.0%	671,671 16.0%
2	チチェン・イツァ	2,677,858	16.2%	1,047,296 39.1%	1,630,562 60.9%
3	トゥルム	2,207,446	13.3%	879,315 39.8%	1,328,131 60.2%
4	パレンケ	920,470	5.6%	743,384 80.8%	177,086 19.2%
5	コバー	702,749	4.2%	169,608 24.1%	533,141 75.9%
6	チョルーラ	496,518	3.0%	447,567 90.1%	48,951 9.9%
7	モンテ・アルバン	429,702	2.6%	372,661 86.7%	57,041 13.3%
8	エル・タヒン	386,406	2.3%	382,812 99.1%	3,594 0.9%
9	ウシュマル	266,610	1.6%	152,848 57.3%	113,762 42.7%
10	トゥーラ	253,101	1.5%	244,106 96.4%	8,995 3.6%
	その他	4,053,466	24.5%	3,260,400 80.4%	793,066 19.6%
	合計	16,579,343	100.0%	11,213,343 67.6%	5,366,000 32.4%

表1　メキシコ国内で公開されている遺跡公園の入場者数
（2017年1月～12月の集計）
（http://www.datatur.sectur.gob.mx/SitePages/ActividadesCulturales.aspx
アクセス日 2018年9月6日）

なり不安定なアイデンティティーが形成されている。特にメキシコ中央政府は国民を統一するため、古代文化を取捨選択し、選んだ文化に過剰な栄光を与えてきた。これ以外の古代社会に政治的価値を見出さなかったのだ。公定の古代文化に歴史的な繋がりや文化的誇りを見出せない周縁に位置する人々は、結果、政府が形成したナショナリズムを共有できず、アイデンティティー形成の拠り所を失っていると言える。

歴代の政府は、テオティワカンを古代国家の起源に定め、国家プロジェクトを率いてきた。さらに、一九八七年にユネスコ世界文化遺産に登録され、国内最大の観光客を得ている遺産物件は経済的価値も併せ持つことになった。これらは、テオティワカン遺跡内の考古学データは増加させるが、一方で先行社会や周辺地域のものを相対的に減少させている。同時に、周辺地域の社会動向は、ひとえに中央の影響下にあったとの偏った観点（テオティワカン中心史観）が形成され、さらには先行社会との歴史的連続性という観点の欠如を促している（嘉幡 二〇一五）。

確かに、テオティワカンはアメリカ大陸の中で最大規模の都市遺跡であり、同時代のメソアメリカ各地でその影響力を確認することができる。さらに、この影響力は神話化され、崩壊後も引き継がれる。そもそも、テオティワカンという地名は、アステカ人が使っていたナワトル語から来ており、「神々が集う場所」や「神々の都」という意味を持っている。テオティワカン人が自らのことを、そして、この都市をどのように呼んでいたのか、当時の史料が存在していないため私たちには分からない。しかし、テオティワカンの崩壊から約八〇〇年後、アステカ人は廃墟となっていたこの古代都市に、何の脈略もなく「神々の都」と名付けたわけではなかった。アステカ人が、この地にこそ神々が集まり、人々のために太陽と月を誕生させた場所であると信じたからだ。彼らにとって、テオティワカンとは世界と人類の創世の場所であったのだ。

テオティワカンの廃墟は、アステカ人によって「神々の都」として美しく復活した。現在では、テオティワカンという言葉には遺跡を指し示す地名としての意味以外に、ブランドとして政治的・経済的価値が認められる。同時に、古代メソアメリカ社会における複雑化や国家の形成過程を理解するために、テオティワカンを研究することは学術的に重要な価値を持っている。

ただし、テオティワカンの研究が重要であるがゆえに、この古代社会の歴史学的・人類学的位置付けに、ブランド力によるバイアスの介入が起こっていると自覚する必要がある。

第二章 「神々の都」テオティワカンとは

一節 メトロポリス・テオティワカン

比類なき古代国家

古代メソアメリカ文明のメキシコ中央高原では、古代国家の起源はテオティワカンにあったと考えられている（e.g. Manzanilla 2001a: 228）。このテオティワカンという地には、およそ紀元前一五〇年頃から定住が開始され、紀元六世紀または七世紀まで機能した。その最盛期における政治的・経済的・宗教的影響力はメキシコ中央高原に留まらず、広くメソアメリカ全域にまで及んでいた。都市規模は、二〇数平方キロメートルにも達し、総人口は一〇万から二〇万人に膨れたと算出されている。都市および国家としての機能を円滑に運ぶため、官僚組織も発達していたと考えられている。

都市内部には、様々な階級の人々や専門集団が暮らしていた。古代国家を統治する為政者たち、彼らを支える聖職者や軍人、資材を加工する専門工人、巨大建造物の建設を指揮する建築家、天体の運行を観測する天文学者、そして、都市の周辺部には農民が生活を営んでいた。多様な社会階層や分業体制そして民族集団が存在する成熟した古代国家機構を備えていたと解釈されている（Manzanilla 2004）。

現在までの考古学調査の成果から、他地域との交易システムが発達し、この古代都市には各地域から多くの人々が訪れ、様々な資源がこの都市に向かっていたことが理解できる。テオティワカンに輸入された主なものは、トゥーラ地域の石灰岩、ケレタロ州の辰砂、ゲレロ州やこの近辺地域の蛇紋岩や粘板岩、オアハカ州の雲母、グアテマラからはヒスイや緑の石そしてケツァル鳥の羽根、太平洋・大西洋岸産のウミギク貝やほら貝などが挙げられる。この他、ジャガー、ガラガラ蛇、オオカミ、コヨーテ、鷲、フクロウなどは生きたまま捕らえられ、テオティワカンに搬送されていたと考えられている。これらの資源は、宗教儀礼のアイテムとして、あるいは為政者の社会的地位を表す製品の資材として利用された。

豊富な種類の遺物が出土するだけではなく、恒常的に他地域との交易がおこなわれていたことを示唆する遺構も存在している。都市の北東部にある「商人地区」や西部の「オアハカ地区」といった外国人が住んでいたと考えらえる区域が確認されており（Millon 1992: 367-368; Rattray 1987）、国際都市としての殷賑を偲ばせる。

他方、テオティワカンの為政者たちは物資を輸入し製品化するだけでなく、積極的に輸出もおこなっていた。この国家の芸術様式で装飾された円筒形三足土器、胎土が精良な薄手オレンジ色土器、香炉や儀式用と考えられる土製品カンデレーロ（図17）、そしてパチューカ地域で採掘される黄金または緑色の黒曜石の製品（図18）は、メソアメリカ各地域で発見されている。

同様に、モノの移動だけでなく、情報の伝播を考慮することもテオティワカンの交易・外交関係を理解する上で重要である。その中の一つとして、タルー（傾斜壁）・タブレロ（垂直壁）建築様式（図19）で建設された基壇やピラミッドが挙げられる。その範囲の北端はサカテカス州のアルタ・ビスタから、南端はグアテマラ太平洋岸やエル・サルバドルにまで及んでいる。さらに、政治的・宗教的に重要な壁画や石彫にテオティワカン芸術様式で表現される類例も、メソアメリカ各地で確認されている。

このテオティワカンを由来とするモノと情報の広範囲な分布は、古代国家で製作されたモノに、品質以上の知名度という価値が付与されていたからだと理解できる。したがって、これらの移動のすべてが、テオティワカンから直接広大な地域へ持ち込まれたのではないだろう。テオティワカンは、古代メソアメリカ文明の古典期において超大国であり、ここから来る羨望や政治的・経済的利用価値が、ある特定拠点の地域からさらに遠方の地域へ間接的に運ばれた可能性も捨てることはできない。

さらに、モノと情報の移動だけでなく、古代メソアメリカ文明の古典期の社会動向を理解する上で、テオティワカン人の高官の移動による影響力も見過ごすことはできない。それは、特に同じ時期に栄えていたオアハカ地域のサポテカ王国

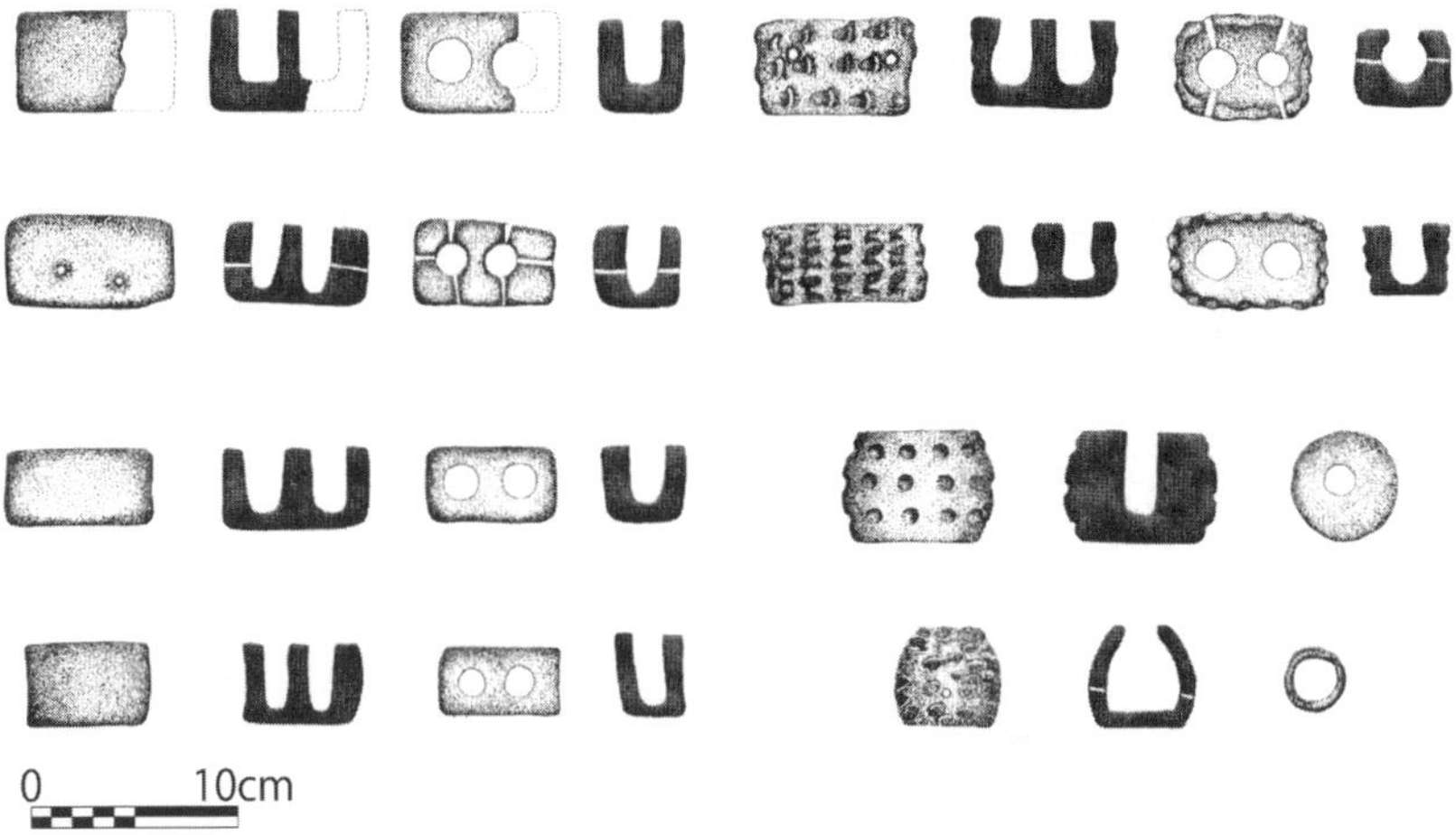

図 17　マタカパン遺跡で出土した土製品カンデレーロ
（Santley 2007, FIGURE 6.6 を修正）

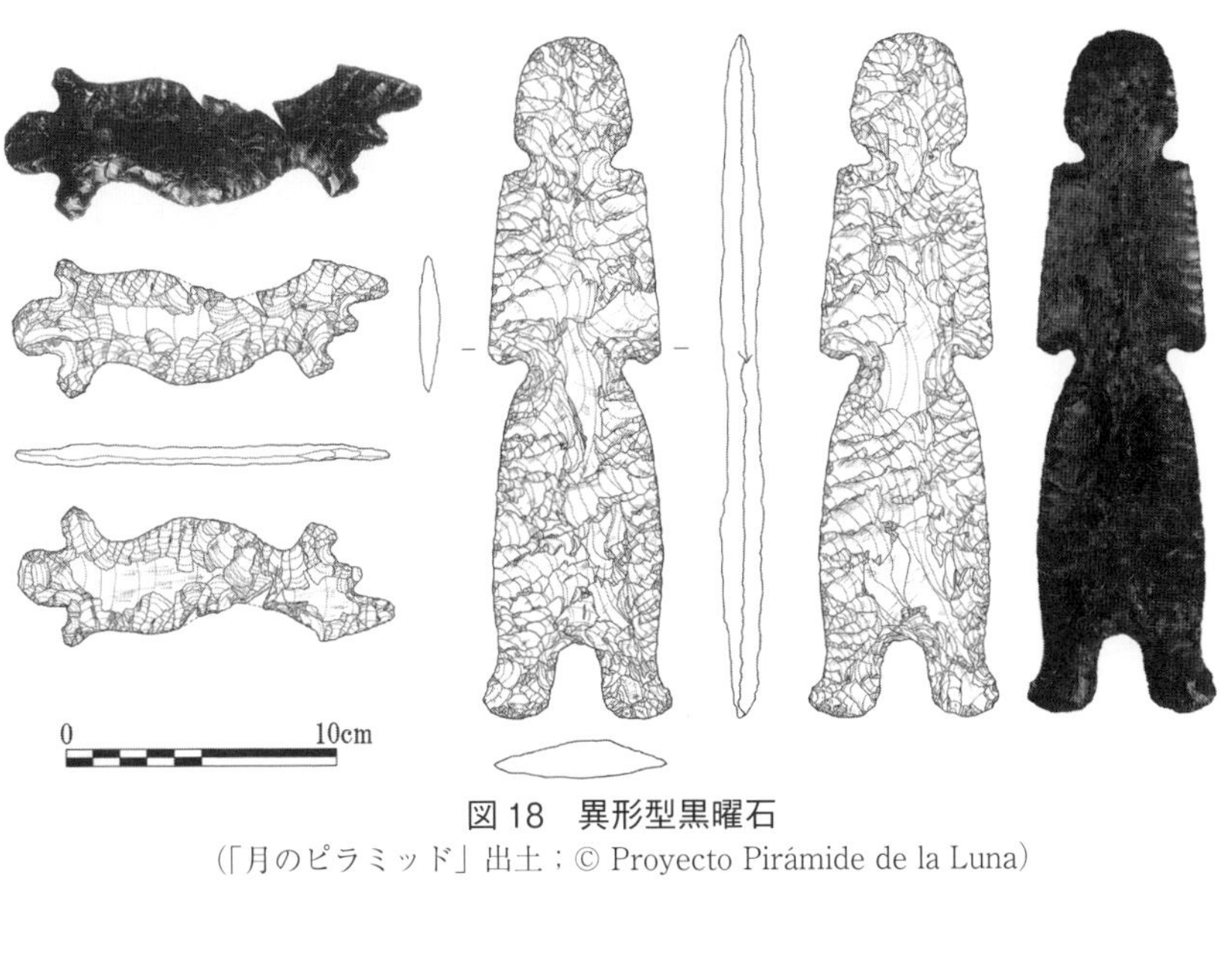

図 18　異形型黒曜石
（「月のピラミッド」出土；© Proyecto Pirámide de la Luna）

五〇〇～後八〇〇年頃）やティカル王朝（後二九二～九〇〇年頃）をはじめとするマヤ南部低地の王朝に、テオティワカンの政治的あるいは軍事的な介入が認められ、その結果、これらの地域の政治情勢を少なからず変化させたと考えられているからである（e.g. Stuart 2000; Taube 1992）。

テオティワカンの外交戦略：モンテ・アルバンとの交渉

かつて、テオティワカンは広大な領域を支配する帝国として、メソアメリカ地域に君臨していたとの考えが優勢であった。それは、先に述べたようにテオティワカンの物質文化の痕跡が広大な地域に及んでおり、この事実をこの国家による直接支配の証拠であると解釈したからであった。しかし一九六〇年代から、この考えを修正する動きが起こり、今ではテオティワカンの実質的支配圏は、メキシコ中央高原の全域ではないが、この範囲内に収まっていただろうと考えられている（e.g. Millon 1988）。さらに、テオティワカンと他地域との社会関係は、各地域の社会的独自性やテオティワカンの政治的・経済的戦略の違いにより、均一ではなかったと考えられる。

ケレタロ州にあるエル・ロサリオ遺跡にはタルー・タブレロ建築様式の基壇や、テオティワカン芸術様式で描かれた壁画、そしてこの国家と類似する土器が出土している。また、ベラクルス州のマタカパン遺跡では、建築様式と土器と土製品における類似性、そしてパチューカの黒曜石製製品の出土を根拠に、テオティワカンと密接な関係があったと指摘されている（Santley 2007: 151-174）。この他、ト

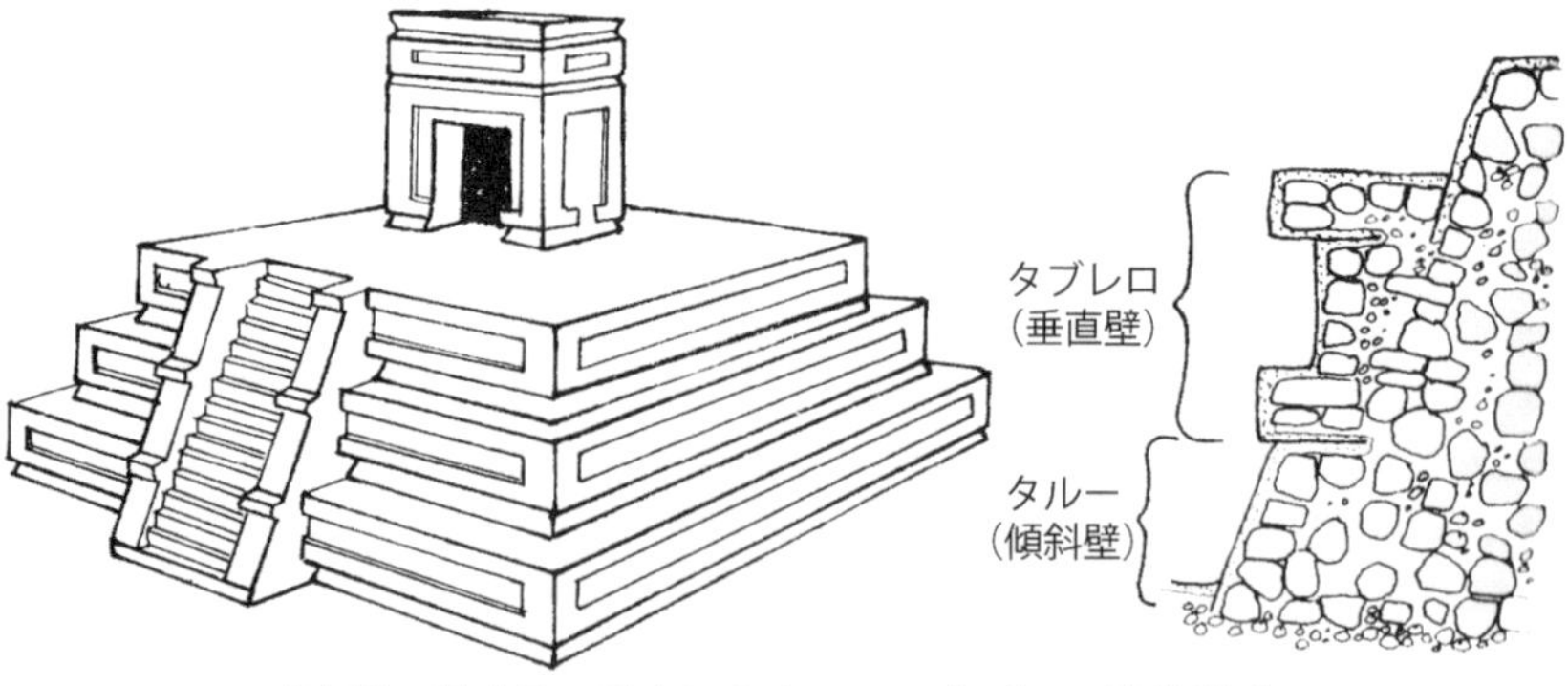

図19　テオティワカンのタルー・タブレロ建築様式
（Schele and Freidel 1990, FIG. 4 を転載・加筆）

ルーカ盆地のサンタ・クルス・アスカポツァルトンゴ、ミチョアカン州のティンガンバト、チアパス州のロス・オルコネス、グアテマラ市のカミナルフユなどでも、この古代国家の介入が示唆されている。特にマタカパンは、在地の資源確保やテオティワカンからの製品流通のために建設された飛び領地であったと解釈されている。

一方で、各地域の物質文化に認められる類似性が、テオティワカンの直接支配を表すものでもない。在地の為政者はテオティワカンとの平和的な外交関係が統治に役立つと考え、積極的にテオティワカン様式を採用し、製品の流通を受け入れた可能性も考えられる。

このテオティワカンの威信の利用は、オアハカ地域で王国を樹立していたモンテ・アルバンでも確認されている。この王国とテオティワカンとの関係は、後者の「オアハカ地区」における利用の開始が紀元後二〇〇年頃であるため、この時期までさかのぼると考えられている（Joyce 2010: 203）。モンテ・アルバンの為政者が居住していたと考えられる「北の基壇地区」からは、テオティワカンから持ち込まれた製品が多数見つかっている。また、テオティワカン人が実際にモンテ・アルバンを訪問したと解釈できる石碑も、この王国の重要な場所から複数発見されている。特に、「南の大基壇」の北西角から発見された石碑リサのモチーフは、テオティワカンからの使者が王に謁見している場面と解釈されている（図20：Marcus and Flannery 1996: 219-220）。

テオティワカンとの関係が活発になる紀元後二〇〇年頃は、モンテ・アルバンが支配していたと考えられるミシュテカ地域で社会変動が起こり、王国の影響力が落ちていた時期に相当する（Winter 2001: 60）。これに対し、テオティワカンは国家としての基盤が整い、メソアメリカ地域へ影響力を持ち始める頃であった。可能性の一つとして、モンテ・アルバンの時の為政者は、急成長するテオティワカンの後ろ盾を欲する一方で、テオティワカンは影響力をさらに外へ伸ばす目的があり、両者の利害が一致したため、外交関係が締結されたのかもしれない。

図20　石碑リサ
（Marcus and Flannery 1996, Fig. 261 から転載）

先行研究では、テオティワカンとモンテ・アルバンの関係理解に向け、超大国と地方王国に認められる国力差を前提に考察する。確かに、テオティワカンにとっては、オアハカ地域を支配するモンテ・アルバンと外交関係を結ぶことで、この地域やこれより南東部で獲得できる資源の供給や、自国から製品を流通させるための安全なルートの確保が約束される。しかし、テオティワカンの為政者は、このオアハカ盆地が戦略上においても資源の面においても重要であるのに、なぜマタカパン遺跡のように飛び領地として支配しなかったのだろうか。

マタカパンとモンテ・アルバンは、テオティワカンから見てほぼ同じ距離の地点に位置するが、両地域の情勢は異なっているため、後者では飛び領地を建設することが困難であったのかもしれない。さらに、飛び領地の維持・運営には大きなコストを必要とする。そのため、為政者は友好関係の構築を目指したのかもしれない。このような推論を働かせると、外交関係の樹立に関する説明は説得力のあるものと映る。

しかし、筆者には、テオティワカン側が交易ルートの安全性や資源の確保という経済的恩恵のみで、格下ともいえる王国と外交関係を築くことは、交渉戦略として成立しにくいのではないかと思える。テオティワカンにとって他に有益な条件を相手から引き出したのではないだろうか。

この答えの一つは、当時の天文科学知識と、天体の運行を正確に観測するための建築技術にあると考える（Cabrera 2009: 259-261）。紀元前四〇〇年頃、マヤ・ペテン地域にあるワシャクトゥン遺跡では、太陽の運行を把握し、春分・秋分や夏至・冬至を観測するための天文観測施設が完成した（図21）。これは古代メソアメリカ文明の中で最

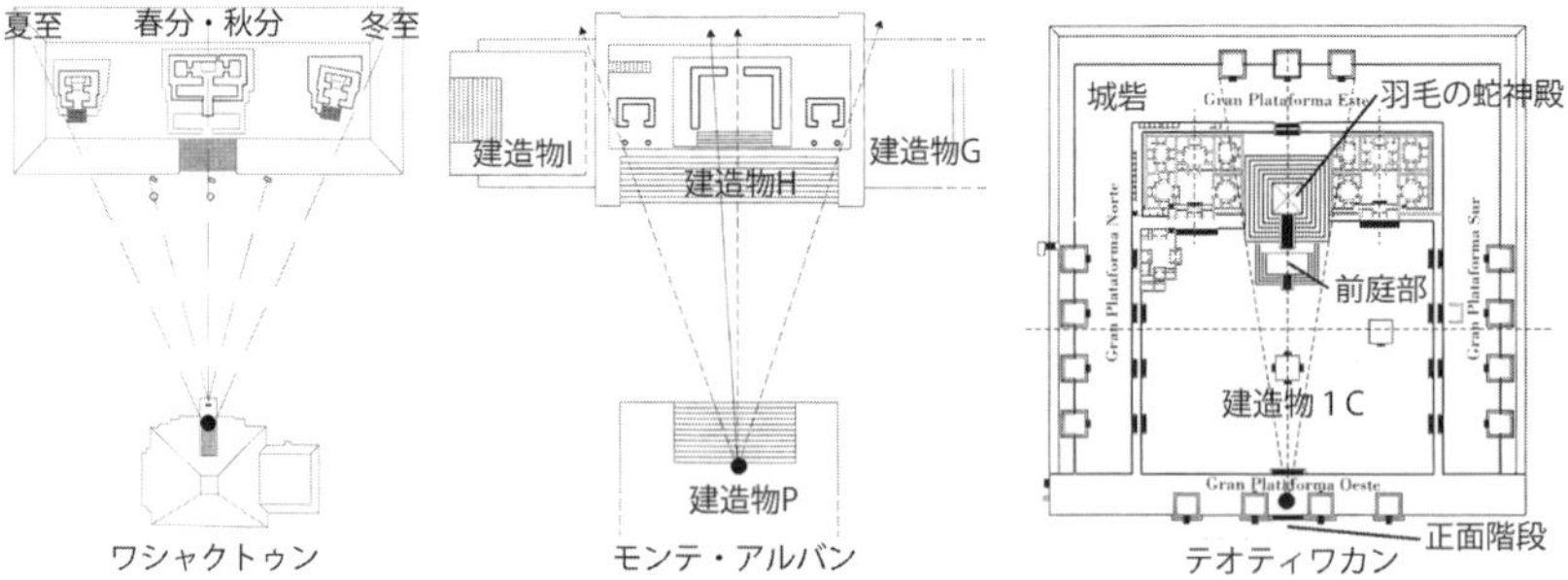

図21　天文観測施設
（Cabrera 2009, Figura 7 を転載・加筆）

も古い事例の一つとして理解されている。この知識と建築技術はマヤ各地に伝わり、その後、モンテ・アルバンでも導入された。テオティワカンでも、これに類似する施設が存在している。それは、都市の中心部に位置する「城砦」にある。この「城砦」の主要建造物は「羽毛の蛇神殿」であり、これを防備する目的で巨大な基壇部（約四〇〇×四〇〇×一〇メートル）が取り囲む。ただし、この巨大な基壇部は侵入を防ぐためだけのものではなく、この基壇部に築かれた神殿や建造物群を利用して、天体の運行を観測していたことが理解されている。

メキシコ中央高原においては、形成期中期頃から建造物と周辺の山々をランド・マークに天体の観測をおこなっていたと考えられるが、マヤ地域のように自然景観に頼るのではなく、人工的にこれを建造し観測するシステムは存在しなかった。なぜこのシステムがマヤ地域で発明されたのだろうか。この答えは自然景観にある。メキシコ中央高原とオアハカ地域には、建造物に頼らずとも山がいくつもそびえ立っているが、マヤ低地には存在しない。この自然条件の違いが、発明に影響したと思われる。テオティワカンの三大ピラミッドである「月のピラミッド」「太陽のピラミッド」「羽毛の蛇神殿」の中で、「羽毛の蛇神殿」が位置する「城砦」のみがこのシステムを備えており、この完成は紀元後三〇〇年頃と言われている（Cabrera 2009: 259-261）。筆者は、モンテ・アルバンとの外交交渉の締結に、この天文観測システムの技術提供が重要案件であったと考えている。他方、なぜ三大ピラミッドの中で唯一この「城砦」で天文観測システムが備えられたのか大きな疑問が残る。これに関しては、本章二節でテオティワカンの政治体制のテーマと共に考察してみたい。

現在まで、テオティワカンの「オアハカ地区」は、オアハカ地域の人間が主に商業をおこなうためにこの国家に定住したと理解されていたが、上記の事実からは異なった側面も見えてくる。この特区の設置は、天文観測施設の建設に向け技術者らを受け入れ、生活の保障を約束する目的もあったと言えるのではないだろうか。テオティワカンに存在する他の外国人地区に関しても、同様のことが言えると考える。テオティワカンが特区設置の許可を与えたのは、超国家といえども技術や知識の面で他の政体に劣る分野が存在し、これらの向上を目指すべく、様々な地域から高度な専門技術と知識を持つ者を積極的に招聘していたからだと考える。

テオティワカンの威信：マヤ南部低地における存在

近年のマヤ文字の解読により、テオティワカンとマヤ低地南部で興亡した王朝がどのような政治的関係にあったのか理解され始めている。古典期マヤは歴史時代に入ったと言っても過言ではない。しかしながら、記録されたマヤ文字の多くは、王朝史や外交関係などに偏り、これらはプロパガンダとして多分に利用されていたため、今後、史料批判をおこなっていかねばならない段階にある。

ここでは、現在までに理解されているテオティワカンとマヤ地域との関係を概観しながら、次の課題はどこにあるのかについて述べてみたい。

紀元後三七八年一月に、シーヤ・カックと呼ばれる人物をリーダーとして、テオティワカンから派遣されたと推測されている集団がティカルに到着した。彼らの到着まで、第一四代王チャク・トク・イチャークI世（在位：三六〇～三七八年）がティカルを統治していた。この王の治世からメキシコ中央高原との交易が活発になり、ティカルとテオティワカンで政治的な結びつきが強くなっていったようだ。しかし、事件はシーヤ・カックの到着の直前に始まる。チャク・トク・イチャークI世が同年一月一五日に他界したのだ。そして、王の死を待つかのように、シーヤ・カックがティカルに到着した。さらに彼は、第一四代王と血縁関係がなく、まだ幼少であった第一五代王ヤシュ・ヌーン・アイーンI世（在位：三七九～四〇四年）を王位に就け、その庇護者として君臨した。この一連の出来事に関して、シーヤ・カックがチャク・トク・イチャークI世の暗殺を企てたと考える研究者もいる。

新王ヤシュ・ヌーン・アイーンI世は、ウィテ・ナー（Wite' Naah）と呼ばれる場所を訪れ、そこで即位したと解読されている。一部の研究者は、このウィテ・ナーはテオティワカンであった可能性を指摘しているが現状では不明である。テオティワカンからの集団の後ろ盾を得た新王は、シーヤ・カックの指示の下、ワシャクトゥンを征服しペテン中央地域で大きな勢力を築いていった。

さらに、テオティワカンの政治介入や軍事侵略を示唆する資料として、もう一人重要な人物が登場する。彼の名は投槍フクロウと言う。シーヤ・カックという名はマヤ地域に由来するものであるが、投槍フクロウはメキシコ中央高原に固有のものである。名前の由来にもなっているフクロウは、テオティワカンでは軍事や祭祀に関連する神聖な動物の一つとしてシンボル化されている。ティカルの三一号石碑には、図像として直接この投槍フクロウは登場しないが、これに刻まれているマヤ文字の解釈から、投槍フクロウは第一五代王ヤシュ・ヌーン・アイーンI世の父親である可能性が示唆されている。

ちなみに、投槍器は、後のアステカの時代にはアトラトルと呼ばれ、武器として広く利用されていた。一方、特に植生密度の高いマヤ低地南部では、投槍器は武器として最大限にその能力（飛距離と貫通力）を発揮することができないため、王権を象徴するアイテムとして用いられた。

ただし、この場合の王権とは、テオティワカンの威信や庇護を伴ったものであることに注意する必要がある。それは、他の王朝では、アトラトルが王の肖像に伴わない事例も多数あるため、マヤ地域のすべての王朝がテオティワカンの威信や庇護に頼っていたわけではないからである。

シーヤ・カックと投槍フクロウは、ティカルにおいて重要な場面で登場する。そして、彼らの登場と共にティカル王朝は領土を拡張していく。マヤ文字解読と政治情勢の解明に大きな貢献を果たしたマーティンとグルーベ（二〇〇二：三八～四三頁）は、この社会変動をマヤ中心地域における「新しい秩序」と呼んでいる。

この「新しい秩序」の発端は、テオティワカンと関係するシーヤ・カックと投槍フクロウの登場によることは確かである。そして、テオティワカンが国家事業の一つとして、彼らをティカルに送り込み、傀儡政権を立て操ったとの指摘もある。しかし、その可能性は低いと考える。

それは、第一五代王ヤシュ・ヌーン・アイーンI世の死後、第一六代王シーヤ・チャン・カウィールII世（在位：四一一～四五六年）が王位を継承すると、石碑のモチーフがテオティワカン様式からマヤ様式のものへと変化していくことが挙げられる（図22）。仮にテオティワカンが傀儡政権を樹立していたのなら、そして、これ以降もこの国家が発展することを考慮するなら、一代限りでその影響力は衰えるだろうか。

他方、テオティワカンの内部事情が、遠方にある王朝に政治介入するほど安定していなかったことを指摘できる。第一四代王チャク・トク・イチャークⅠ世と第一五代王ヤシュ・ヌーン・アイーンⅠ世の時代は、ちょうど「羽毛の蛇神殿」が破壊される前後であり、テオティワカンは動乱の中にあった（次節参照）。テオティワカンの一部のエリート集団がマヤの政治に介入した可能性は高いが、それがどのようにテオティワカンの政治に反映されたのかは現在のところ不明である。ここに今後の課題があると考える。

現在までの研究は、ティカルやその他の遺跡に遺されたシーヤ・カックと投槍フクロウの政治的重要性、そしてテオティワカン様式の採用を基に、この国家のペテン中央地域における政治介入について考察してきた。しかし、考察の対象はマヤ地域の動向のみに向かっており、「新しい秩序」の発端となったテオティワカンの政情については研究されていない。この研究テーマに関して、テオティワカンにおけるマヤ地域からの影響、そして、テオティワカンの政治組織の多様性についても着目し、両地域における社会コンテクストを総合的に考察する必要がある。この枠組みが設定できていないため、シーヤ・カックと投槍フクロウという存在は、テオティワカンという国家の代表者であり、あたかもテオティワカンのすべてが一丸となって、ティカル王朝を後押ししたかの印象を与えている。

テオティワカンは決して一枚岩的な集団ではなく、その中には支配層や官僚、そして内部派閥、さらには中間エリート

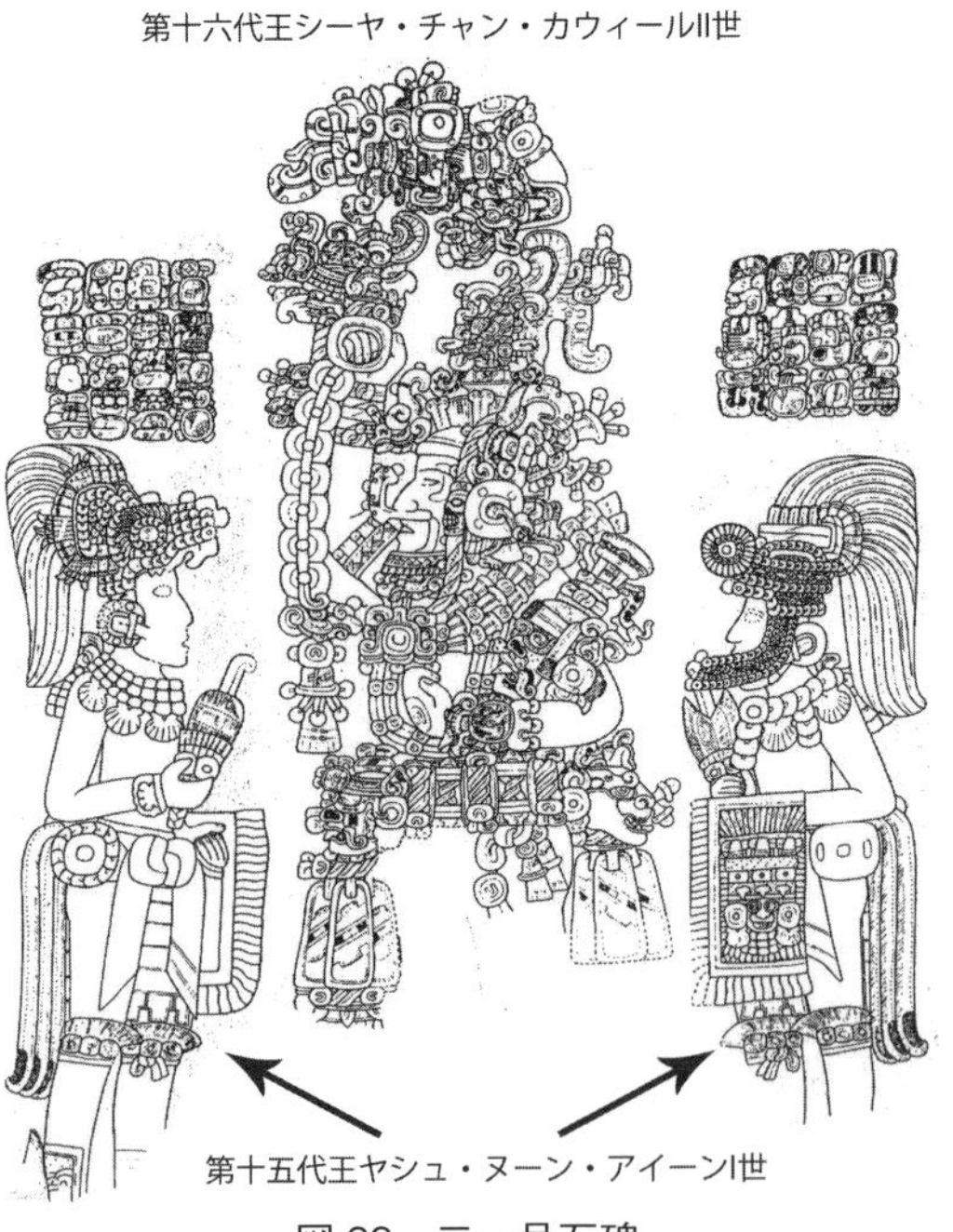

図22　三一号石碑
(Stuart 2000, Fig. 15.2 を修正・加筆)

層や他の住民・移民、商人など、目的の異なる多様な集団が存在していた。どの集団が何の目的で他の社会とネットワークを築いていったのかに注目する必要がある。

二節　テオティワカンの政治体制

テオティワカンに王はいたのか

結論から言うと、王権の存否は不明である。

マヤ地域における文字記録の存在は、私たちに当時の歴史、特に王朝史を物語るが、テオティワカンにおいては文字記録が残っていないため、考古学データからの解釈に大きく依存することとなる。また、王の存在を直接示す埋葬施設や、政治形態の解明を担う宮殿址の同定およびその解釈に学問的困難さを伴う現状では、これらのテーマを実証的に述べることは難しい。しかしながら、先行研究で既に指摘されている紀元後三五〇年頃に起こったとされる羽毛の蛇と神獣シパクトリ（Cipactli）（図23）の破壊行為（Cabrera et al. 1991; Sugiyama 1989, 1992, 1998）を再考することは、政治形態や王権の存否の問題の解明に向け大きな手掛かりになると考える。政治形態および王権の存否に関する断定的な記述は避けるが、この節では羽毛の蛇と神獣シパクトリの破壊行為が政治的に何を意味するのかをテーマに、テオティワカンの政治形態について議論を深めたい。

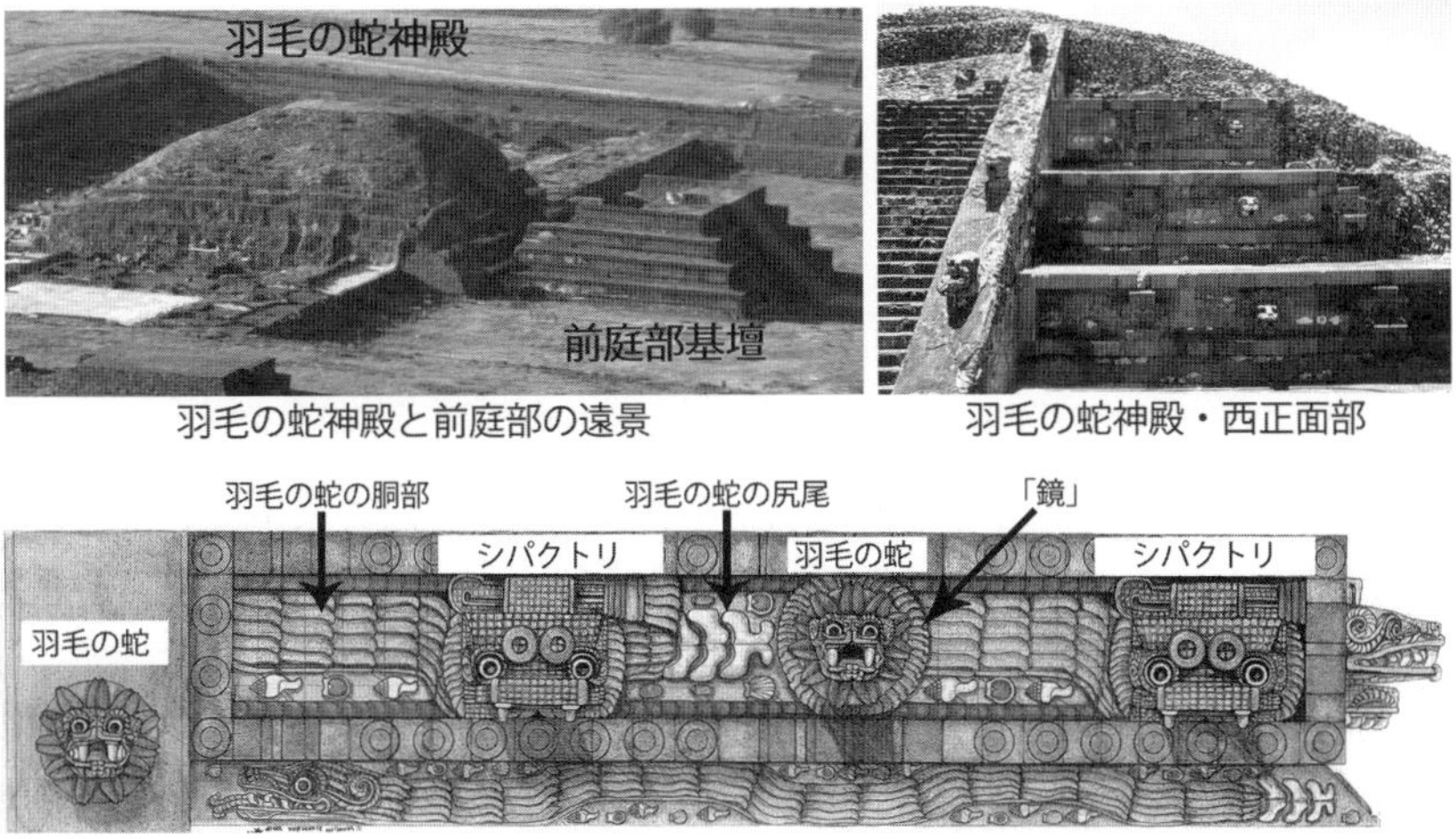

図23 「羽毛の蛇神殿」の写真と神殿の石彫
（図はCabrera 2001, Lámina 6を基に作成）

はじめに、現段階でテオティワカンの政治形態および王権の在否がどのように理解されているのか先行研究を紹介し、その成果および問題点を述べる。さらに、後述するように、羽毛の蛇と神獣シパクトリの破壊行為は政権闘争の結果によると理解できるが、これがテオティワカンとマヤ南部低地の関係とどのように結びつくのかについても考えてみたい。

仮説1：共和制

共和制は、テオティワカンが都市として急成長する前段階（後一〇〇年頃）から、政治形態が集権的王権ではなく、この国家の崩壊まで連続して、テオティワカンに住む様々な民族集団のエリートたちが、合議に基づき都市および国家を統治していたとする仮説である。根拠の一つとして、壁画や石彫そして土器に描かれた図像研究から、モチーフとなる対象の多くが神々や動物また幾何学的模様などであること、そして、人が登場する際、それは他の要素と比較して副次的な位置にあり、人物は同定されず匿名性を持って描かれることが挙げられる（Pasztory 1992: 292-295）。

さらに、モンテ・アルバンやマヤの王朝では、サポテカ文字やマヤ文字を用い王の偉業を刻む行為が重要であったが、テオティワカンではこれがないことも指摘できる。先に見たように、これらの地域との関係は密接であったため、交易を通してテオティワカン人がこの記述方法を知らなかったとは考え難い。テオティワカンの崩壊まで個人的描写や記述を排除する傾向は、絶対権力を持つ王がテオティワカンでは存在せず、国家支配を合議の末に決定していたとする根拠になっている。これと同様に、テオティワカンでは王墓と同定できる埋葬施設が、未だ発見されていないことも有力な証拠となっている。

さらに、マンサニージャ（Manzanilla 1996, 2004）は、考古学データの分析に基づきこの説を主張している。前述の図像に見られる人物の匿名性および副次的扱いを援用しながら、集権を支える経済的基盤に着目し、資源へのアクセス権がどこにあったのかを研究の課題としている。具体的な考古学データとして、テオティワカンの建築様式の特徴の一つであるアパート式住居複合から出土した遺物の空間分析をおこない、遺物の種類ごとにこの出土に相違あるいは類似があるのかを観察する。

アパート式住居複合とは、トラミミロルパ前期（後二〇〇年～二五〇年）辺りから建て始められ、最盛期には二〇〇〇戸以上建築されたと推定されている。各アパート式住居複合の規模に相違は認められるが、建築ユニットは規格化されている。一つのアパート式住居複合には六〇から一〇〇人が住んでいたと算出されている（Millon 1976, 1981: 203-214）。また、テオティワカンのエリート階層から中流階層にまで属する人々の居住地として利用されたと考えている。

分析の結果、マンサニージャ（Manzanilla 1996, 2001b, 2001c, 2004）は、住居址内で発見される動植物資源および鉱物資源に社会成層を区分するほどの相違は認められないと主張する。そして、テオティワカンでは「再分配」制度が採用されており（第四章二節参照）、住居址内で見られる資源利用の均質性は、そのアクセス権および分配の平等性を意味すると考え、特定の王や王族に財産が偏る集権的王権による政治形態を否定している。

仮説2：王制

考古学的に王の存在を証明する直接データがないため、王制を主張する研究者は状況証拠からこの説を支持する。ミロン（Millon 1992: 388-389）は、王やその側近が存在していたとする根拠として、テオティワカンの都市設計の完成度や大規模土木プロジェクトの実施、そしてテオティワカンとその周辺部の人口密度の高さを基に次の二点を指摘する。

①ツァクアリ期（後一年～一五〇年）からテオティワカンが明確な都市プランに基づき建設され、その中でも「太陽のピラミッド」や「死者の大通り」など大型建築プロジェクトが実施されていること。

②メキシコ盆地の全人口の八五から九〇パーセントが、ツァクアリ期に入りテオティワカンやこの周辺部へ集中すること。洗練された都市プランを基に、大型建造物の建設を指揮しえ、さらに、テオティワカン周辺部への強制的とも言える移住は、カリスマを備えた王による絶対的権力なしには実施しえなかったという解釈である。旧大陸の他の文明圏においても、王族と巨大建造物の関係は密接であり、この類推に基づくと、王制であったとの観点から考古学データを解釈する必

要があると言える。しかしながら、具体的な考古学方法論が提示されておらず、実践研究がおこなわれていないのが現状である。

仮説3：王制から共和制への移行？：政権闘争

仮説3は、紀元後三五〇年頃にテオティワカンで政治体制の変化があったことに着目し、この政変は王制から共和制への移行を表すのではないかと解釈するものである。仮説1と仮説2の折衷案とも言えるが、政治形態自体には研究の主眼は置かれていない。政治体制について議論するこの節のテーマと合致しないが、今後の研究課題の方向性を、さらにテオティワカンのマヤ南部低地における政治関係を理解する上でも重要であるため、仮説3として採り上げる。

政治体制に変化があったとの見解は、図像学と考古学データによる総合的な考察から導き出されており、「城砦」とこの中心建造物である「羽毛の蛇神殿」を考察の対象としている。この「城砦」は、南北に走る「死者の大通り」とサン・フアン川が交差する南東地点に存在する。この地点が重要であるのは、先に述べた通り、都市の中心部に位置するためであるが、補足が必要である。まず、「死者の大通り」がメイン・ストリートであるため、都市はこれを軸に大きく二分されている印象を与えるが、実は四分割されていることに注目する必要がある。もともとサン・フアン川は都市の北東から南西へ斜めに流れていたが、「死者の大通り」と直角に交わらせるために、都市の中心部付近でこの方角を変える改修工事がおこなわれた。

大地という平面は中心から四方に広がるとの世界観を、テオティワカン人は忠実に再現したと言える。したがって、都市プランの基点という意味において重要であるだけでなく、観念を物質化する起点としても特別な意味を持っている（Cowgill 1983: 333; Millon 1992: 395）。

この中心部に位置する「城砦」内部の南北のアパート式住居複合は、王やその側近が住んでいた宮殿であると解釈されている（Millon 1981: 214, 1992: 393）。その両宮殿に隣接し紀元後二〇〇年頃に建立された「羽毛の蛇神殿」は、古代メソアメリカ文明の創世神話と密接に関わっていると指摘されている。この神殿には、羽毛の蛇神の他、古代の暦で初めの日を表す神獣シパクトリの頭部の石彫がはめ込まれている。羽毛の蛇神は胴部と尻尾もレリーフとして描かれており、その胴部にシパクトリが現れる。また、羽毛の蛇神の頭部の石彫には、円形の「鏡」も掘られており、これは異世界からこの世に登場している場面を物語っていると解釈されている。シパクトリはアステカの創世神話において、羽毛の蛇とテスカトリポカによって殺害された。しかし、その肉体は、それまで海しか存在しなかった世界の大地に変化した。シパクトリの大地創造は時の始まりを暗示している。

「羽毛の蛇神殿」における羽毛の蛇神とシパクトリのセット関係は、この神殿が存在する場所で世界が誕生したことを意味している。さらに、シパクトリの頭部の石彫は、シンボルとしての王冠であり、これを羽毛の蛇神が当時の為政者（＝王）に授けていると解釈されている（López et al. 1991; Sugiyama 1992, 2000）。つまり、「羽毛の蛇神殿」は、時の王が権力の正当化を主張するための舞台として建造された。

この図像学における解釈の他、「羽毛の蛇神殿」が時間の支配と関連する考古学データとして、以下のことが分かっている（Sugiyama 1989; 杉山 二〇〇一）。神殿の建立時期またはその直前に、建造物の内部および周辺部で、二〇〇体以上の人間が埋葬された。これらの遺体の土坑墓には、建造物の東西軸を基準として南北に対称に配列される規則性があった。その上、各土坑墓の埋葬人数は、四、八、九、一三、一八、二〇とメソアメリカの暦と関連する数であったことが判明している。これらのことから杉山は、「羽毛の蛇神殿」は、王が支配権を神から継承する重要な空間であったと主張する。「羽毛の蛇神殿」が世界の中心かつ時が始まる場所であることを支持するデータが、先述のモンテ・アルバンから技術提供を受けた、天文観測システムの設置である。天体、特に太陽の運行を観測することで、時を正確に計り、為政者の権威の強化に努めた狙いがあったのかもしれない。

このように「羽毛の蛇神殿」は政治の中枢機関が置かれた場所として非常に重要であった。しかし、紀元後三五〇年頃に神殿の外部だけでなく内部まで蹂躙される。「羽毛の蛇神殿」にはめ込まれた、王権の象徴とも言うべき石彫（シパクトリ）と、これを現世にもたらす羽毛の蛇の石彫は破壊された。さらに神殿の正面部は、「前庭部基壇」によって覆われることになった。建造物内部の中央にあり最も重要であったと推測されている土坑墓（王墓？）は、石彫の破壊と同時期に盗掘を受けている。

これらは、王権を支えていたイデオロギーを否定する破壊であったと解釈されている（Cabrera et al. 1991; Sugiyama 1998）。この意図的な破壊行為は、政治変動によって引き起こされた結末を暗示し、政治体制の根本的な変化をもたらしたと主張する（Millon 1992: 382-401; Sugiyama 1998）。政変の理由は、人々を抑圧する王制に問題があり、この蓄積が革命に至らしめたと推測し、暴君が再び登場しない制度（共和政治）を誕生させたと説明している（Millon 1988: 112, 1992: 396-397）。

仮説における問題の所在

仮説1における問題点は、マンサニージャが主張する資源のアクセス権とその「再分配」制度が、アパート式住居複合から発見される資源利用の均質性のみで復元できるのかということである。アパート式住居複合ごとに異なった製品の生産に従事していたことは、マンサニージャ自身が報告している（Manzanilla 1996b, 2004）。したがって、資源の配分はマンサニージャが考えるより複雑であり、どのように資源が循環し、各アパート式住居複合に到着したのかを考慮しなければならないと考える。さらに、共和政治が断続せずテオティワカンの崩壊まで機能していたと考えるのは、「羽毛の蛇神殿」への破壊行為から政治体制に変化があったことを主張する仮説を軽視していると思われる。

王制が存在したとの仮説2の主張に関しては、決定的な資料となる王墓が未確認であり、現状では考古学的に実証するのは難しい。もちろん、王墓であったと推測されている埋葬墓がないわけではない。しかしながら、いずれも盗掘の被害を受け、王が眠っていたのか確認できていない（Cabrera et al. 1991: 83-84; Sugiyama 1992: 220-221, 2000: 127-129）。

さらに、政治変動は王制の抑圧が原因であると推測するが、これを示唆する証拠は存在していない。したがって、初期から共和政治であったが、これを構成する複数の政党間で政権交代が起こったとの推測も提示できる。仮に王制から共和制の移行であったとしても、「羽毛の蛇神殿」の内外面への徹底した破壊を考慮すると、この痕跡は神殿だけではなく、王族の邸宅として機能していたと考えられている地区、つまり神殿の南北に隣接するアパート式住居複合においても、この政変と関連する痕跡が確認されるのではないかという疑問が湧く。しかし、その証拠は挙がっていない。

政変の痕跡は、現在のところ、「羽毛の蛇神殿」への破壊にのみ記録されている。

コーギル（Cowgill 1983: 337）は、体制変化後も「城砦」はテオティワカンで象徴的な場所として機能し、王族の政治的権力は剥奪されたが、追放または殺害はされず、国家儀式を取り仕切る地位は確保されたと考えている。しかし、政治革命とも呼べるこの出来事が「羽毛の蛇神殿」のみの破壊で終結したと結論付けるのは、あまりにもこの神殿をテオティワカンの中で政治的・宗教的に高位に位置付けし過ぎているのではないだろうか。

王制を支持する研究者は、絶対的な権力を持つ王が「太陽のピラミッド」や「月のピラミッド」などの大型建築プロジェクトを率いたと推測している。これらのピラミッドは、王権のプロパガンダとして利用されてはいなかったため、「羽毛の蛇神殿」で認められる破壊は実施されなかったとの推論が働いていると考えられるが、政変の痕跡を「羽毛の蛇神殿」から得られるデータのみに頼るのではなく、テオティワカン全体に視点を広げ、この時期何が起こったのかを考察する必要がある。現に、王制から共和制を主張するコーギルは、テオティワカンの政治体制は、その崩壊まで静的ではなかったと考えている（Cowgill 1983: 314-315）。そして、解釈を単純化せず、政治変化のプロセスを示唆する証拠を探すべきであると述べている。

テオティワカンは、国家としての基盤を整え衰退するまでに、およそ五〇〇年の歴史を持った。長い歴史の間、王制から共和制への移行または共和制から王制への移行があっても不思議ではない。さらには、王制であっても政権は官僚に握られ、共和制であってもある特定の集団が実権を掌握していたのかもしれない。筆者はむしろ王制や共和制といった政治体制の呼称に固執するのではなく、実体について議論を向かわせるべきであると考えている。中国王朝史を参考にすると分かりやすい。皇帝を頂点とする政治体制が敷かれていたが、時には外戚や家臣が、別の時期には宦官が力を持ち、絶対権力は常に皇帝が掌握していたとは言えない。このような視点から考察することで、テオティワカンという社会が、時の移り変わりと共に、どのように変質していったのかについてより深い議論が可能になると考える。

マヤ南部低地に登場したテオティワカン人とは

シーヤ・カックと投槍フクロウは、テオティワカンに出自を求めることができると推測されている。そして、ティカル王朝の発展は、テオティワカンの援助と無関係ではなかったと解釈されている。

テオティワカンの政権が不安定な時期に、彼らは登場する。彼らは何者であったのだろうか。ここでは敗北政権の亡命というストーリーを提案したい。

投槍フクロウをリーダーとする集団は、三五〇年頃までテオティワカンの執政において要職に就いていたが、政変後、権力を失い一族を引き連れてテオティワカンを去らねばならなかった。行き場を失った彼らは、以前から関係の深かったティカル王朝に亡命しようと考えたのかもしれない。しかし、この王朝に何らかの政治的弱さを発見し、好機を伺った。その後、シーヤ・カックと共謀しティカル王朝を簒奪することに成功した。投槍フクロウとシーヤ・カックは野望を達成するために、テオティワカンの威光を利用したのかもしれない。しかし、投槍フクロウ一派は新政権を樹立したテオティワカンからの実質的な支援を得られないために、ティカル王朝での支配は一時的なものとならざるをえなかった。サントリーは、同様の亡命劇がマタカパン遺跡でも起こったのではないかと考えている（Santley 2007: 174）。この地がテオティワカンの飛び領地として建設されたのは、ちょうど政治闘争の時期にあたる。

これら亡命政権による他地域での政権樹立は推論の域をでない。したがって、敗北した政権の集団ではなく、対外政策により意欲を持った新政権がこのような戦略を立てた可能性も捨てることはできない。さらに、新政権は複数の集団からなる共和政治であったため、総意ではなく一部の集団が独自の方針でおこなったのかもしれない。

様々な仮説を提示できるが、古代メソアメリカ文明の古典期におけるダイナミズムを理解するためには、テオティワカンの内外で起こった現象を双方的に関連付けて把握し、解釈していくべきであると考える。

また、テオティワカンがこの時代にどのようにそしてなぜ誕生したのかを考察する必要がある。それは、先述したように、この古代都市は同時代の各地域においてのみ特別な存在であったのではなく、古代メソアメリカ文明の歴史的文脈の中でも、さらには社会の複雑化といった人類の進化史の中でも、非常に特徴的な形成過程を辿ってきたと理解できるからである。

三節　なぜテオティワカンは誕生したのか

火山の噴火と人々の移住

なぜ人々がテオティワカンという地に密集し、国家が形成されたのか。

従来の解釈は、ポポカテペトル火山（後約七〇年：火山爆発指数6）、チチナウツィン火山（後約一二五年：火山爆発指数2）、シトレ火山（後約二七五年：火山爆発指数2）の噴火に伴うクイクイルコ遺跡の衰退と、これに伴う新天地を求めた被災者のテオティワカンへの移住という枠組みの中で論じられてきた（e.g. López and López 2001: 116-126）。

テオティワカンが未だ国家として成熟せず、大規模建築も存在していなかったパトラチケ期（前一五〇～後一年）に、メキシコ盆地南西部のクイクイルコでは、二万から四万人を抱える都市が繁栄していた。しかし、クイクイルコは上記の火山噴火の影響を受け、壊滅的な打撃を受けた。特に、現在のメキシコ市の東部にそびえ立つポポカテペトル火山の噴火は、火山爆発指数6と推測されており、その規模は極めて大きく、メキシコ盆地南部とプエブラ・トラスカラ地域西部の社会に甚大な被害を与えた。また、チチナウツィン火山とシトレ火山は、この火山がクイクイルコの南に位置しているため、溶岩がこの都市を襲った。その結果、クイクイルコと競合関係にあったと考えられているテオティワカンがメキシコ盆地南部の人口を受け入れ、国家建設に拍車をかけたと解釈されてきた。

ポポカテペトル火山の噴火が起こる前（パトラチケ期）、テオティワカンの人口はおよそ二万人であったと推測されているが（e.g. Cowgill 1974）、他の同時期の都市に見られる大規模な建造物は存在せず、社会の階層化は進んでいなかったと理解されている。しかし、ポポカテペトル火山とチチナウツィン火山の噴火後、テオティワカンの人口は六万から八万人ほどに達した。ツァクアリ期に見られるこの急激な人口の増加現象は、両火山噴火の影響と関連付けられている。その後、都市の中心部となる場所に、小規模ながら「月のピラミッド」の原型となったモニュメント建造物や他の建造物が建てられ始める（Sugiyama 2003; Sugiyama and Cabrera 2007）。

一方で、ポポカテペトル火山の噴火は、テオティワカン方面のみに人口を集中させたわけではない。ネバダ山脈東麓に位置するトラランカレカは、この大噴火を生き延び、都市化がさらに進んでいった（Kabata et al. 2014; Murakami et al. 2017）。これは、トラランカレカでも多くの避難民を受け入れた可能性を示唆している。さらに、避難民の移住は、プエブラ・トラスカラ地域の中央に位置するチョルーラ方面にも向かっている。そして、この遺跡でも大規模建造物が作られるようになり、都市化現象を引き起こした。つまり、一連の火山の噴火は、テオティワカンとその周辺の人口のみを増加させ、都市化を引き起こしたのではない。

このテオティワカンの形成は噴火と移住に由来するとの解釈には、いくつかの点でより深い考察が必要である。まず、国家としての基盤が未整備であったテオティワカンで、なぜ数多くの避難民を収容し養いえたのだろうか。それは、テオティワカン盆地には肥沃な大地が広がり、さらに近郊には黒曜石の原産地が存在し、交易ルートとして戦略上非常に重要な拠点であったからだと考えられている（e.g. López and López 2001: 116-117）。しかし、噴火以前と以後で三倍以上にも膨れ上がった人口を賄いきれるのかという問題が残る。さらに、文化や歴史背景の異なる移住民と、もともとこの地に住んでいたテオティワカン人とは、どのように社会融合できたのであろうか。結局のところ、現在までの研究では、テオティワカンの国家形成のプロセスは大まかにしか描かれていない。

確かに、自然災害の影響を受けたことによって、より安全で資源の豊富な地域への移住というストーリーは理解しやすい。しかし、人々の意思決定はすべて自然環境に依存するという前提の下で論じられており、理論的な偏りが認められる。現に、テオティワカン方面へは、噴火の影響を受けなかった地域からの移住も確認されているのである。メキシコ盆地の西域に、水量が豊富で肥沃なトルーカ盆地が存在している。この地域は先の火山噴火の災害を受けなかった。しかし、ここからもテオティワカン盆地方面へ人々の移住が指摘されている（Sugiura 2005a: 255-288）。災害以外の要因も移住に影響を及ぼしていたという証左である。

自然環境以外にも人々を惹きつける何かがツァクアリ期のテオティワカンに存在したと考えられる。それは、テオティワカン盆地内における社会関係や都市生活に起因する可能性が高い。同時期に繁栄していたクイクイルコやトランカレカとは異なり、強力な支配者集団の存在を示す行政・祭祀施設は存在していなかった。この時期のテオティワカンは相対的に独立した複数の共同体が、緩やかに連携した連合体のようなものであった可能性を指摘できる（Murakami 2014）。このような共同性を核とする階層化の進んでいない社会関係、そして、人口が集中することで新たに生まれる経済的・社会的機会などが避難民以外の人々をも魅了する要因の一つであったと考えられる。その後、人口が急激に増加したテオティワカンでは、おそらく社会紛争が増加し、複数の共同体は紀元後二〇〇年頃に軍事主義的色彩の強い一つの政治的共同体、つまり国家に統合されていった（Murakami 2015）。

これと同様に重要なのが、第一章で述べた世界観の物質化である。

求められる新たな観点

筆者は、この世界観の物質化の起源をテオティワカンにおいてではなく、その先行社会（形成期後期から形成期終末期：前五〇〇年〜後二〇〇年）に求める。つまり、テオティワカンでの物質化は、形成期社会で実践されていた物質化のより精錬された発展形態であると考えている。かつては、自然景観の各要素に宗教的な意味を見出し、自然景観のマテリアリティ（物質性）をそのまま世界観として取り込んでいた。それが、時を経るにしたがい、人工的に物質化する動きに変化していった。テオティワカンの都市化と国家の形成を理解するには、この世界観のマテリアリゼーション（物質化）の発展過程に注目する、歴史的連続性の観点が必要である。同時に、この都市化と国家形成は、メキシコ盆地内で起こった現象ではなく、メキシコ中央高原における社会変動であると認識し、共時的観点からも考察すべきであると考える。

つまり、テオティワカンにおける世界観の物質化の成功は、この古代国家で発展した知識と技術力によっていただけではなく、先行社会から引き継いだ文化的蓄積に大きく恩恵を受けていたと推測する。そして、共時的には、都市化や国家形成はテオティワカンだけではなく、トラランカレカやチョルーラにおいても認められると考える。後二者の動向も視野に入れ、巨視的にテオティワカン国家の形成史を復元すべきであろう。

現在までこのような視点から考察されなかったのは、次の二点が大きく関与している（嘉幡 二〇一四）。まず、理論的観点の不均衡の問題が挙げられる。テオティワカンの国家形成に関して、内的要因あるいは外的要因のどちらかを重視する傾向が認められ、自然環境や周辺地域の地政学的関係と内的要因を統合し考慮する視点が乏しい。次に、学術調査への政治的影響力を指摘できる。第一章五節で考察したように、現代メキシコのナショナリズム形成、そしてツーリズムの促進が学術調査に対する影響力を助長している。研究者と研究費の流れは質量共にこの遺跡に向かうため、テオティワカン遺跡内の考古学データは増加するが、これに先行する社会や周辺地域のものは相対的に減少し、テオティワカン中心史観が形成される。

この結果により、古代国家形成のプロセスを先行社会と連続した歴史軸上での考察（通時的観点）が困難になり、周辺地域のダイナミズムと自然環境の影響を射程にした理論（共時的観点）の構築が妨げられていると考えられる。

先行社会の遺産を引き継いだテオティワカン：トラランカレカの役割

テオティワカンの国家形成に影響を与えた先行社会はいくつか存在する。その代表的なものは、先のクイクイルコである。三度の噴火により、メキシコ盆地南部は壊滅的な打撃を受けこの地域から北部に移住が起こった。大量の溶岩がクイクイルコ一帯に流れ込み、その堆積は五から八メートルにも達している。このため、この遺跡での発掘調査は難航しており、噴火の前に既にこの都市で、テオティワカンとの関連を示す世界観の物質化が実施されていたのか不明である。

一方、トラランカレカ遺跡（図24）からは興味深いデータが提示されている。トラランカレカ遺跡はプエブラ州にあり、イスタシワトル山の北東の麓に位置する。遺跡の中心部は、建造物の密集度が極端に高い標高二五〇〇メートル前後の丘陵部にあったと考えられる。さらに、丘陵部周辺の平野部にも当時の居住域は広がっており、他の形成期の遺跡と比較して、遺跡の規模は大きくまた建築密集度も高いことから、この時代の社会発展を解明する上で重要な遺跡であると理解されている。

第一章でテオティワカンの「太陽のピラミッド」の頂上部にはウエウエテオトルを崇める石彫の狼煙台が発見されており、このピラミッドの地下には人工の洞窟が建設されていたことについて述べた。同様の配列がトラランカレカでも存在する（図25）。当遺跡最大規模のセロ・グランデ・ピラミッド（推定五五×五三×一七メートル：図25の下から二つ目）が遺跡の中心部に存在し、その頂上部にウエウエテオトルの狼煙台が安置されていた（図25の上から二つ目）。一方、このピラミッドのすぐ東方に、天然の地下水脈を利用して人為によって

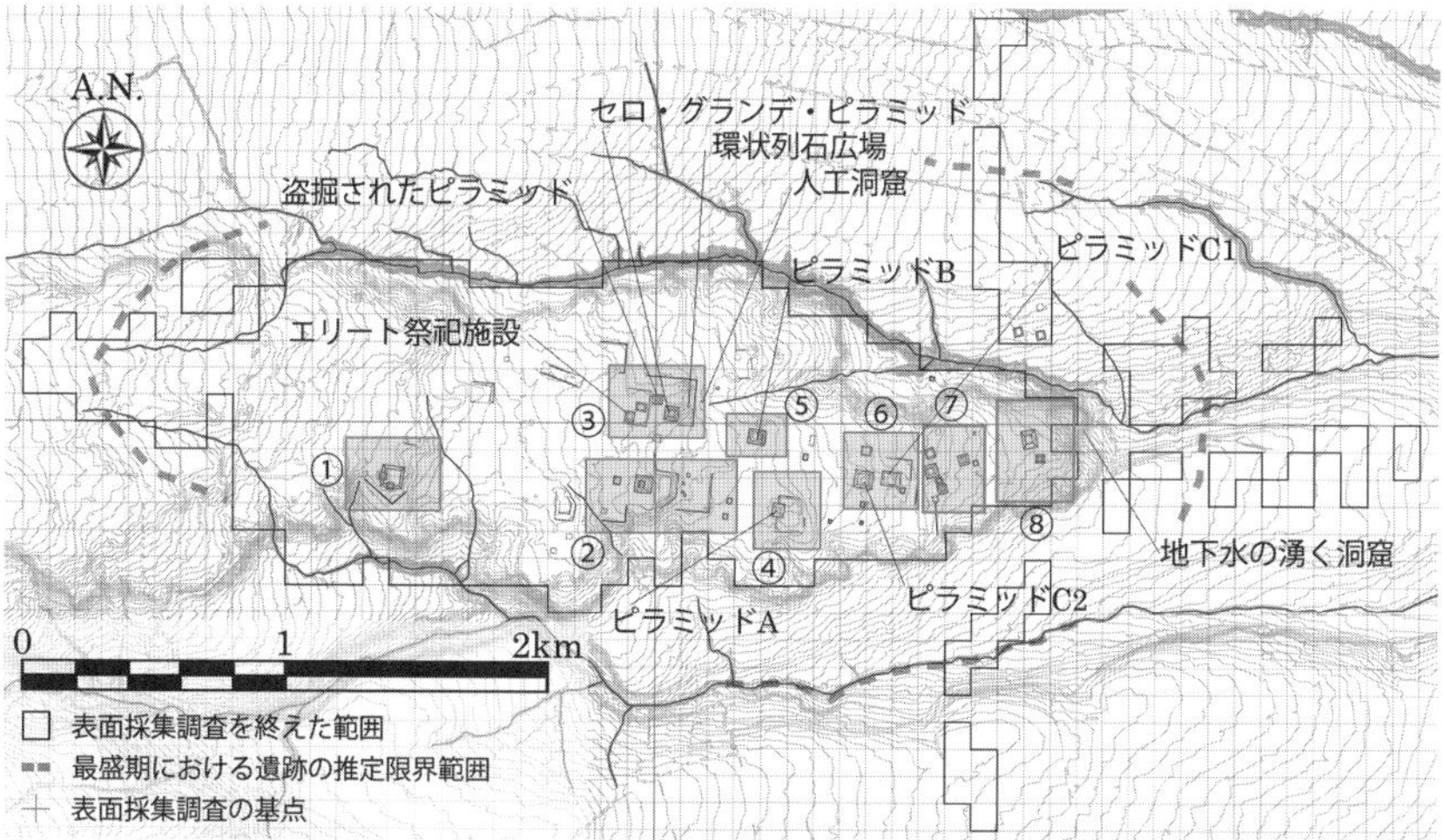

①:西の大基壇複合　②:南の大基壇複合　③:セロ・グランデ建築複合　④:グループA
⑤:グループB　⑥:グループC　⑦:トレス・マリーアス建築複合　⑧:東のグループ

図24　トラランカレカ遺跡の建築複合と主要建造物の位置関係

採掘されたと考えられる洞窟（トンネル）が見つかっている（図25の一番下：図26）。

トラランカレカでは、ピラミッドという舞台と狼煙台を基に、近郊にそびえる活火山ポポカテペトル（図25の一番上）の神と交信し、垂直下方に洞窟を設置することで地下界への入り口を造り上げたのであろう。現在のところ、このような配列は先行社会の中ではトラランカレカ遺跡でのみ確認されている。さらに、テオティワカンの代表的な建築様式の一つとして採用された、タルー・タブレロ建築様式がこのピラミッドでも確認されている。その他に、ウエウエテオトルだけでなく雷鳴の神（後のトラロック：Tlaloc）や漆喰利用の開始などといった、テオティワカンでも重要であった諸文化要素の存在も挙げられる。このように、この社会では宗教や暦の体系化そして建築方位軸や建築様式の統一を示唆する考古学データも存在しており、世界観の物質化の起源のみならず、その根底にある思想体系までもが既に成熟していたことを表すと考えられる。

一方、これらの文化要素は、トラランカレカにおいてのみ特有であったのではなく、プエブラ・トラスカラ地域でも広く確認されている（García 1981: 256-262）。この類似性は、プエブラ・トラスカラ地域からの移住民がテオティワカンの国家形成と発展に貢献した可能性を示唆している。

筆者は、考古学データに表れる類似性のみを基に、トラランカレカを中心としてプエブラ・トラスカラ地域から

図25　世界観の物質化の一部を示す垂直関係

テオティワカンへ文化継承がおこなわれたと考えているのではない。遺跡面積の広さ（東西四・二キロメートル×南北一・七キロメートル＝約七・三平方キロメートル）、建造物の密集性（ピラミッド一四基、基壇五〇基、住居祉四〇〇戸以上）、宗教や暦の体系化、そして建築方位軸や建築様式の統一を考慮し、少なくとも形成期後期以降のトラランカレカ社会は既に為政者によって統治され、社会成層も多様化し、生業以外の活動に従事する専門集団が存在していたと推測する。社会が成熟する過程の中で、神々を生み出し、恒星や惑星の動きは彼らの意思を反映していると理解し、宗教を制度化していった。神々からの恩恵を受けるため、そして、世界の成り立ちと支配者集団の権威の源泉を結びつけるために世界観を物質化する動きが生じた。支配者集団は世界観をより忠実に再現するため、建築方位軸や建築様式の統一を図ったと推測する。

したがって、テオティワカンでも見られるこのような類似性は、単に物質文化の様式の類似性ではなく、世界観の物質化を介して、権力の正統性を目に見える形で表現するという行為全体の継続性を意味しており、トラランカレカで体系化された思想を基礎にしていた傍証であると言える。ただ、テオティワカンの為政者は、先行社会から無作為に文化要素を取り入れたのではなく、国家建設を成功へと導くため、これらを意図的に取捨選択していたと考える。選択されなかった要素を考察することで、トラランカレカ社会とテオティワカン社会の違いが分かり、古代国家形成のプロセスがより実証的に解明できると考える。

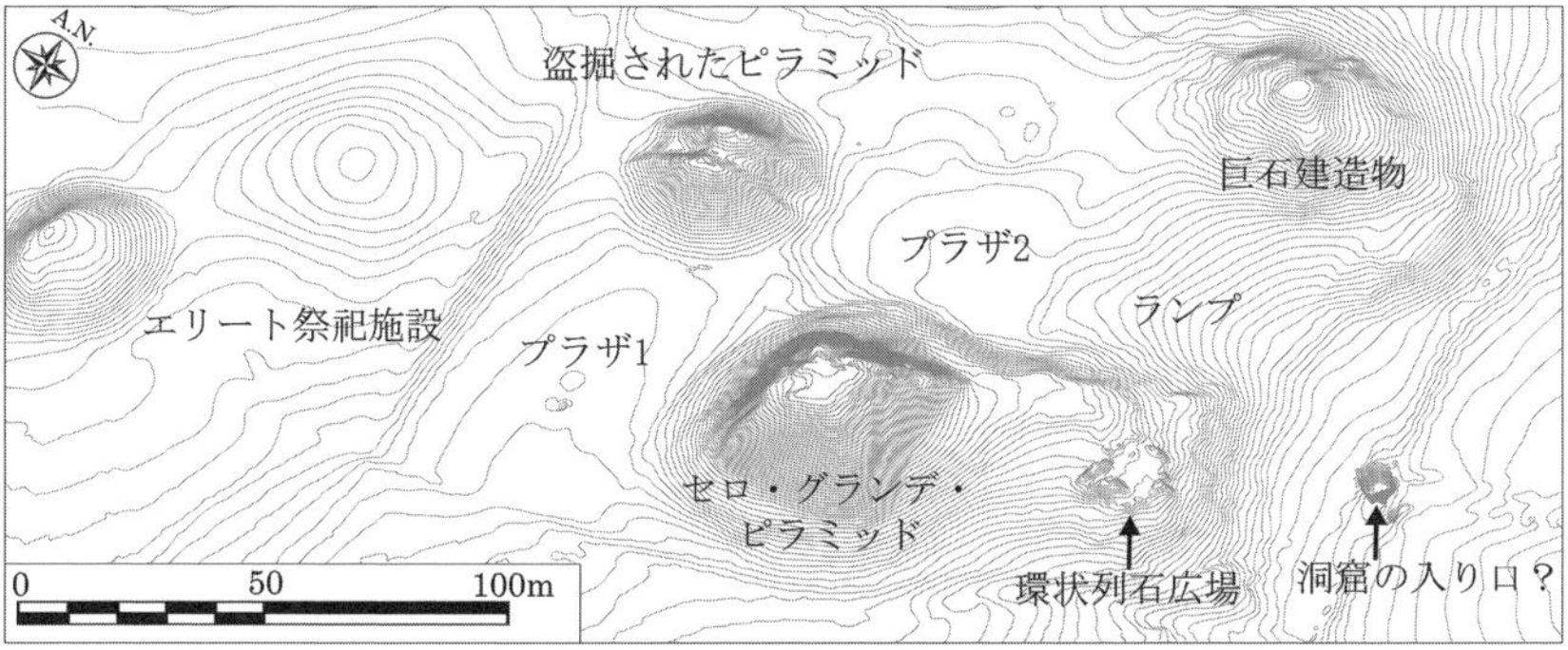

図26　セロ・グランデ建築複合を構成する建築物

四節　世界観の物質化の起源と国家形成に向けた戦略

トラランカレカにおける世界観の物資化の必要性

トラランカレカ社会からテオティワカン社会に踏襲されなかった大きな文化要素は都市設計である。テオティワカンでは、ミカオトリ期（後一五〇〜二〇〇年）からトラミミロルパ前期にかけ、「死者の大通り」とサン・フアン川を都市軸として、この中心に三大ピラミッドが建造されていった。一方、トラランカレカの都市設計は、テオティワカンのものとは大きく異なっている。都市の中心部が一カ所に集中するテオティワカンとは異なり、トラランカレカでは、現在八カ所の政治的・宗教的中心部が確認されている（Kabata et al. 2014; Murakami et al. 2017）。考古学的になぜ複数の中心部に分かれていたと考えられるのかは、これらの各建築複合には、ピラミッド、広場、エリート階層そして一般階層の住居址が一つの空間単位としてまとまっており、建築複合は相互に連続していないからである。

トラランカレカの都市の発展形成史から興味深いことが見えてくる。紀元前八〇〇年前後、トラランカレカは小さな集落であった。この遺跡の丘陵部東端に位置する自然の泉（図24の「地下水の湧く洞窟」付近）が生活に必要な水源として利用され始め、人々が定住を開始した。同時に、異なる集団の交流の場として多くの人々を惹き付け、徐々に集落は大きくなっていった。

第一章で述べた、宗教的な意味を持ったアルテペトル（「水の山」）として信仰の対象になっていた可能性も指摘できる。後の時代のメソアメリカでは、水が生まれる場所としての山がピラミッドとして時の為政者によって建造されたが、トラランカレカは字義通り水が生まれる山であり、この自然景観そのものが人々を惹き付けたのだと考えられる。そして、形成期中期の祭祀・行政建造物がこの場所の上に建てられ、政治的・宗教的な中心地として発展していった。

その後、形成期後期には居住密集地は、主に丘陵部の西へと向かい、五平方キロメートルにも及ぶ巨大都市へと変貌した。おそらくこの時期に祭祀・行政用建造物の中心軸が確立され、数々の巨大建造物が複数の場所で造られた。セロ・グランデ・ピラミッドのあるセロ・グランデ建築複合もこの時期に造られたが、その規模は遺跡内で最大ではなく、他の建築複合と同程度のものであったと考えられる。しかし、トラランカレカ社会の最終時期（後一〇〇～三〇〇年頃）には、建築密集度という意味において大規模に成長した。

このように、トラランカレカ遺跡では集落から都市へと徐々に発展した過程が見てとれる。つまり、集落の基点であった「地下水の湧く洞窟」を中心に都市が広がったのではなく、いくつもの拠点（建築複合）が建設され、これらの生活空間の拡大が他の建築複合と接触し、より大きな都市空間を誕生させた。ポポカテペトル火山の大噴火後、トラランカレカは衰退するのではなく、避難民を吸収しさらに発展する。これが沈静化する頃、セロ・グランデ建築複合では建築ラッシュと言ってもいい現象が認められる。セロ・グランデ・ピラミッドの拡大や広場の増築などを指摘することができ、これらはC14年代測定法の結果によると、紀元後二〇〇年に相当する（Kabata and Murakami 2017: 605-607）。

この現象から、一つの仮説を提示することが可能である。

都市の発展段階において形成された複数の建築複合には、建築資材の質や遺物の希少性に差異が認められず、階層化があったとは断言できないため、それぞれに自治が認められていたと考えられる。しかし、噴火直後は、周辺地域との交易システムの解体や農耕生産量の減少、そして多数の避難民の吸収による社会的混乱が起こり、これらを解決するためにトラランカレカ社会は各集団が自治をおこなう権力分散型社会からより集権的なものへと変化していった。その後もチチナウツィン火山の噴火が起こり、メキシコ盆地南西部の住民はトラランカレカ方面にも流れていった。都市のさらなる発展と人口増加の中でいくつかの問題が発生した。それらは、人口の自然増加、古参住民と避難民集団そして社会発展に伴う他地域からの移民との間で引き起こされる集団間ストレスである。同時に忘れてはならないのは、噴火後も常にポポカテペトル火山の噴気孔から立ち込める噴気である。噴火を神々の怒りと信じた古代人たちの日常的な心理的圧迫を想定することができる。

宇宙の秩序や神々の意思が人間社会に影響を及ぼすという思想の中で、各建築複合のリーダーらは人々もその一部として介入することが可能であるとの知的体系を発展させ、神々と契約できる制度を生み出す必要性に迫られた。

これに対応するために、セロ・グランデ建築複合において世界観の物質化を完成させる事業（建築ラッシュ）が誕生したのではないかと推測する。ではなぜ、数多くある建築複合の中で、このセロ・グランデ建築複合が選ばれたのだろうか。結論から言えば、この建築複合のある場所は、丘陵部の東にある「地下水の湧く洞窟」と同様に、天然の水源が存在していたからである。年代の異なるいくつもの火砕流の堆積によって生成されたこの丘陵部には、地中に水脈が存在している。水脈の方向と出口を基準に、セロ・グランデ建築複合を構成する建築物群は配置されたと考えられる。水脈の出口はセロ・グランデ建築複合から太陽を観測できる東側に、そして地下水脈の方向とセロ・グランデ建築複合は、あたかも地上界と地下界が重なるように設計されていると考えられる。

トラランカレカは紀元後三〇〇年までには放棄される。一方、テオティワカンやチョルーラはさらに発展を迎える。トラランカレカでは、先に見たように、世界観の物質化を大事業として実施する動きがあったと推測できる。ただし、これが完成したかどうかは調査が実施されていないため不明である。

メキシコ中央高原における国家形成プロジェクト

テオティワカンにおける国家形成は、メキシコ盆地だけではなくメキシコ中央高原全体の中で引き起こされた社会変動として、先行社会の歴史的役割を考慮した観点から復元する必要があると先に述べた。そのため、この国家形成へのプロセスは、テオティワカンにおいてのみ起こった現象ではなく、チョルーラにおいても、そしてトラランカレカにおいても同時並行で進行していたとの観点から分析が必要であると指摘した。

トラランカレカは国家として成熟する前に衰退したため、またチョルーラはテオティワカン研究の質量と比較し全く進んでいない現状にあるため、一見するとこの時期にはテオティワカンにおいてのみ国家形成が進行したとの誤解を与えてしまう。しかし、通時的観点そして共時的観点の両面からこの時代の動向を丁寧に調べてみると、より詳細な歴史復元が可能となる。そして、三者の国家形成の相違を考察することで、テオティワカンがどのようにこれを進めたのか、より具体的に理解することが可能となってくる。

一連の噴火によって、これ以前に確立していた交易システムは再編を余儀なくされた。トラランカレカやクイクイルコを中心に形成された形成期終末期（前一〇〇～後二〇〇年）までの地域間交換ネットワークでは、クイクイルコが衰退したために、トラランカレカ社会の役割がより重要になった。この過程の中で、後のテオティワカン（ミカオトリ期以降）で成熟した、世界観の知的体系化や物質化の原型が誕生していった（嘉幡・村上二〇一五）。

噴火以前は、クイクイルコやトラランカレカを中心としたネットワークが機能していたのに対し、これ以降は、テオティワカン、トラランカレカ、チョルーラを中心としたものへと変貌し、交易システムも再編された。トラランカレカは東からのメキシコ盆地への入口として重要な役割を果たしていたと考えられるが（Carballo and Pluckahn 2007）、テオティワカンはトラランカレカを介さずに北を迂回する形でメソアメリカ東部と繋がるルート（テオティワカン回廊）を発展させた。また、テオティワカンはトラランカレカより黒曜石産地に近く、この重要な資源へのアクセスを巡って二都市は対抗関係にあったかもしれない（Kabata et al. 2014）。一方、チョルーラはテオティワカンと友好関係を築きながら、独自にオアハカ地域やオルメカ湾岸地域との交易システムを発展させていったと考えられる。

三都市間の政治的・社会的関係については現時点ではまだよく分かっていないが、物質文化の類似性からかなり緊密な関係にあったことが伺える。しかしながら、ポポカテペトル火山の大噴火後、これら三都市はさらなる社会発展を求め、国家形成を前に異なった戦略を取ることとなる。これは、世界観の物質化を完成させることが最大の目的ではなかったことを暗示している。つまり、物質化の事業は、この完成のあと、どのように国家を運営していくのかを見据えて設計されていたと考えられる。特に、物質化を指揮した為政者は自身と一般住民の社会関係を重視しており、三都市はこの対比関係の相違から、それぞれ異なった国家運営へと向かった。換言すれば、神々と人間（古参住人や避難民や移民）との関係の中において、各都市の為政者らはどのように自らが彼らの仲介者として介入するのかの違いである。

今まで同様に伝統的な神聖性を確保する戦略（トラランカレカ）、神聖性を刷新しこれと世俗性を併せ持つが一般階層とは距離を取る戦略（テオティワカン）、新たな神聖性を模索しこれを確保しつつも一般階層にとって身近な存在を目指す戦略（チョルーラ）と要約することが可能かもしれない。クイクイルコも独自の国家形成を目指したと考えられるが、三度の噴火の影響を一番大きく受けたため不明である。しかし、これらの噴火までトラランカレカ同様に繁栄していたことを考慮すると、シトレ火山の噴火による壊滅的な破壊を受けるまでは、伝統的な神聖性を重んじる戦略が採用されていたのではないかと想像する。

三都市のゆくえ：トラランカレカとテオティワカンそしてチョルーラ

先に見たように、トラランカレカでは同じ場所に住む複数の社会集団は、ポポカテペトル火山の大噴火後、徐々に集権的な社会集団へと移行していく。これがどの程度まで進んでいたのかは今後のデータを待つしかないが、セロ・グランデ建築複合に一極集中し、ここで世界観の物質化を大規模に実施できる程度にまで社会統合は進んだ。テオティワカンとの大きな違いは、地下界を復元するのに、地下水脈を利用しながらこれに手を加えたことである。この建築複合の東には広大な広場（長軸約一三〇メートル×短軸八〇メートル＝一〇四〇〇平方メートル）が存在しているため、大勢の住民が儀礼に参加できる場を為政者は提供したと考えられる。同時に、セロ・グランデ・ピラミッドの西には小規模の広場（図26のプラザ1：長軸約七二メートル×短軸三六メートル＝二五九二平方メートル）がある。この空間は為政者やその親族のために利用されたのだろう。

一方、テオティワカンでも、大噴火後すぐにではないが、紀元後二〇〇年頃から世界観の物質化事業が開始される。綿密に考案された都市設計を基に都市を造り上げていく戦略が読み取れる。噴火からおよそ一〇〇年の間に伝統的な都市のあり方（アルテペトル）を一新すると同時に、各地域の移民や被災者を受け入れながら、資材と人員をどのように確保するのか、そして事業開始までに経済基盤を整える準備を怠らなかったように思われる。その甲斐あってか、三カ所において巨大な世界観の物質化を字義通り人工的に実現させた。「羽毛の蛇神殿」は為政者の権力の正当性を人々に誇示するために建造された。そのため広場（長軸約二三六メートル×短軸一九〇メートル＝四四八四〇平方メートル）は、三大ピラミッドの中でも広大なものとなっている。「月のピラミッド」の広場（長軸約一四〇メートル×短軸一三〇メートル＝一八二〇〇平方メートル）は「死者の大通り」の北端に位置し、この空間に入ることを妨げる障害物はない。比較的多くの人々が自由に入ることが許されたのだろう。「太陽のピラミッド」に関しては、ピラミッド自体の規模は最大であるが、その広場（長軸約八四メートル×短軸八一メートル＝六八〇四平方メートル）は小さい。テオティワカンの住民は、広場に入り儀礼に参加したというよりも、これを周辺から観察したのではないだろうか。

チョルーラの都市設計はテオティワカンの様にアルテペトルを新たな段階へと発展させるが、独自の方法を採用している点で興味深い。ポポカテペトル火山の噴火前、チョルーラでは規模の大きな集落が形成されていたが、クイクイルコやトラランカレカのような都市ではなかった。しかしながら、噴火後、避難民を受け入れながら巨大な都市へと変貌していく。その中心部は、紀元後六世紀頃にアメリカ大陸の中でも最大規模の建造物となった「グレート・ピラミッド（約四〇〇×四〇〇×高さ六二メートル）」にある。このピラミッド内部からは時期の異なる七基の建造物が確認されており、徐々に最大規模の建造物へと発展していった。一番初めの建造物は、大噴火の前に既に存在しており、底辺三三メートル以上高さ六メートルほどの、タルー・タブレロ建築様式が採用された小規模なモニュメントであった。その後、これを土台として、紀元後一〇〇年頃、「バッタ（Chapulines）の建造物（一三〇×一〇八×高さ一八・五メートル）」の建設が開始される（図27）。

この「バッタの建造物」と紀元後二〇〇年頃の「階段状建造物I期」の形状、建築様式そして壁画のモチーフから、チョルーラの為政者がどのように国家を運営しようとしたのか垣間見ることができる。まず、チョルーラの為政者の姿は、トラランカレカやテオティワカンの為政者よりも民衆に「慈悲深い」ということである。これは、ポポカテペトル火山を臨む立地が、後二者に比べてより間近に迫っており、日常的に神の怒り（噴火と噴気）を目にしていたためなのかもしれない。
チョルーラにおけるトラランカレカとテオティワカンとの大きな違いは、まず、噴火後すぐに新たな基壇部（「バッタの建造物」）が建造されたことである。そして、この建造物はピラミッドというよりも巨大な基壇であり、セロ・グランデ・ピラミッドならびにテオティワカンの三大ピラミッドは対称的であるのに対しこれは非対称的な形状をしている点にある。基壇の中には数多くのテラスが存在している（図27）。さらに、これらにアクセスできる階段が数多く設置されている。

これは住民に開放された空間構造をしているため、為政者が主体となって儀礼を取り仕切ったというよりも、古参住民や避難民にいつでも利用してもらう配慮の表れであったと考えられる。さらに、この基壇の北面に描かれた壁画のモチーフに注目してもらいたい（図27の右上）。かつて、このモチーフはバッタや蝶であるとされていたが、現在では人の頭蓋骨であると解釈されている（Plunket and Uruñuela 2018: 81-88）。根拠はまず、この壁画が死者の方角を意味する北側のみに描かれていることが挙げられる。また、プルンケットとウルニュエラは図像学の知見を採り入れ次の様に推論を働かせている。多数描かれている頭蓋骨には一つとして同じ表情がなく、これは専門の画家によるのではなく、住民の代表者らが参加した証拠である。その際モチーフとなるのは昆虫などではなく、誰もが普遍的に共有できるシンボル、つまり死者の国（地下界）に生きる先祖である方が合理的である。

さらに、社会的コンテクストを考慮している。ポポカテペトル火山の大噴火後、多くの避難民を収容したチョルーラ

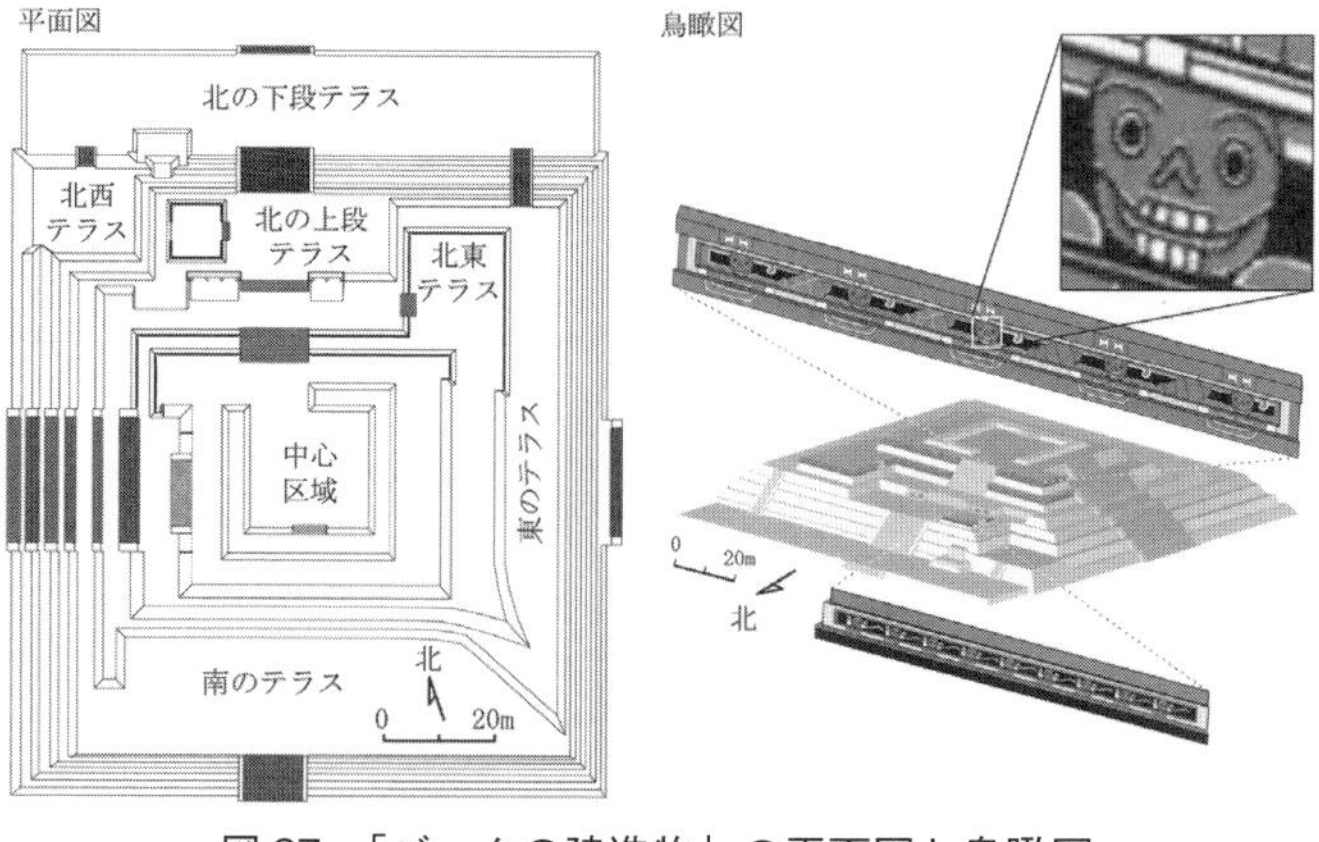

図27 「バッタの建造物」の平面図と鳥瞰図
（Plunket and Uruñuela 2018, FIGURA IV.3 と IV.4 を修正・加筆）

では、為政者はこの社会混乱を乗り切るために、そして、古参住民と避難民の融合を図るために、誰もが死者を弔う場（「バッタの建造物」）と頭蓋骨を描く共同作業の場を提供した。

この解釈が正しければ、トラランカレカとテオティワカンの為政者が取った戦略とは全く異なり、チョルーラの為政者は、神々と人間との関係の中で、後者により奉仕する役割を重んじていたように理解可能ではなかろうか。この社会融合政策が成功を収めた証拠として、後の時期にこの「バッタの建造物」は「階段状建造物Ⅰ期」として拡大を見せ、前者には数多くあったテラスは、少数に再編される（図28）。つまり、社会の融合が進んだため、儀礼をおこなうテラスの数は少なくなったが、その面積は大きくなった。チョルーラの「グレート・ピラミッド」は最後までこの形式を維持し続けたため、その後もこの政策は修正されなかったと考えられる。

このように、三都市では一連の噴火によって引き起った社会混乱から立ち直るため、三者三様の異なった戦略が取られていた。この中で、なぜ唯一トラランカレカのみが衰退したのかは、アルテペトルの中心を建造する事業を介して他の二都市と比較し、イノベーション（社会変革）能力が弱かったのではないかと考える。具体的には、異なる出自を持つ人々同士の紐帯となった世界観の物質化において、為政者は神々と自身との関係だけではなく、為政者と人々との関係について新たな方針を打ち出し、そして実現することが不完全であったことによるのではないだろうか。つまり、為政者は、人々が彼らとどのような関係を期待しているのかに敏感であったのか、同時に為政者は人々との関係において、どのような立ち位置を構築したいのかという政策の表明であり、これらを基に物質化できたかどうかの違いである。

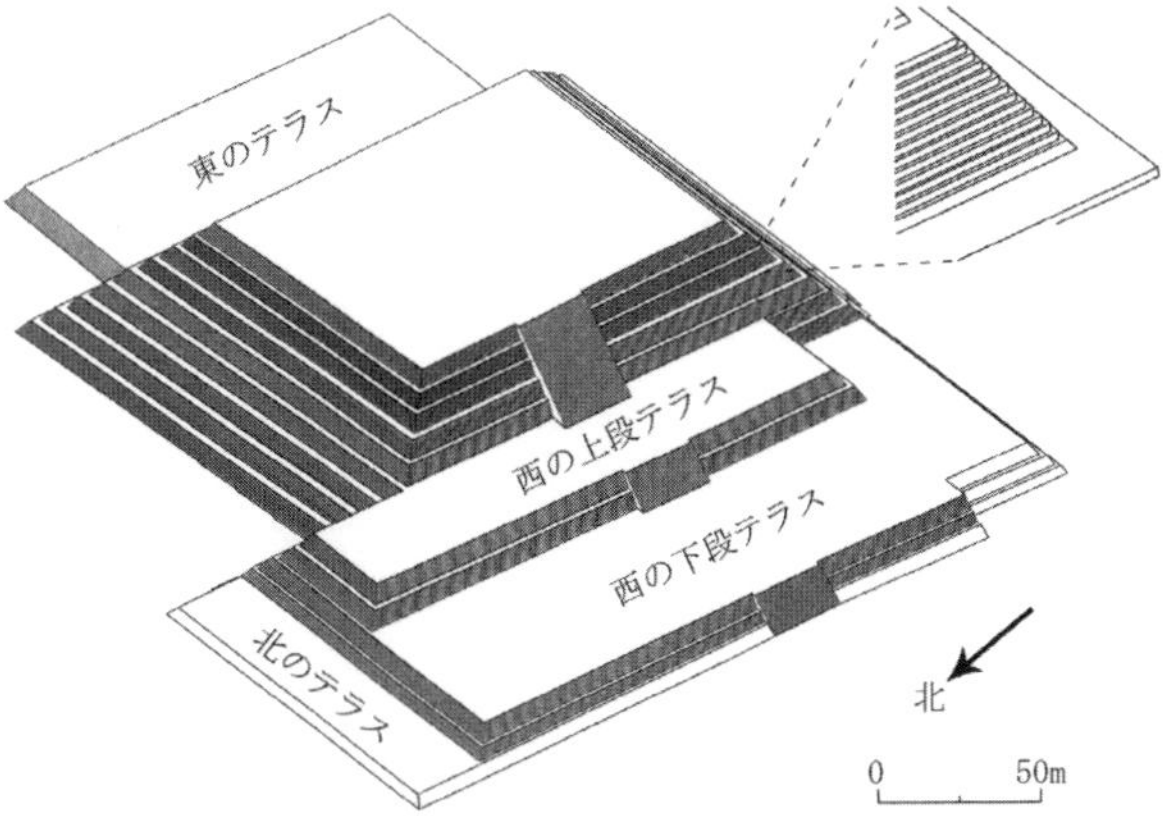

図28 「階段状建造物Ⅰ期」の鳥瞰図
（Plunket and Uruñuela 2018, FIGURA V.1 を修正・加筆）

メキシコ中央高原における形成期から古典期社会への移行は、世界観の物質化を自然景観のみに頼るのではく、より人工的に物質化する時代への過渡期として理解できると考える。この動きは、噴火（神々の怒り）が引き起こした社会混乱を収斂させるために、人間がより積極的に神々の世界に介入し、現世に恩恵をもたらしたいという希求の表れだったのかもしれない。

形成期社会と古典期社会は、一般的には、社会の階層化、集約農耕の発展、交易網の発達、都市化そして国家の形成・繁栄といった特徴によって区分される。同時に、この社会変化の中で、パラダイム・シフトが起こっていたことを忘れてはならない。火山の噴火によって引き起こされた社会的混乱を契機とし、かつて信じられていた価値体系は刷新されねばならなかった。

これは、テオティワカンにおいてのみ起こったのではない。

メキシコ中央高原のいくつかの拠点でもこのような現象が認められるのだ。しかし、異なった環境や戦略により盛衰は左右した。自然要因ならびに社会的諸条件によって様々な古代都市や集落が淘汰される中で、テオティワカンは一番成功した例として理解できる。唯一無二ではなく、複数存在していた都市の中から台頭していったテオティワカン、との枠組みを設定することで、メキシコ中央高原の形成期から古典期に至る社会変動の実像がより明確に見えてくる。

第三章　テオティワカン衰退後の世界：続古典期

一節　続古典期とは

テオティワカンの衰退に始まる続古典期の世界

テオティワカン国家は、紀元後五五〇年から六〇〇年の間に崩壊したと考えられている。この衰退前後から、メキシコ中央高原では人口変動やセトルメント・パターンの変化が起こり、ショチカルコ（図29）やカカシュトラなどテオティワカンの全盛期には存在しなかった都市が台頭し始める。そして、これらの都市を中心に、地域ごとの新たな政治秩序の形成と発展を見せる（Sugiura 2001）。この章ではまず、テオティワカンの崩壊と続古典期（Epiclassic: 後五五〇／六〇〇〜九〇〇年）の定義について述べ、続古典期に新たに確立された政治・経済システムについて考察する。次にこの時期を理解するのに重要なコヨトラテルコ式土器の起源についての議論をまとめ、各地域における動向を詳細に見ていく。

一般的に言われる「テオティワカンの崩壊」とは、この国際都市が廃墟になったという意味で使われるのではなく、メキシコ中央高原における国家としての覇権の喪失、つまり衰退を指している。メキシコ盆地内では、テオティワカンは依然として三万から四万人ほどの規模を持つ最大級の都市であり（Parsons 1987: 59-64; Sanders 1989）、メキシコ盆地内におけるテオティワカンの政治的・経済的影響

図29　ショチカルコ遺跡の模型

力は大きかったと考えられている（e.g. Diehl 1989: 15-16）。しかしながら一方では、テオティワカンの人口は二万人以下であると概算し、その影響力は小さかったと主張する研究者もおり実像は掴めていない（Rattray 1996）。

さらに、テオティワカンの政治・経済システムが、なぜそしてどのように破綻していったのかについても、充分に解明されていない。現在のところ、外的要因説と内的要因説の二つが挙げられている。前者は、ショチカルコやカカシュトラやテオテナンゴなどの地方都市がテオティワカンの交易ルートを遮断し、そこから得られる利益を蓄積していったことによって、経済バランスに変化が起こったと主張する（e.g. Litvak 1970, 1974）。後者は、この都市の衰退期に属する土器、土偶、壁画などには、軍事をモチーフとしたものが登場し始め、これは社会的に不安定であったことを表すと推測する。そして、この社会の不安定さが、政治の中枢を弱体化させる要因となり、テオティワカンの都市中心部に組織的な破壊や火災を引き起こし、衰退に向かったと指摘する。この意図的な破壊と火災は、都市機能を的確に麻痺させる目的を持っておこなわれており、都市内部の重要拠点を熟知している集団がおこなったと考えられている。それは政治の中枢にいた集団であった可能性が高いことから、内紛説が支持されている（Millon 1988: 142-158）。

いずれの説が正しくとも、テオティワカンの政治・経済システムの解体から各地域の都市の繁栄へと向かう図式に変わりはない。このテオティワカン国家の解体から地方都市の台頭そして衰退の時期を、メキシコ中央高原では続古典期と呼ぶ。

メキシコ中央高原における続古典期という時期区分は、もともとヒメネス・モレーノ（Jiménez Moreno）によって与えられた。一九六〇年代当時、テオティワカンでは平和な神権政治がおこなわれていたと考えられていた。この歴史認識が背景となり、ヒメネス・モレーノは、続古典期をテオティワカンの崩壊によって勃興した新興都市勢力間の抗争が続く不安定な時代であるとし、後古典期における軍事主義の起源はこの時期にあると結論付けた。

現在ではヒメネス・モレーノの歴史認識に修正が加えられているものの、テオティワカンの崩壊からトルテカ集団の繁栄までの時期を続古典期と呼ぶことで定着している。また、続古典期という時期区分は、メキシコ中央高原のみで使われる用語の一つであり、マヤ低地では紀元後八〇〇から一〇〇〇年を古典期終末期（Terminal Classic）と呼んでいることに注意する必要がある。

続古典期における政治・経済システム

テオティワカンの崩壊後に勃興した各勢力は小国分割の形でメキシコ中央高原を支配していたが、それが群雄割拠のようであったのか、合従政策のような情勢であったのかを断言できるデータは、今のところ存在していない。しかし、遺跡の立地条件などから、各勢力は政治的・経済的に対立していたと考える研究者は多い。それは、続古典期の主要な都市（ショチカルコ、カカシュトラ、テオテナンゴなど）は、戦術的に守りを重視して設計されているとの解釈による。その根拠として、まず丘や山の頂上に築かれる立地条件を指摘する。さらに、都市の中心部から壁や溝が発見される考古学データは、主要神殿部へのアクセスを制限する防御壁や環濠あるいは塹壕であったと解釈している。この他、芸術様式に見られる軍事的モチーフの繰り返される利用を考慮し、続古典期では戦争が頻繁に繰り返される社会が展開していたとする主張が大勢を占めている。特にハース（Hirth 1989）は、続古典期に見られる軍事的傾向が、後のアステカ王国に見られるような朝貢制度や戦士集団階層の確立と密接に関連していると考え、各地域の勢力は政治的のみならず経済的にも独立していたと指摘する。

しかし一方では、政治対立というモデルに囚われない視点が要求されている（e.g. Ringle et al. 1998）。特に、この時期の都市が丘や山の上に建設されることに関しては、戦術的に有利であるとの解釈に留まらず、当時の世界観を考慮する必要がある。例えば、ショチテカトルの主要建造物である「花のピラミッド」の建築方位軸は、この遺跡の東方約三五キロメートルに位置するラ・マリンチェ山（La Malinche: 四四二〇メートル）に向かっている。そして、当時の穀物の収穫の時期に相当すると考えられる九月二九日には、日の出の太陽とラ・マリンチェ山と「花のピラミッド」は一直線上に並ぶ（Serra 1998: 70-72）。この事例は、他の山頂の都市も周辺の立地と当時の世界観を考慮して建設された可能性を示唆している。

また、メキシコ中央高原内では、確かに地域ごとに政治的に独立した勢力が成立していたが、これらの勢力が経済的に対立していたかどうかははっきりしない。ウカレオ（Ucareo）原産の黒曜石は、メキシコ中央高原の広い範囲で確認されており、各勢力が共通の交易網に参加していたことが分かる（図30）。しかし、土器に関してはコヨトラテルコ式土器（図31：次節参照）が分布する地域とそうでない地域があり、これらの地域が対立関係にあった可能性が示唆されている。

　黒曜石の流通に関して、古典期前期（後二〇〇～四五〇年）と続古典期を比較すると興味深いことが分かる。テオティワカンではその近郊にあるオトゥンバ（Otumba）とパチューカ（Pachuca）の原産地を支配下に置いていたと指摘されている（Spence 1981, 1984）。しかし、続古典期に入ると、両産地の黒曜石の流通はメキシコ中央高原では激減し、ミチョアカン州のウカレオの黒曜石の利用が優位を占める（e.g. Braswell 2003: 139; Charlton and Spence 1982: 64-67）。この変化は新たな流通システムが確立したことを示しているが、ウカレオ地域をどの政治組織がコントロールしていたのか不明である。むしろ、ハースら（Hirth et al. 2006）は、この原産地がある特定の政治組織によって管理されていたのではなく、後のアステカ時代に見られるポチテカ（Pochteca）のような仲介商人が流通の役割を果たしていたと指摘している。

　では、人やモノそして情報といった社会間の交流を様々な形で示唆する土器からは、何が言えるだろうか。以下ではコヨトラテルコ式土器について見ていきたい。

図30　ウカレオ原産地の採掘施設周辺

二節　コヨトラテルコ式土器の起源と問題点

テオティワカンを衰退に導いた者？

コヨトラテルコ式土器は、続古典期にメキシコ中央高原で出現した黄褐色地赤彩文土器（Red on Buff）の総称である（Tozzer 1921）。器形は、浅鉢、鉢、皿などが一般的で、中には三脚や高台が付くものも見られる。土器の表面は、白色や明灰色または明褐色のものが多い。赤彩文は土器の内面か外面のどちらか一方にほどこされる傾向が強く、円形、雷紋、縦線、横線、幾何学紋などのデザインの組み合わせが見られる（Rattray 1966: 162-180; Sugiura 2001: 379-383）。

コヨトラテルコ式土器は、メキシコ中央高原の続古典期がどのような時期であったのかを解明する上で重要な遺物であると理解されている。それは、この土器の分布範囲がメキシコ中央高原における、かつてのテオティワカンの支配圏と重なっており、この土器をもたらした集団が、何らかの形でテオティワカンの崩壊に関係していると考えられているからである（e.g. Mastache and Cobean 1989: 55-56; Rattray 1966: 87-109）。この土器の起源やそれを広めた主体者については、大きく二つの仮説が提示されており意見はまとまっていない（e.g. Cobean 1990; Rattray 1996; Sanders 1989; Sugiura 1996）。二つの仮説の最大の違いは、コヨトラテルコ式土器がテオティワカンの土器様式と連続するのか、そうでないのかである。同時に、この問題は、紀元後六〇〇年以降もテオティワカンがメキシコ盆地内で勢力を保持していたのかという論争をも引き起こしている。

一つ目の説はコヨトラテルコ式土器の起源が、グアナファト州とケレ

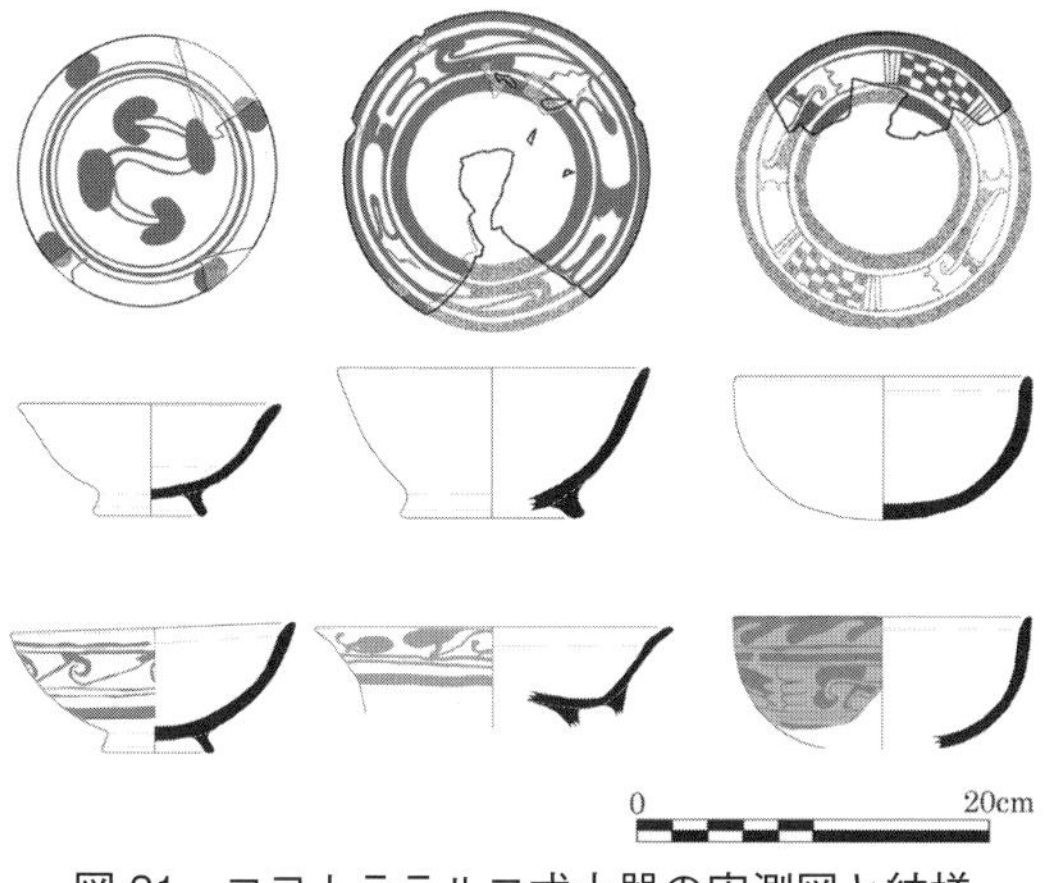

図 31　コヨトラテルコ式土器の実測図と紋様
（Sugiura 2005a を基に作成）

タロ州一帯を指すエル・バヒーオ地域、または、サカテカス州やハリスコ州にあるとするものである（e.g. Braniff 2005; Mastache and Cobean 1989; Rattray 1996）。この説を要約すると、まず紀元後五五〇年から六五〇年の間にメキシコ北西部に起源を持つ集団がトゥーラ盆地一帯ならびにテオティワカン周辺に南下定住し、その後コヨトラテルコ式土器をメキシコ中央高原に広げたと主張する。そのため、この仮説ではテオティワカンの土器とコヨトラテルコ式土器には何の連続性もないと指摘されており、北方からこの土器を広げた集団がテオティワカンの衰退に大きく関与したと推測する。

もう一方の説は、メキシコ中央高原一帯におけるコヨトラテルコ式土器の普及にはテオティワカンの人々が関与しているとする説である（Piña Chán 1967; Sanders 1989; Sugiura 2005a: 289-299; Vargas 1980）。この説には、テオティワカンの土器とコヨトラテルコ式土器には文化的な連続性が見られる自生説と、起源をメキシコの北方に求めながらも土器様式としての完成はテオティワカン様式と融合した結果であるとする説がある。いずれにせよ、テオティワカンはメキシコ中央高原における覇権は失ったが、メキシコ盆地内での勢力は保持しており、テオティワカン人あるいは北部に起源を持つ集団とテオティワカン人の混合集団が、各地へこの土器様式を広げたと考えられている。

論争の原因

このような意見の相違は、土器様式のどの点を分析の対象として重視するのか、さらに層位学的にテオティワカン様式とコヨトラテルコ式土器は共伴し、伝統は継承されたのかどうかに端を発している。サンダース（Sanders 1986）は、オシュトティパック洞窟で出土した土器の分析から、テオティワカンの土器とコヨトラテルコ式土器は共伴すると結論付け、移行期であるオシュトティパック期を設定しながら、両者の土器様式の連続性を主張している。さらに、箸のような道具を使った器面へのミガキ調整や、浅鉢や鉢といった器形に類似的特徴を認めている。しかし、もう一方の説はこれを否定する。コヨトラテルコ式土器の器面の色調が明るい点、彩文には赤色が一般的に使用される点、さらに、カンデレーロやトラロックの壺そしてフロレーロ（花瓶のような容器）など、テオティワカン特有の器形が出土しない点を重要視するためである。さらに、オシュトティパック洞窟で出土した土器群の層位関係が明らかではないと指摘し、サンダースによる分析の結果に疑問を投げている（Rattray 1996）。

このような論争のため、テオティワカン衰退期とその後の編年は確立していない。しかしながら、層位学的観点から述べると、近年、ショラルパン後期（後四五〇～五五〇年）にはテオティワカンの周辺部において、コヨトラテルコ式土器がテオティワカンの土器と共に出土していることが報告されている（López and Nicolás 2005; Manzanilla 2005）。このことから、コヨトラテルコ式土器の起源についての問題は未解決であるが、少なくともコヨトラテルコ式土器をもたらした集団がテオティワカン人と共存していたことが理解できる。

コヨトラテルコ式土器の分布は、胎土や器面調整そして彩文のデザインなどに地域差が認められており、メキシコ盆地から各周辺地域へと同心円状に広がっていったのではないと考えられている（Rattray 1996; Sugiura 1996）。土器様式に見られるこの地域差は、古典期のテオティワカンが各地域において異なる政治・経済戦略を用いていたこと、そして、続古典期における各地域の勢力がお互いにどのような関係にあったのかとも関連している（e.g. Hirth 1989; Sugiura 2005a: 93-123）。

以下では、この問題も含め、メキシコ中央高原が地域レベルでどのような社会変容を見せたのかについて、各地域の主要都市を中心にして述べる。

三節　メキシコ中央高原における各地域の動向

メキシコ盆地

テオティワカンの最終時期であるメテペック期（後五五〇～六五〇年）から、テオティワカンの住人とこの周辺部に暮らしていた人の数は激減し、メキシコ盆地の他の地域へと拡散する傾向が認められる。盆地内では一四の集落が存在していたと考えられており、農業の生産性が高い地域へと人口が集中していく傾向が読み取れる（Sanders 1981: 175-176）。その中でも特に、メキシコ盆地西部に位置するアスカポツァルコや、テスココ湖の東部にあるポルテスエロ、そしてショチミルコ湖の北側にあるセロ・デ・ラ・エストレジャなどが成長し大きな集落を形成し始める（Parsons 1987; Sanders et al. 1979: 129-137）。これらの大集落が敵対関係にあったのか、あるいは単に独立していたのかは議論が分かれている。

先に述べたように、続古典期のテオティワカンにどれくらいの人口があり、どれくらいの政治勢力であったのかは理解されていない。ただ、この時期にはテオティワカンでは新たに建造されるピラミッドや、エリート階層の住居などは発見されていない。

また、エリート階層であっても、彼らはテオティワカン期に使用されていたテパンティトラなどのアパートメント式住居複合を再利用していたと考えられている（Rattray 1987）。一方、この都市南西に位置するオシュトティパック洞窟とその周辺、そしてショメトラ遺跡でも生活の痕跡が観察されているが（Rattray 1996; Sanders 1986）、テオティワカンに留まった住人との政治的・経済的な繋がりは分かっていない。

メキシコ盆地におけるコヨトラテルコ式土器の生産流通に関しては不明な点が多いが、一部の遺跡において科学分析による産地同定がおこなわれており、大部分はそれぞれの地域で生産されていたようである（Nichols et al. 2002）。しかしながら、コヨトラテルコ式土器の出土量や工房址の存在および製作技法を考慮すると（e.g. Rattray 1966, 1987: 81-82; Tozzer 1921）、テオティワカンや、アスカポツァルコ周辺とグアダルーペ（Guadalupe）山岳地域が一つの生産拠点であったと考えられ、メキシコ盆地北部で一つのまとまった土器文化圏が存在した可能性がある（Sugiura 2005a: 103-113）。この土器文化圏形成の背景には、古典期前期からテオティワカンと密接な関係にあったトルーカ盆地の存在を無視することはできない。

トルーカ盆地

トルーカ盆地とテオティワカンの関係は密接であり、テオティワカンの建設当初にまでさかのぼると考えられている。まず、トルーカ盆地で見られる土器様式や建築様式がテオティワカンのものと類似していることが根拠になっている

(González de la Vara 1999)。

さらに、この盆地の人口変動はテオティワカンの国家盛衰と連動していたとする解釈にも依拠している(e.g. Sugiura 1998a)。①ツァクアリ期にはトルーカ盆地の人口はテオティワカン盆地へ移住したため減少した。これは新興国家テオティワカンの社会的魅力によると考えられる。②その後、テオティワカンの繁栄と共にこの盆地の人口は徐々に回復する。この回帰現象は、テオティワカンからの移住政策によると指摘されている。人口爆発を起こしているテオティワカンへ食料を供給するために、レルマ川の豊富な水量によって生成された、豊かな大地であるトルーカ盆地を一大穀倉地帯として活用しようとした。③テオティワカンの衰退前後からは、国家の政情不安から逃れるために、このトルーカ盆地内に移住してくる人口が劇的に増加するパターンが復元されている。メキシコ中央高原の他地域よりもトルーカ盆地の人口増加が顕著である理由は、繁栄期に形成された社会関係の深さが影響したと考えられている。

この他、テオティワカンにとって、トルーカ盆地が交通の要衝として戦略上欠かせない地域であったことも見過ごせない。ゲレロ州、ミチョアカン州、モレーロス州とも隣接し、この盆地を経由して、テオティワカンに様々な物資や製品が循環していたからである。

トラミミロルパ期(後二〇〇～二五〇年)には、現在のトルーカ市にあるサンタ・クルス・アスカポツァルトンゴが誕生し、その後、この遺跡を拠点にメキシコ盆地への流通を強固にする目的で、トルーカ盆地東部の入り口にオコヨアカックが建設された。盆地の南東部では、湖畔の水産資源を確保するためにサンタ・クルス・アティサパンが、南西部ではオホ・デ・アグアでの活動が活発になっていった(e.g. Díaz 1998; Sugiura 1981, 1998a; Vargas 1980)。

サンタ・クルス・アティサパン遺跡やオホ・デ・アグア遺跡では、続古典期も活動が継続し、テオティワカン様式の土器とコヨトラテルコ式土器が共伴している(Sugiura 1981; Vargas 1980)。杉浦は、この土器様式の連続性やテオティワカンとトルーカ盆地の共生関係を考慮し、メキシコ盆地のアスカポツァルコ周辺やグアダルーペ山岳地域はトルーカ盆地の社会にとって地政学的に重要であったことを指摘している。そして、これらの地域が政治的に同盟関係にあり、コヨトラテルコ式土器の生産や分布に大きな影響力を持っていたと主張する（Sugiura 2005a）。

続古典期の終わりに近付くと、テオテナンゴが繁栄を見せる（Sugiura 2001: 356-361）。かつて、テオテナンゴは古典期後期に発展したため、テオティワカンの衰退に何らかの影響を及ぼしたと考えられていたが、新たな年代の提示により、この考えは修正された。テオティワカンの崩壊前後、テオテナンゴのすぐ北側で定住していたオホ・デ・アグア遺跡の住人が、さらなる社会発展を求め、経済的・政治的中心として山頂にテオテナンゴを建設したと考えられている。

古典期のトルーカ盆地は、テオティワカンと深い関係を築いていたが、続古典期にはメキシコ盆地だけでなく、図像や建築様式の類似性、そして、搬入土器やウカレオ原産の黒曜石の流通から、モレーロス州西域とも政治的・経済的な関係を構築していたと指摘されている（e.g. Hirth and Cyphers 1988: 145-151; Sugiura and Nieto 1987）。

モレーロス地域

モレーロス地域では東域のアマツィナック地域と、西域のコアトラン地域とで異なった様相を見せる。古典期前期においては、東域ではテオティワカンの影響が強いのに対し、西域ではその影響は乏しい（Hirth and Angulo 1981）。アマツィナック地域ではテオティワカンと関連の深い搬入土器の薄手オレンジ色土器（Thin Orange）や細粒石包含土器（Granular）がよく出土しており（第六章一節参照）、ミカオトリ期以降、ラス・ピラス遺跡を中心にテオティワカンがこの地域を支配していたと考えられる（Martínez 1979）。

一方、コアトラン地域では人口密度の低い集落が点在するのみであった。テオティワカンがモレーロス西域よりも東域を重視していた理由として、アマツィナック地域ではコアトラン地域と比較し、比較的大地が肥沃であり穀物や綿の生産性が高かったことが挙げられる（Hirth 1978）。さらに、テオティワカンの主要な交易品として利用されていた薄手オレンジ色土器の一大生産拠点が、プエブラ州南部のテペヒ・デ・ロドリゲスにあることとも関連しているかもしれない（Rattray 1990）。

続古典期になるとコアトラン地域でショチカルコが発展を迎え、それと同時にアマツィナック地域は衰退し、土器様式もショチカルコ周辺部で見られるものに変化していく（Hirth and Angulo 1981）。ショチカルコ遺跡は、なだらかなショチカルコ丘の上に築かれ、コアトラン地域を一望できる立地にある。ショチカルコの発展の要因は、本章の冒頭で述べたように、テオティワカンが確立していたモレーロス方面への交易ルートの遮断と、この交易を通して獲得した富の蓄積にあると指摘されている（Litvak 1970, 1974）。この都市の崩壊に関しては、九〇〇年頃に突然の終焉を迎えたことしか分かっていない。ショチカルコが他地域と活発に交易していた証拠として、ゲレロ州で生産されたと考えられるグラヌラル式土器（e.g. Hirth 1998: 459-460）、トルーカ盆地南東部で広く見られる厚手オレンジ色土器（Hirth 1998: 459-460; Sugiura and Nieto 1987）、そしてミステカ・バハ地域とゲレロ州を起源とする雲母を多量に含んだ土器（Hirth 1998: 459-460）が確認されている。これらの搬入土器は装飾性に乏しく、また粘土も良質でないことから、内容物を輸送する手段として他地域から持ち込まれたものだと考えられる（第六章参照）。

このようにショチカルコやその周辺部では、他地域と活発に交易していた痕跡が伺えるが、コヨトラテルコ式土器の出土は僅かである（Rattray 1996: 227）。続古典期には、コヨトラテルコ式土器の出土が支配的なトルーカ盆地とも交易関係を築いていたにもかかわらず、この地域における僅かな出土が何によるのか分かっていない。

一方、ショチカルコはトルーカ盆地だけでなく、メソアメリカの各地域とも広く交流していた。特にマヤ地域との交易関係は、続古典期の交易システムを理解する上で重要であると理解されている。ショチカルコの芸術様式は「折衷主義（eclecticism）」と呼ばれている（e.g. Nagao 1989）。それは、テオティワカンが繁栄していた時代には、在地の芸術様式と他地域のものを融合する傾向がなかったことと関係する。ショチカルコの「羽毛の蛇神殿」の壁面彫刻に認められるように、従来のメキシコ中央高原の芸術様式に加えて、マヤ地域やメキシコ湾岸地域の様式が組み合わされるため、この用語が使われるようになった。さらに、トラスカラ州にあるカカシュトラ遺跡ではマヤ様式の影響を受けた壁画が見つかっており、マヤ人がメキシコ中央高原に遣ってきて描いたとも解釈されている。この新たな芸術様式の登場は、交易システムがより発達したためであり、ある特定のマヤ人が社会的に重要な役割を担っていたことによると一般的には理解されている（第七章二節参照）。

プエブラ・トラスカラ地域

プエブラ・トラスカラ地域では、プエブラ州の中央西域にあるチョルーラ遺跡が古典期の大都市として発展した。第二章で見たように、紀元後七〇年頃に起こったポポカテペトル火山の噴火により、近隣住人は火山の影響を受けないテオティワカンやチョルーラ方面へ避難したと考えられ、その後チョルーラは都市として発展していく（Uruñuela and Plunket 2005）。

五世紀半ば頃には、人口はおよそ三万から六万人に達し繁栄期を迎える。同時代に繁栄していたテオティワカンとチョルーラの政治的・経済的関係はよく理解されていない。しかしながら、チョルーラにおける土器様式や建築様式がテオティワカンのものと類似し、さらに薄手オレンジ色土器もこの地域から出土していることを考慮すると（e.g. Snow 1969）、少なくともテオティワカンと交流していたことが指摘できる。その後、テオティワカンの衰退と呼応するかのように、六〇〇年頃からは、新たな建造物の建設や、メソアメリカでも最大規模を誇る「グレート・ピラミッド」（図32）の改築も停止し、一時期衰退に向かう（e.g. García and Merino 1997; Uruñuela and Plunket 2005）。この点についてはデータが限られており、チョルーラは衰退しながらも限られた範囲で建築活動が継続したとする解釈もある。

図32　チョルーラの「グレート・ピラミッド」
（南から撮影）

チョルーラの衰退の要因は、カカシュトラ・ショチテカトル遺跡の台頭と関連していたかもしれない。この遺跡もショチカルコやテオテナンゴ同様に、丘の上に築かれている。カカシュトラ遺跡はエリート階層や為政者たちの住居址であると解釈され、このすぐ西にあるショチテカトル遺跡は儀礼などを執行する宗教的中心部であったと考えられる（Serra et al. 2004: 19-25）。都市の繁栄は、およそ後六〇〇年から八五〇年であり、チョルーラに代わりこの地域を支配していたと指摘されている（García and Merino 1997; Mountjoy 1987）。

カカシュトラ遺跡では、テオティワカン様式の土器とコヨトラテルコ式土器が共伴しており（Serra and Lazcano 2005）、ウカレオ原産の黒曜石も出土している（Serra 1998: 99-100）。さらに、先述したように、カカシュトラの壁画に描かれる様式は、ショチカルコ同様「折衷主義」と呼ばれており、メキシコ中央高原のものだけでなくマヤ的な要素も多分に見られ、カカシュトラ・ショチテカトルの住人が広い範囲にわたり交流をおこなっていたことが理解できる（e.g. Baird 1989; Nagao 1989）。

しかしながら、九〇〇年頃、ポポカテペトル火山が再び噴火し、この城塞都市は放棄されることになる。その後、チョルーラが勢力を回復し、この地域の中心地として再び機能する（Uruñuela and Plunket 2005）。

トゥーラ地域

古典期における代表遺跡として、まずチングーが挙げられる。この遺跡は、テオティワカンの拠点の一つとして建設された。穀物生産のみならず周辺で採掘される石灰岩の獲得など、テオティワカンが周辺地域をどのように支配していたのかを知る上で重要である。チングーはトラミミロルパ期あたりまで発展していたが、その後テオティワカンの衰退と共に徐々に放棄されていく（Díaz 1980: 62-64）。

チングー遺跡の衰退の後、紀元後五五〇年から六五〇年にはテオティワカンと社会的に関連しない集団の定住が目立ち、セトルメント・パターンに変化が現れる（Mastache et al. 2002: 60-71）。先にも述べたように、この集団はエル・バヒーオ方面からメキシコ中央高原へ移住し、コヨトラテルコ式土器をもたらしたと考えられている（Mastache and Cobean

1989: 51-61)。しかしながら、この時期テオティワカンの支配体制が未だ強固であり、チングーを拠点に生産性の高い平野部を支配していたため、彼らは丘の上での生活を余儀なくされた。代表的な集落として、ラ・メサ、マゴニ、エル・アギラ、アティタラキアなどが挙げられ、これらの集落では等しくコヨトラテルコ式土器が大量に出土している。テオティワカンとの抗争が激しかったのか、ラ・メサ遺跡では城壁などの防御施設が確認されている(Mastache et al. 2002: 62)。

その後、テオティワカンの崩壊前後から、特にマゴニで生活していた集団が、トゥーラ・チコに集落の中心を遷している。さらに、トゥーラ地域で暮らしていたテオティワカン系の集団やテオティワカンからの移民を吸収し、七五〇年頃になると、トゥーラ・チコは五平方キロメートルほどに広がる都市としての景観を備え、八五〇年頃まで繁栄したと考えられている(Mastache et al. 2002: 71-76)。

トゥーラ・チコの形成が、テオティワカン文化圏に系譜を辿れるものではなく、エル・バヒーオ方面の影響を受けていたとする解釈は様々なデータによって支持されている。まず、トゥーラ・チコの土器はエル・バヒーオ地域の土器と類似しており(Cobean 1990)、流紋岩を利用した石器の製作技法もエル・バヒーオ地域のものと類似している(Mastache and Cobean 1985: 227)。さらに、トゥーラ・チコにおけるピラミッドと広場の複合建築はテオティワカン時代の拠点のものとは明らかに異なっている。

トゥーラ・チコは、九世紀の終わりまでには火災や盗掘を受け放棄されたと考えられる。その理由として、マスタチェらは(Mastache and Cobean 1985)、行政や宗教の中心部がトゥーラ・チコ以外に、既にトゥーラ・グランデ地区でも存在

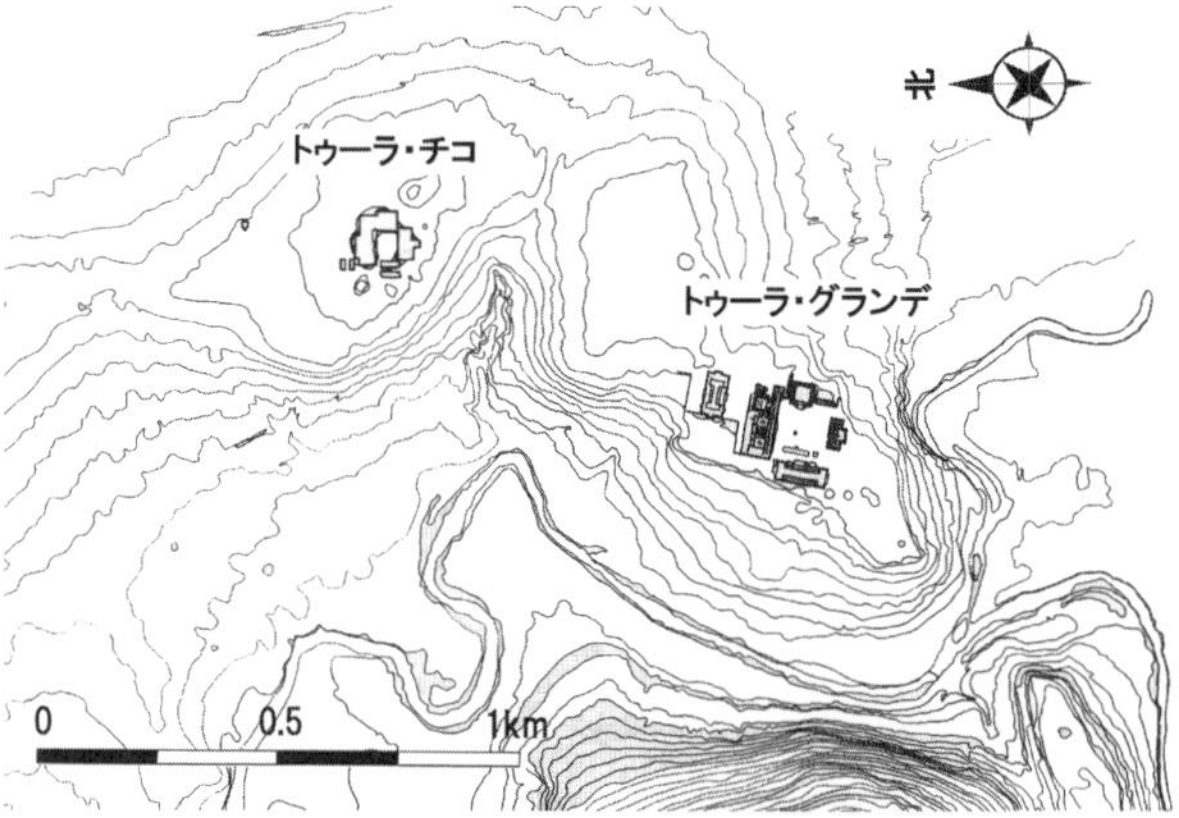

図33　トゥーラ遺跡周辺の測量図
(Mastache et al. 2002, Fig. 5.3 を基に作成)

していたと指摘し、これら両者の対立が激化し、敗北したトゥーラ・チコ集団が駆逐された結果であると主張している。そして、勝利者がトルテカ集団の首都としてトゥーラ・グランデ（一般的にはトゥーラ）を拠点に発展を迎えていく（図33）。

テオティワカンの衰退過程の解明に向けて

ここまで続古典期の各地域の動向を個々に見て、その社会変化は各地域の地政学的環境に左右され多様であったことが分かった。さらに、この多様性はテオティワカンの時代において地域ごとに選択された政治・経済戦略と無関係ではなく、その戦略が各地域の社会形成にも影響を与えていたことが理解できる。そして、続古典期に新たに形成された社会システムは、当初ヒメネス・モレーノが指摘していたように閉塞していたわけではなく、コヨトラテルコ式土器やウカレオ産黒曜石の流通、そして主体者である人々の移動から見て開放的であったことが伺われる。ここには、続古典期から交易というものが必ずしも政体を中心にしないシステムの下で発展し始める要素が認められる（第四章四節参照）。

一方、続古典期の社会とテオティワカン社会を比較して、なぜテオティワカンという国家が衰退したのかについての研究は進んでいない。冒頭で述べたように、衰退要因は外的要因説と内的要因説にまとめられている。しかし、両者の説には以下のような問題点があり、テオティワカンの衰退要因は謎のままである。

外的要因説が提示された一九七〇年代当時、テオティワカンの衰退期は紀元後七五〇年または八五〇年頃であり、交易ルートを遮断した各新興都市の出現は六五〇年または七五〇年頃と考えられていた。しかし、現在、この衰退の開始は五五〇年頃であったことが判明しており、新興都市の出現年代と合致せず、これらの台頭がテオティワカンの直接的な衰退要因であったとは言えなくなっている。もう一方の内紛による衰退説に関しても、いくつかの点で論の展開に矛盾が認められる。まず、テオティワカンの衰退期には軍事的モチーフが頻繁に利用されるとし、これは社会的不安性が物質文化に表れた結果であると主張するが、この利用は衰退期に限ったことではなく、発展期においても確認されている。さらに、軍事的モチーフの頻出と社会的不安定の相関関係について充分な議論はなされていない。

根本的な問題として、末期の国家というものは総じて社会的な問題を抱えていると推測できるが、この不安定な状況を生み出したそもそもの原因や衰退との因果関係について深い考察はおこなわれていない。

他方、メキシコ中央高原におけるコヨトラテルコ式土器やウカレオ産黒曜石がテオティワカンの衰退期前後から出土し始めるため、この分布における通時的な拡大はテオティワカンの政治的あるいは経済的勢力圏の縮小を意味すると指摘する研究もある。しかし、これに対しても反論や理論的弱さが認められ、またより精緻な実践研究による確認も必要とされるため、衰退要因の一つの仮説として定着していない。

第二章で書いたように、テオティワカンは同時代の各地域においてのみ特別な存在であったのではなく、古代メソアメリカ文明の歴史的文脈の中でも、さらには社会の複雑化といった人類の進化史の中でも、非常に特徴的な形成過程を辿ってきた。この重要性の理解の範囲はメキシコ考古学界内に限定されず、世界の学界にも及ぶ。これに反して、テオティワカンという国家の誕生そして衰退という研究課題の解明は遅れている。歴史的文脈の中での、そして人類の進化史の中での正確な位置付けができない状況にあると言える。

筆者は、テオティワカンの時代と続古典期における交易システムの比較研究から、古代国家の衰退プロセスの一端を解明できるのではないかと考えている。テオティワカンが繁栄していたメキシコ中央高原では、国家主導型の交易システムの下で各地域がまとまり、一つの巨大な経済圏が形成されていたとの解釈が一般的である（第四章一節参照）。そして、テオティワカンの国家の発展および各地域に認められる影響力の強さは、この国家主導による他地域との成熟した交易システムの確立や、ここから得られる政治的・経済的恩恵が基盤になっていたと考えられている。一方、続古典期においては、次章で詳しく見るように、各政体の支配圏を越え「近代世界システム」のような経済圏が構築されていくと考えられる。

古典期社会から続古典期社会への変化の中で、なぜ交易システムにこのような質的変化が誕生したのか。先行研究は各時代の社会的特徴に関して積極的に説明をおこなうが、次の時代へと移り変わる要因や背景に関しては消極的である。

以下の章では、テオティワカンの衰退はどのように引き起こされたのかについて、この交易システムを中心テーマとしながら、理論的（第四章）にも実践的（第五・六章）にも考察をおこなう。一方、衰退要因を交易システムから解明しようとする試みが成功したとしても、それはこの要因の一側面だけを照らしているに過ぎない。この重要で難解な問題は様々な側面から分析されるべきである。

第七章において、交易システムに関する結論を述べると共に、別の観点からも考察を進めてみたい。これにあたり、筆者は「折衷主義」を採り上げる。「折衷主義」は、続古典期の交易システムの発達とマヤ人のメキシコ中央高原の進出およびその社会的地位の向上による流行と理解できる。しかしながら筆者は、この解釈からさらに一歩考察を深めるべきだと考えている。テオティワカンにおいても交易システムは発達していたが、この国家の芸術様式には、他地域の影響は直接認められる形で表現されなかった。古典期には採用されなかったマヤ芸術様式は、なぜ続古典期では採用されるに至ったのかを追求することで、両時代における社会の違いが理解できるのではないかと考える。

第四章　理論研究：メキシコ中央高原における交易モデルの復元

一節　テオティワカンの経済活動に関する先行研究

より自由な交易モデルの構築に向けて

テオティワカンの経済活動に関する研究は、主に二つの方向性に分類することができる。①この国家の社会はどのような経済制度によって統合されていたのか、そして、②テオティワカンの経済発展はどのような交易システムによって達成されたのかが、研究の主流テーマとなっている（e.g. Carballo 2005, 2011; Charlton 1978, 1984; Drennan 1984a, 1984b; Hirth and Angulo 1981; Kolb 1986, 1987; Manzanilla 1983, 1992, 1997a; Millon 1981, 1992; Price 1986; Santley 1983, 1984, 1989; Santley et al. 1986; Santley and Alexander 1996; Santley and Arnold 2004; Spence 1981, 1984, 1987a, 1987b; Spence et al. 1984; cfr. Blanton et al. 1996; Pires-Ferreira 1976; Zeitlin 1982）。前者は、テオティワカンの社会内部における物資の製造、流通、および消費に着目し、経済的側面から権力の集権・分散具合を読み取ろうとする。後者は、テオティワカン外部における物資の流通を分析することによって、国家の経済発展を解明しようとする。

このようにテオティワカンの経済活動に関する研究は活発におこなわれている。しかし、よりマクロな次元である、古典期のメキシコ中央高原における経済システムについて、包括的には論じられていない。それは、研究の対象が国家やエリート階層に向いており、政治的枠組みから自由になった経済活動の存在やテオティワカンの影響下にあった地域における独自の経済戦略といった見方の重要性を提案できていないためである。

この章の目的は、より包括的な交易システム論を構築することにある。そのため、まずテオティワカンの経済活動に関する先行研究を精査し、課題はどこにあるのかを理解する。その後、「近代世界システム」論を批判・援用している「先資本主義世界システム」論、さらにこれを批判するスタイン（Stein 1999a, 1999b, 2002）の知見を基に、新たな交易システム理論の構築に向け議論をおこなう。最後に、「多層的交易システム」という枠組みを提案し、この内部で交易を促進させた因子として、政治組織に属さなかった商人の重要性を指摘する。

二節　テオティワカンの交易に関する先行研究

「再分配」と「市場交換」

テオティワカンの経済システムに関する先行研究は、国家主導の下で実施されていたとの考えで一致している。これらの先行研究は、テオティワカンが国家事業として資源を獲得し、製品を生産および流通させ、富を蓄積し権力を拡大させたとの立場を取る。しかし、これが「再分配」を基に、または「市場交換」を基に実施されていたのかで議論は分かれる。「再分配」は、富が各社会集団から中央に集められ、その後、再び各社会集団に分配される制度を指す。再分配の比率は平等であるとは限らず、様々な要因によって変化する。また、富が物理的に動かない場合も存在する。輸送コストが高騰する場合や物理的に中央に集める必要性に乏しい場合は、所有権の譲渡のみがおこなわれる（e.g. Charlton 1978）。「市場交換」は、各物資やサービスの価格体系が成立しており、当事者の合意の下、市場《いちば》で取引される制度を指す。共和制であれカリスマティックな王による施政であれ、両者ともに、テオティワカンが中央集権国家であったとの認識から議論は出発している（e.g. Cowgill 1992; Manzanilla 1997a, 2001c, 2006; Millon 1981, 1988, 1992: 382-401; Sugiyama 2005）。

テオティワカンの経済システムに「市場交換」が存在していたことは研究者の間で一致しているが、テオティワカンの経済基盤にどれくらいの規模でこれが介入していたのかについて、意見はまとまっていない。ミロン（Millon 1973: 53, 1981: 225-228, 1992: 376-382）はテオティワカンの発展要因の一つとして、特に「市場交換」から得られる税の獲得が、テオティワカンの歳入を大きく支えていたと考えている。資源の獲得、生産、流通システムは国家によって管理され、テオティワカンの都市に存在する市場《いちば》や、遠距離交易を通して資源や商品が売買されたと考えている。テオティワカンにはメソアメリカ各地域から持ち込まれた様々な原材料（貝、雲母、辰砂、ヒスイ、メノウ、フリント、赤鉄鉱、黄鉄鉱、トルコ石など）が多く出土している。そして、獲得されたこれらの資源の大部分は、テオティワカンが直接管理する都市の工房で加工され、商品はこの制度を基にして各地域に流通していたと指摘している。

しかし、上記のような国家主導の「市場交換」が存在していたという直接証拠は現在のところ存在しない。

一方、テオティワカンの「市場交換」制度の中で、価格がどのようなメカニズムの基に決定されたのか、さらに、商人の存在を認めるものの、彼らが国家とどのような関係であったのか、個人的な営利目的で行動していたのかまで議論は及んでいない。最後の点に関してミロン（Millon 1981: 226; 1988: 126-127）は、商人が国家によって組織されると同時に、個人的な動機でも行動していたと指摘しているが、考古学的に確証することは困難であると述べている。

遠・近距離交易によって獲得され、テオティワカンで出土する資源や財の存在は、単に移動を示しているに過ぎず、「市場交換」制度を通して獲得されたものなのか否かを判断することは容易ではない。そもそも「市場交換」とはモノの価格を需要と供給のバランスによって決定する制度を指すため、考古学的手法ではこの原理が働いていたのかどうかを考察することは極めて難しい。さらに、「市場交換」と言っても、モノの価格がすべて先のバランスによって決定されるのではない。ある種類のモノ、換言すれば、国家にとって経済的のみならず政治的・宗教的に利用価値の高いモノには国家が介入し価格の調整が起こる（計画経済）。「市場交換」の存在を主張する考古学研究の多くに、この原理についての深い考察は認められず、分析対象の遺物の空間分析をおこない、出土傾向がある特定の空間（住居址や広場など）に偏るのか、それとも均質であるのかを基準に、この存在や社会的重要性について議論をおこなっている。

他方、マンサニージャ（Manzanilla 1997b: 121）は、「再分配」制度を基盤に、生産者間での物々交換、エリート階層間の長距離交易、飛び地領への奢侈品の直接供給、そして「再分配」制度を利用した多国籍商人などが並存していたと考えている。これらの中でも「再分配」制度が支配的であったことを立証するため、マンサニージャは資材の移動パターン、資材を収める場所、そしてこの流れを機能させる集権化制度との関係に注目する。一連の資材の獲得システムをテオティワカンの為政者に恩恵をもたらすシステムであるとの認識から議論を展開する。特に、誰によって資材や製品が消費されるのか、つまり、テオティワカンの都市の中でも、どのセクターにそれらが最終的に届くのかを問題視している（Manzanilla 1983: 8）。

分析の結果、各地域から得られる資材は、国家によってコントロールされた工房で生産され、他地域からの製品は「城砦」や「巨大複合施設」で管理され、後に各セクターや関連地域に再分配されたと考えている。この解釈により、マンサニージャ（Manzanilla 1983, 1992, 1997a, 1997b; cfr. Feinman et al. 1984; Hirth 1998）は、テオティワカンの経済発展における「市場交換」制度の役割は大きくなかったと考えている。

テオティワカンの経済発展における「市場交換」制度の役割や介入規模に意見の一致が見られないのは、先に述べたように「市場交換」制度の存在を考古学的に確認することが難しい点や価格の決定原理についての議論が乏しい点にもよるが、これらの点も含め「市場交換」制度の本質について考察されてこなかったことが原因である。

今後の課題として、この制度によって獲得される税の徴収方法について、エスノヒストリーからの情報や知見を基に議論されるべきであろう。現在のところ、研究の対象は物資の消費にのみ向かっている。結果、物資の獲得や生産そして流通の側面にどこまで「市場交換」制度が介入していたのかまで考察は及んでいない。ある側面では「再分配」が、別の側面では「市場交換」が優勢であった可能性は否定できず、全体的な社会統合制度として「再分配」と「市場交換」は「互酬」も含めて常に補完的であったと考える。

他方、マンサニージャは、個人的な動機や「市場交換」制度を介しての長距離交易が、テオティワカンの経済発展に貢献していたとの主張にも反論している。この議論では、オアハカやマヤ地域におけるパチューカ産の黒曜石の出土量や出土状況が中心テーマとなっている。黒曜石はテオティワカンの経済発展における長距離交易の役割を理解する上で重要であるため、以下ではこの議論を中心にその役割について考察する。

黒曜石の流通システムと利潤の関係

テオティワカンの長距離交易も、為政者たちにより一大国家事業として、政治的・経済的にコントロールされていたと一般的に指摘されている（Charlton and Spence 1982: 60-64; Millon 1973: 57; Santley 1983; Santley and Arnold 2004; Spence 1981, 1984, 1987a, 1987b）。具体的には、テオティワカンは、この都市の近郊にあるオトゥンバ原産地およびパチューカ原産地を支配下におき、獲得・生産・流通の一連の活動に介入していた。同時に、このような大規模に組織化された事業は、テオティワカンの経済的繁栄を担い（Charlton 1978, 1984; Santley 1983, 1984）、その富の蓄積が、メキシコ中央高原一帯に覇権をもたらす要因の一つであったと考えられている（Santley and Alexander 1996）。

この経済的重要性から黒曜石に関する議論は進んでいると言える。特に、オトゥンバおよびパチューカの石材または製品を、どのようにテオティワカンへ、さらにオアハカ盆地やマヤ地域などの各地域へと流通させていったのかに関するルート、および交易形態の復元は、主要研究テーマの一つとなっている（Charlton 1978, 1984; Santley 1983, 1984; Santley and Arnold 2004）。長距離交易に関して述べると、サントリー（Santley 1983, 1984）は、オアハカ盆地そしてカミナルフユやティカルなどを中心とするマヤ地域で出土するパチューカ原産地の黒曜石に注目し、テオティワカンが発達した交易システムを確立させていたと主張している。そして、この長距離交易は、テオティワカンに大きな利益をもたらしたと結論付ける。

しかしながら、テオティワカンのこの大規模な活動を疑問視している研究者がいることも指摘しておかねばならない。マンサニージャ（Manzanilla 1992）は、マヤ地域におけるサントリーの形式主義的な観点を批判する。マンサニージャは、シドレイス（Sidrays 1976）が示したティカルで出土した黒曜石の内の僅か一・六％がパチューカ原産地であるという事実、そしてマヤ地域の各遺跡で見られる黒曜石の出土パターンが、「市場交換」よりも「再分配」の形態に基づいているという主張を援用し、テオティワカンのマヤ地域における長距離交易が実益をもたらすものではなかったと主張している。

さらに、スペンス（Spence 1996）は、マンサニージャの主張を補強する解釈を提示している。この研究は、マヤ地域の各遺跡から出土するパチューカ原産地の黒曜石製品の出土状況に着眼したものである。遺物の大部分は宗教儀礼品や埋葬墓などからの副葬品であったとし、商業用としてよりもテオティワカンの為政者からの贈与品であったと結論付けている（e.g. Bove and Medrano 2003: 50-51; Moholy-Nagy 1999; Pendergast 1971）。これらの解釈を考慮し、先述のサントリーとアレクサンダー（Santley and Alexander 1996: 190-194）は、マヤ地域での黒曜石における長距離交易の存在を否定しないものの、これを介してのテオティワカンへの経済余剰価値は低かったと主張を修正している。

議論は、長距離交易が国家によって管理されていたことでは一致している。しかし論点は、黒曜石製製品の価値が、経済的であったのか、あるいは政治的・宗教的であったのかに留まらない。もし、後者であったのなら、テオティワカンは優れた長距離交易システムを発展させていたとの根拠の一つを失うことになるからである。

考古学データは、後者を示しているように見える。しかし、これを確証するには、テオティワカンが支配していた、もう一方のオトゥンバ原産地の製品の出土量および出土状況をパチューカ原産地のデータと比較する必要がある。パチューカ産の黒曜石は世界的にも珍しい緑色または黄金色をしているため、肉眼分析でも容易に他の原産地の黒曜石との峻別が可能である。この容易さが、パチューカ産黒曜石のみを対象とした議論に偏る弊害を招いている。

オトゥンバ産の黒曜石はメキシコ中央高原内で大量に出土している。オアハカおよびマヤ地域において、この黒曜石の出土状況がパチューカのものと異なり、出土量が豊富であれば、これらの地域では経済的な目的で利用されていた可能性も示唆できるだろう。

一方、メキシコ中央高原内では、オトゥンバ産の黒曜石と同様に、パチューカ原産の黒曜石の出土は豊富であるため（Hirth 2006: 289-290）、この流通がテオティワカンの経済的な発展に貢献していたとの解釈は可能であろう（cfr. Drennan et al. 1990）。

これらの議論から、一つの知見を得ることができる。テオティワカンの支配圏内において、オトゥンバ産ならびにパチューカ産の黒曜石とその製品は、日常生活の場でも宗教儀礼の場でも区別されることなく利用されていた（e.g. 嘉幡二〇一二：Kabata and Chiba 2013)。仮に、パチューカ産の黒曜石がマヤ地域では政治的・宗教的価値を持ち流通していたとの解釈が正しいとすると、一つの政治圏内とその他の圏内とでは、黒曜石の商品価値が異なる、つまり威信財としての価値が付加されていたと言える。

これらの点に鑑み、テオティワカンにとっての長距離交易の役割は、他の政治圏における在地のエリート階層との政治的繋がりを強固にし、さらには、この国家のプレゼンスを高めることに貢献したと現状では理解できるだろう。

三節 「多層的交易システム」という枠組み

多様な交易システムの存在

テオティワカンにおける経済システムの議論は、「再分配」制度であれ「市場交換」制度であれ、政治的にも経済的にも中心地であったテオティワカンを主軸にして、各地域を分析対象としている。このようなテオティワカンから周辺地域を考察する視点が主流である背景には、テオティワカンの文化的な影響力が広くメソアメリカ地域一帯に見られることと無関係ではない。その影響力は、土器様式や建築スタイル、そして石彫に表れるモチーフなどから証明されている(e.g. Coggins 1983, 1993; Culbert 1993; Marcus 2003; Moreselli 2004; Ortiz and Santley 1998; Stuart 2000)。

しかし、マーカス(Marcus 2003)が指摘しているように、考古学データに見られるテオティワカンの各地域における影響力が、直接的なものなのか、それともカミナルフユ遺跡での事例のように、テオティワカンと明白な関係が指摘されている中継地を経た間接的なものなのか峻別する必要がある。また、テオティワカンの直接的な影響力があったと考えられる地域では、それが一過的なのか継続したものなのかを考察しなければならない。これらの視点の欠如は、テオティワカンという古代国家がより強大であり、交易システムは常に中央が管理・支配し、流通は中央から周辺に向かうとする一方的な視点のみを強調する結果となる。

他方、メキシコ中央高原内におけるテオティワカンの支配が強い地域において、交易システムが均質であったと考えることも危険である。テオティワカンは周辺地域を一様に領土拡大の目的を持って支配し、その交易圏に収めていたのではなく、また、その戦略は地域によって多様であったからである。

その一例として、第三章三節で見たハースとアングーロ（Hirth 1976, 1978; Hirth and Angulo 1981）の研究が挙げられる。形成期後期と古典期間のモレーロス地域における、テオティワカンで最も重要であった交易用の土器の分布比率、およびセトルメント・パターンの通時的変化を分析し、モレーロス州西域（コアトラン地域）と東域（アマツィナック地域）では、テオティワカンの統治形態が異なることを指摘している。モレーロス州東域では西域と比較し農耕に適した地域であり、テオティワカンにとってメリットがあったことから、交易用土器（薄手オレンジ色土器）の出土量も多く、セトルメント・パターンにもラス・ピラス遺跡を中心としたテオティワカンの意欲的な支配体制が確認されている（Martinez 1979）。経済面において、各周辺地域がテオティワカンの「再分配」や「市場交換」を基に支配または影響を受けていたと一般的に言われるが、その構造は複雑であったことが読み取れる。

古典期のメキシコ中央高原における経済システムに関する先行研究の大部分は、現在までテオティワカンを中心として放射状に復元されてきた。言わば、周辺地域は静的な存在として扱われてきた。経済システムを復元する背景には、テオティワカンに富や所有権が向かうという構図が暗黙の内に存在している。テオティワカンの経済システムによって回収、または奪われた周辺地域の富は、一時テオティワカンの管理下におかれた後、どのように各地へ再分配されたのだろうか。また、再分配の恩恵に与からず、単に搾取されるシステムであったのなら、周辺地域はどのように富を獲得し社会を維持していたのだろうか。このように、テオティワカン中心史観から離れ、それに包含されていた地域の動向に目を向けると き、様々な疑問が惹起される。

包括的な交易論のための脱テオティワカン中心史観

メキシコ中央高原の古典期におけるより包括的な交易システム復元のためには、周辺からテオティワカンへと富が向かう、またはどのようにテオティワカンが周辺から富を獲得したかという従来の理論的枠組みからではなく、周辺がその富や資源をどのように獲得したのかという新たな問題提起が必要とされる。そのことによって、周辺地域は静的な存在ではなくダイナミズムを持ち、未だ実証的に解明されていないテオティワカンの衰退について、よりマクロな視点からの考察が可能になると考える。

古代交易システムの復元に中央対周辺という枠組みを設定することは、ウォーラステイン（Wallerstein）の「近代世界システム」論を援用し修正を加えた「先資本主義世界システム」にも認められる（e.g. Chase-Dunn and Hall 1991, 2000; Hall and Chase-Dunn 1996; Peregrine 1996）。考古学研究のために議論がおこなわれている「先資本主義世界システム」は、ウォーラステインの主張する「世界経済」モデルを基にしている。「世界経済」とはある一つの政治統合領域において、一つの経済圏が存在するのではなく、複数の政治単位がより大きな経済領域を形成する理論的枠組みである。そして、これを形成する各政治単位は、地政学的な関係によって中央と半周辺と周辺地域に区分される。

「先資本主義世界システム」と「近代世界システム」の大きな違いは以下である。世界システムの起源、世界システムの個体数、富の獲得方法、一つの世界システムを構成する地政学的機能の四点である（e.g. 山田 二〇一二：一四二–一六〇）。

「近代世界システム」は、現代のグローバルな世界システムの起源を、資本主義経済によって確立した一六世紀のヨーロッパに求める。そして、現在においてもこの経済システムは拡大しているとの認識に立つ。一方、「先資本主義世界システム」論の構築を目指すギルスとフランク（Gills and Frank 1991）によると、このシステムの起源は紀元前二七〇〇年から二四〇〇年頃に始まる。さらに、この世界システムの地理的起源はヨーロッパのみで萌芽したのではなく、数多くの世界システムが各地域に存在していたと考える。そして、時と共に交易システムが拡大し、これら複数の世界システムが徐々に融合、あるいは勢力の大きなものが小さなものを吸収しつつ、現代のよりグローバル化した世界システムへと向かうモデルを考案している（e.g. Modelski 2000; Wilkinson 2000）。

ウォーラスティンの提示した「近代世界システム」は、富の獲得方法として資本主義経済のみを重要視している。一方、「先資本主義世界システム」では、ポランニー（Polanyi 1992）が提案した、「互酬」や「再分配」の形態を認めており（Chase-Dunn and Hall 1997: 29-35）、生産様式を資本主義による形態のみにとらわれない視点が、「近代世界システム」と大きく異なる。古代社会においては、社会統合を促す制度として「互酬」と「再分配」が大きな役割を果たしたと考えられており、「近代世界システム」にこれらの重要性を認めることで、古代文明の萌芽から現在まで連続して発展し続ける「先資本主義世界システム」として理論を再構築している。

さらに、「先資本主義世界システム」では、半周辺と周辺は必ずしも経済的に中央に依存・従属している必要はなく、これらの格差は同一システム圏内における政治的・経済的影響力の強弱によって分類できると考え、再定義する点が特徴的である。「近代世界システム」は、世界システムの中に中央、半周辺、周辺という分業単位を設定している。これに対して、チェース＝ダンとホールが提案する「先資本主義世界システム」では四つの異なる領域という概念を採用している（Chase-Dunn and Hall 1997）。

1　第一領域：生活必需品共有圏（世界システムの最小単位）。

2　第二領域：政治軍事的相互影響圏（「近代世界システム」の政治統合単位である中央に相当）。

3　第三領域：奢侈品交易圏（複数の政治統合単位の集合領域であり、奢侈品や威信材の交易圏）。

4　第四領域：情報ネットワーク圏（「近代世界システム」の周辺に相当。世界システムを構成する限界領域であるが、第三領域を凌駕しない地域も存在する。情報の交換やイデオロギーの共有圏）。

チェース＝ダンとホール（Chase-Dunn and Hall 2000: 91; Hall 2000）は、これら四つの領域における中央と周辺との社会的・政治的関係は、距離に応じて中央の影響力が弱くなると述べ、「先資本主義世界システム」の拡大過程を以下のように説明する（図34）。

いくつか存在する世界システムがより大きなものに発展する過程は、まず第三・四領域が他の世界システムのこれらと接触することから始まる。その後、第二領域同士が融合、あるいは一方が他方を併呑することによって、複数あった政治統合単位が一つになることもあれば、そうならないケースも存在する。しかしながら、最小単位である各第一領域は、輸送コストの問題から合体することはない。独立した各世界システムが接触し、融合・併呑が繰り返されるメカニズムは、中央から見てより社会的・政治的影響力の乏しい領域に限られる。

ここに周辺地域の大きな役割が隠されている。複数の世界システムが形成されている地域においてこれらが融合する際、周辺は動的な因子となる。新たな世界システム圏の中で、ある周辺は交易の拠点となり、中央に発展することも考えられる。

しかしながら、スタイン（Stein 2002: 904-905）は「全体像を把握するのに周辺の政治組織が重要であるとの近年の認識に関わらず、修正された世界システム論は、変化の原因が常に外部のどこかにあるとし、エージェンシーの役割や周辺の内的原動力を最小限に留めたままである」と批判している。換言すれば、チェース＝ダンとホールの動態モデルはあまりにも共時的観点に立脚し過ぎていると言える。周辺地域を世界システムが変化する因子として理解する点は、通時的に社会変動を理解す

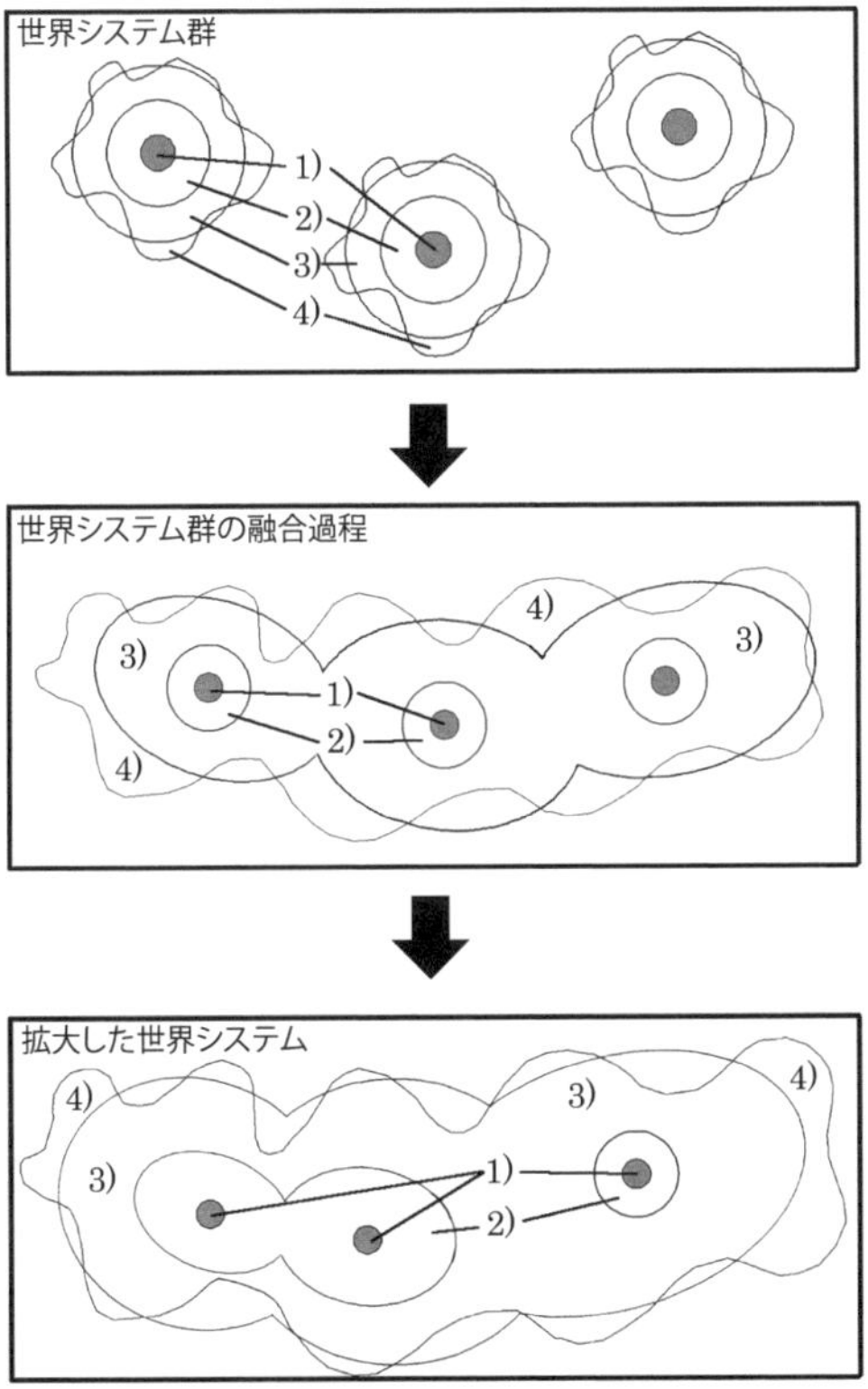

1) 第一領域：生活必需品共有圏
2) 第二領域：政治軍事的相互影響圏
3) 第三領域：奢侈品交易圏
4) 第四領域：情報ネットワーク圏

図 34 「先資本主義世界システム」の拡大模式図
（Chase-Dunn and Hall 1997, 60 頁と 62 頁を基に作成）

る際、有効な理論的枠組みとして評価できる。しかし、なぜ異なる世界システムに属する周辺地域同士が接触を開始するのかについての通時的要因（内的原動力）は明らかにされていない。

「先資本主義世界システム」は、各政治統合組織を越え一つの経済圏が成立するとの考えにより、よりマクロな視点からこれらの関係を考察できる枠組みを提供している。第三・四領域における通時的要因の考察の他、第一領域における分裂によって、あるいは第二領域が主体となって世界システムが変化する可能性についても議論する必要があるだろう。

スタイン（Stein 1999a）は、考古学分野から複雑社会を理解する理論的枠組みとして、「社会を一つの統合された総体と定義する文化生態学の観点から、社会はより異質な総体であり、内部では様々な目的に応じて競合と連結を繰り返す曖昧なネットワークである」と捉えている。そして、政治・経済システムの解明には、考古学データを共時的・通時的に分析し、それを包括できる理論的枠組みの建設が必要であると主張している。

周辺と周辺、そして周辺と中央

しかし、チェース＝ダンとホールの政治統合単位を超えた経済システムの拡大という共時的マクロ理論と、スタインの社会における異質性が社会変動を発生させるという通時的観点を包括する理論構築は容易ではない。ここには二つの克服すべき問題点が認められるからである。

①チェース＝ダンとホールの理論的問題点は、世界システムの拡大が各第三・四領域の接触から開始され、ここに周辺の大きな役割が与えられているが、このシステムの求心力には、依然として中央の存在は無視できないということである。

②もう一方の問題点は、チェース＝ダンとホールそしてスタインの両者の理論に内在する。それは、世界システム経済圏の拡大に対して、なぜ各第三・四領域が接触を開始するのかについての原動力が明白ではない。スタインの理論においても、社会の内部変化のメカニズムは理解できても、外部との接触による変化については充分に考察されていない。

今まで文化的接触のなかった地域同士が融合する原動力とは何なのかは、ケース・スタディーの蓄積によって解明されるべきであろう。

この節ではまず一つ目の問題点を克服する理論的枠組みを提案し、次に第二の問題点について論じる。

古典期のメキシコ中央高原では、テオティワカンの支配的な交易システムのみならず、周辺地域間において様々な物資が流通する多面的な交易システムが展開していた可能性がある（e.g. Filini 2004: 109）。つまり、覇権を握っていたテオティワカンを中央とする世界システム論的な交易システム、そして、周辺と周辺とがおこなう複数のローカル交易システムの共存である（Kabata 2010）。本書では、前者を「上位交易システム」、後者を「下位交易システム」と呼ぶ。

ここで筆者は「多層的交易システム」という枠組みを提案する。一つの経済システムの確立に、必ずしも世界システム論的な中央の存在は必要としない。古典期のメキシコ中央高原におけるテオティワカンの覇権国家としての地位は、この影響圏内におけるテオティワカンの世界システム論的な交易システムが、他の交易システムよりも優勢であったことが大きな要因である。

チェース＝ダンとホールが定義付ける各第三・四領域同士の接触のメカニズムは、中央を主体とする世界システム圏内においてではなく、周辺と周辺が主体となった「下位交易システム」の枠組みにおいておこなわれていたと考える。「多層的交易システム」の枠組みには、チェース＝ダンとホールが主張する「先資本主義世界システム」に、スタインの社会異質性という考えを取り入れていると言える。つまり、一つの世界システムを構成する各領域は、「様々な目的に応じて競合と連結を繰り返す曖昧なネットワーク」であり、そのためこのネットワーク（交易システム）も多様化する。

では、各周辺はなぜ「下位交易システム」内で接触を開始するのだろうか。その原動力は、周辺の社会的安定を確保しようとする動きにある。ストロースら（Stross et al. 1983: 335）は、「必需品における複数供給源の開拓は、単一供給源への依存よりも混乱や不当要求から守られる」と述べ、またファウラーら（Fowler et al. 1987: 159）も、「黒曜石供給源の多様化は、提携や交易ネットワークの脆弱性に対する有効な対処策だっただろう」との見解を示している。

周辺地域にとって、テオティワカン「上位交易システム」のみへの依存は必需品の供給確保の単元化を意味し、このシステムが崩壊または周辺への供給が何らかの政治的・経済的制裁によって断たれる場合、周辺地域の社会的安定は脅かされる。身近な例として、日本のレアアース獲得戦略が挙げられるだろう。二〇一〇年に起きた中国漁船衝突事故により、中国政府は対日レアアース輸出規制をおこなった。その結果、二〇一一年には価格が高騰し、日本企業は新たな獲得戦略の考案に迫られた。カザフスタンやインドなどとの提携を開始する他、レアアースのリサイクル技術を独自に開発し、日本の南鳥島沖の海底における新資源地の確保が進められた。脱中国依存である。

周辺は供給を磐石にするために独自の戦略を用い、他の周辺との接触を開始する（Kabata 2009, 2010）。

四節　交易システムを動かす存在

商人という媒体

前述のように、各地域間の社会交易関係を「多層的交易システム」の観点から分析し、活発な交易活動がおこなわれていた原動力を明確にすることで、テオティワカン中心史観から脱却し、共時的にも通時的にも包括的な交易論を展開することが可能となる。

しかし、交易システムというものが単数ではなく、様々な階層に分かれ複数存在していたことを提示できても、別の問題点が浮かび上がってくる。それは、各地域間を円滑に繋ぎ、交易活動を直接実行する者とは、何者であったのかということである。そのキーワードとして、筆者はトルテカやアステカの時代に見られるポチテカという職業の存在に注目する

図 35　絵文書に描かれる商人
（Sahagún 1959, pl.13 を転載）

(図35)。

彼らの起源は、少なくとも続古典期やそれ以前の古典期のテオティワカン国家にまでさかのぼると考えられる(Diehl 1983: 113-117; Kolb 1986; Millon 1992: 376-382; Rattray 1988, 1998; Spence 1992: 79)。以下では、この商人と呼ぶことも可能なポチテカが登場する社会背景を概観し、交易論研究には商人の設定が重要であることを指摘する。

第三章で述べたように、テオティワカンの崩壊に始まるメキシコ中央高原の続古典期は、新興都市が徐々に台頭する時期であり、これらの都市を中心として、古典期前期(後二〇〇~四五〇年)にはなかった文化要素や新たな政治秩序が構築される社会変革期であった。同時に、考古学データから、各地域間の文化的・経済的な繋がりは活発に認められている。これは、交易システムが政治組織によってのみ確立していたのではなく、ここから独立した仲介商人によっても運営されていたことを表すと考えられる。新たな交易システムの誕生と発展である。このシステムは後古典期前期(後九〇〇~一二〇〇年)に成熟し、メソアメリカ世界のほぼ全域を覆うまでに発展していった。

後古典期前期における商人の役割

従来、後古典期前期のメソアメリカ全域を包括する経済システムは、トゥーラを首都とする「トルテカ帝国」の政治的な発展と密接に関連付けられていた(Diehl 1993; Feldman 1974; Healan 1993; Kirchhoff 1985 [1961])。トルテカ人が首都をトゥーラ・グランデに建設し、メキシコ中央高原一帯やその近隣地域に強力な支配体制を敷いたとする解釈は、多くの民族誌を基に一九六〇年代に提唱された。しかし、考古学データの蓄積や民族誌の再解釈の結果、トルテカの実像が見えはじめてきている。各地域において出土するトルテカ様式の遺物は、当初トルテカ人が直接支配した結果であると解釈されてきたが、近年では交易による経済的そして宗教的な繋がりであると結論付けられるようになった(e.g. García 2004; Nichols et al. 2002)。そして、トルテカの支配域はそれほど広大ではなかったと指摘されている(Smith and Montiel 2001)。

続古典期から後古典期前期にかけて、複数の異なる生産地から様々な製品が広範に流通していった。その代表的なものが、プランベート土器（Plumbate）、ファイン・オレンジ土器（Fine Orange）、そしてパチューカならびにウカレオ原産地の黒曜石である。これらの流通パターンから、上記の遠距離交易された製品は、中央と周辺間のネットワークではなく政治的境界を越えて流通されており、政治的枠組みを超えた「商業」というものがこの時代に発展した可能性がある。そして、製品を運ぶ商人により各地の交流が活発化したと推測できる（e.g. Hirth et al. 2006）。

「先資本主義世界システム」や「多層的交易システム」の枠組みの中では、いずれも中央が形成する政治統合組織や地域社会が主体となり、交易システムを構築してきたとの前提で議論がおこなわれる。しかし、古典期のメキシコ中央高原における交易研究の中で、政治統合組織を主体としない交易に関して、これまで議論の中心になることはなかった。その結果、冒頭で述べたように、交易システムの復元は、常に国家の主導の基におこなわれているとの共通認識が出来上がっている。この商人を交易研究の議論に加えることで、政治統合組織に属さない者も交易システムの確立・発展に重要な役割があったとの観点が誕生し、より一層深い考察が可能となる。

「民間商人」と「帝国商人」

アステカ時代における商人の役割についての研究は、民族誌やクロニスタによって記された記録文書（クロニカ）の豊富さから、テオティワカン時代におけるこの研究と比較し進んでいる。コルブ（Kolb 1986）は、アステカ時代の経済システムから類推し、テオティワカン社会にもポチテカ集団が存在していた可能性を指摘している。そして、このポチテカ集団を二つに分類している。「民間商人」と「帝国商人」である。まず、テオティワカンの政治組織と遊離していた「民間商人」は、先古典期に確立していた古いルートを利用し、また新しいルートを開拓していった。

一方の「帝国商人」は、テオティワカンの独占事業として展開されるパチューカ原産地の黒曜石を代表例とし、国家政治組織の一員として交易活動をおこなっていた（Kolb 1986: 186）。テオティワカンの段階的な領土発展と共に、この古代国家の為政者たちは、メキシコ盆地外で確立していた交易ルートを脅かす紛争や妨害を政治的重要問題であると認識し、

「帝国商人」に物資の流通のみならず、同時に武装集団として交易ルート確保の役割を負わせたと主張する。「民間商人」の一部は、このような状況の中、次第に国家と密接な関係を持ち「帝国商人」の特徴を持つ「戦士商人」に発展し、一方、「帝国商人」は当初からの役割通り、テオティワカン国家の代理人として、スパイや「戦士商人」として活動していたと指摘している（Kolb 1986: 191）。

コルブの研究テーマがテオティワカンを中心とした国家経済活動についてであったため、この政治組織と関連を持たなかった「民間商人」が、テオティワカンの崩壊後、独自にどのような経済活動を展開し、発展または衰退していたのかについての言及はない。しかしながら、筆者はこの政治組織に組み込まれなかった「民間商人」こそが、続古典期と後古典期前期に発展した「商業」を促進させた商人の雛形であると考える。

五節　実践研究の段階へ

ケース・スタディーとしてのトルーカ盆地

この章では、古典期のメキシコ中央高原における交易システムについて、先行研究で述べられている見解と比較し、より複雑であることを示した。チェース＝ダンとホールの「先資本主義世界システム」論とスタインの社会異質性観点を基に、「多層的交易システム」という枠組み設定の重要性について述べた。そして、コルブの考えやトルテカ期の経済システムを援用し、この中で「民間商人」集団は、政治組織とは独立した形で、時にはこれと共同し時には対立しながら、その時代の交易システムを確立する一員であったとの考えを示した。このように、理論的にはテオティワカン国家による交易システム（「上位交易システム」）以外にも、周辺地域は独自の経済戦略を持ち、他の周辺地域と複数の交易網（「下位交易システム」）を開拓・確立させる可能性を指摘した。

では、実践研究において、この可能性は支持されるのだろうか。また、「下位交易システム」を介して各周辺の関係が強固になっていくことで、「上位システム」の安定は徐々に弱まり、国家を揺るがすほどの脅威となるのであろうか。換言するならば、周辺地域の独自戦略はテオティワカンを衰退に導いたのだろうか。

これを考察するには、テオティワカンの支配圏内の社会を対象とすることが不可欠である。そして、この社会の交易システムをテオティワカンの衰退以前（古典期後期）と以降（続古典期）の二時期に分け比較分析する必要がある。

これにあたり、トルーカ盆地をケース・スタディーとして採用する。その理由は次に示すように、メキシコ中央高原を構成する他の地域よりも、この盆地が事例研究をおこなう場として適した条件を整えているからである。

1：テオティワカンとの共生関係

第三章で述べたように、テオティワカン国家とトルーカ盆地との密接な関係は、国家の形成・発展に影響を受け、この盆地の人口が増減したことから理解できる。さらに、穀倉地帯として機能しており、テオティワカンにとって必要不可欠な地域であった（Sugiura 1998a, 2002b, 2005a）。また、この地域におけるテオティワカンの政治的・文化的影響は、土器様式、土偶のモチーフ、建築スタイルなどの物質文化（Covarrubias 2003; Figueroa 2006; Silis 2005）に表れ、テオティワカンとトルーカ盆地は、共生関係にあり、早くからテオティワカンの支配下に置かれていた（Sugiura 1998a: 108）。

2：続古典期における社会的安定性

テオティワカンの崩壊後、メキシコ中央高原の各地域では、テオティワカンの支配下にあった遺跡の多くが放棄され、新興勢力が台頭してくる。モレーロス地域ではショチカルコが、プエブラ・トラスカラ地域ではカカシュトラ・ショチテカトルが、トゥーラ地域ではトゥーラ・チコが影響力を持ち始め、各地域のセトルメント・パターンは再編された（e.g. Canto 2006; Mastache et al. 2002: 51-76）。一方で、トルーカ盆地には新たな勢力は登場しない。古典期後期から続古典期にかけ人口は増加するものの、古典期に存在していた遺跡の内約七〇パーセントは、続古典期にも同じ場所で定住し続けている（図36：Sugiura 2005a: 284-285）。

トルーカ盆地はテオティワカンを中心とした政治・経済組織に大きく依存していたはずであり、その消滅はトルーカ盆地に甚大な影響を与え、継続的な社会的安定を維持することが困難であったはずである。しかしながら、同盆地の古典期後期から続古典期にかけてのセトルメント・パターンの連続性からは、他地域では見られたような大きな社会変化を読み取ることができない。テオティワカンによる支配時期とこれ以降の交易システムを復元・比較することで、トルーカ盆地の社会がこれにどのように対応し、上記の社会的安定を維持できたのかの考察が可能となるだろう。

3：実証研究をおこなうための遺物の信頼性

前述の条件に加え、トルーカ盆地を事例研究の対象とする理由は、考察をおこなう上で重要となる遺物の量が豊富であり、同時にそのコンテクストが正確に記録されているため各遺物の時期を決定することが可能であるからである。分析対象の遺物として、トルーカ盆地の地方都市サンタ・クルス・アティサパン遺跡から出土した黒曜石と搬入土器を扱う。黒曜石に関しては、この遺跡からの遺物の分析に加え、トルーカ盆地全体における地域レベルでの通時的な比較研究をおこなう目的で、表面採集の遺物も分析する。

サンタ・クルス・アティサパンでは、杉浦によって一九九七年、

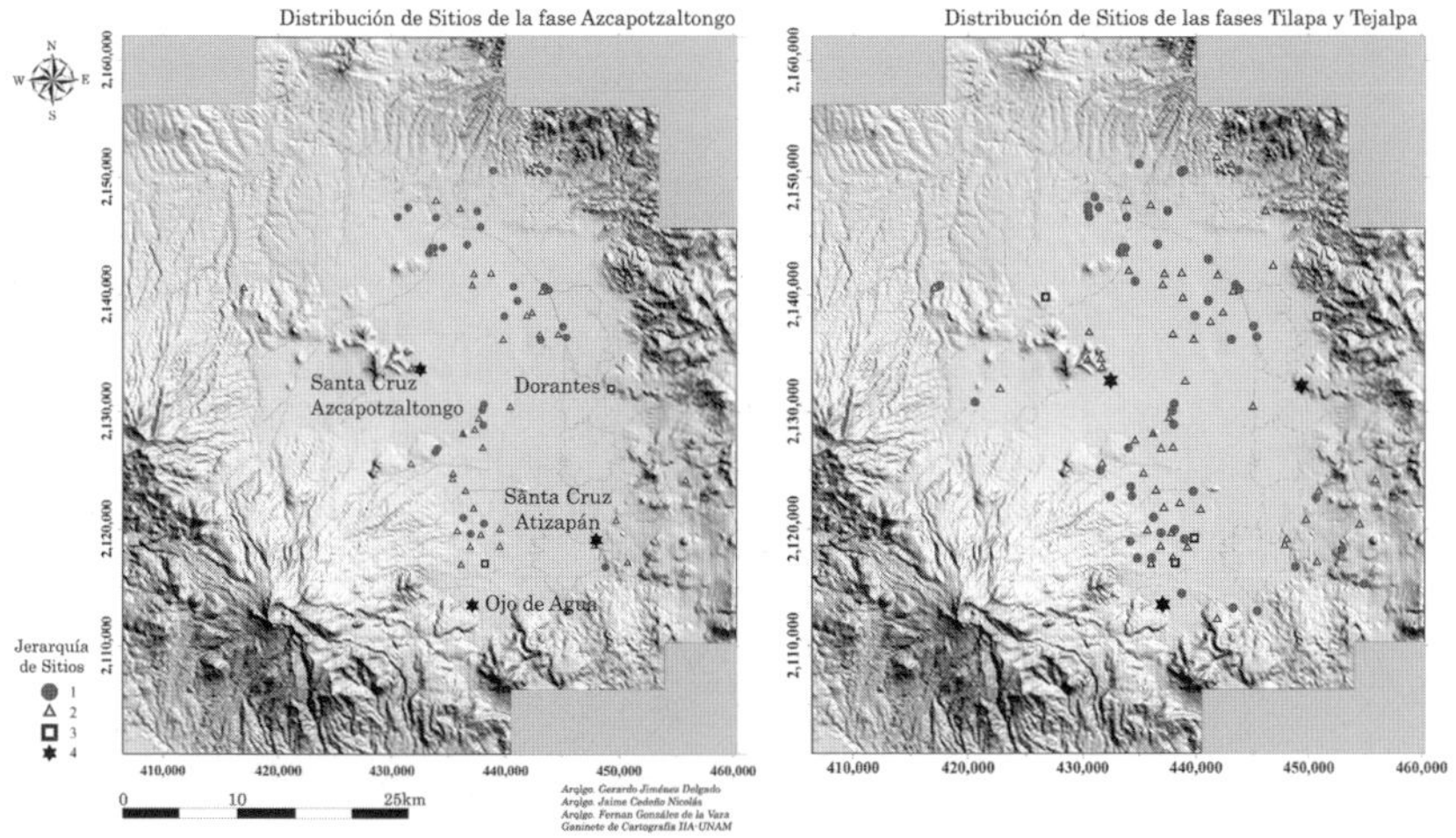

図36　トルーカ盆地のセトルメント・パターン
（左：古典期後期、右：続古典期；Sugiura 2000c, p. 35-36 を基に作成）

二〇〇〇年、二〇〇一年、二〇〇四年、二〇〇五年に「サンタ・クルス・アティサパン遺跡発掘調査（Proyecto Arqueológico de Santa Cruz Atizapán）」が実施された。調査の結果、テオティワカンの支配を受けながら古典期後期から発展し、続古典期も安定した社会が形成されていたことが理解された（e.g. Sugiura 1998b, 2000a, 2002a）。さらに、トルーカ盆地の南東部一帯を政治的・経済的に支配する地方都市にまで発展したと考えられている。遺跡の面積は三平方キロメートルを越えていたと推測されており、複数の住居が崩落し形成されたマウンドは約一〇〇基確認されている。（Sugiura 2005b: 319）。当遺跡がチグナウアパン湖岸に建設されていることから、農耕による生産基盤の他に、水産資源を中心とする生業が活発であったと指摘されている（図37）。

トルーカ盆地の表面採集の遺物に関しては、杉浦（Sugiura 2000b）によって一九七七年そして一九七九年から一九八一年にかけ、「トルーカ盆地考古学調査（Proyecto Arqueológico del Valle de Toluca）」の枠組みで、トルーカ盆地全域で表面採集調査が実施された。分析にはここから採集された黒曜石を利用する。

図37　サンタ・クルス・アティサパン遺跡の風景
（北から撮影）

第五章　実践研究：黒曜石から見た交易システムの復元

一節　メキシコ中央高原における黒曜石の供給地変化とトルーカ盆地の役割

テオティワカンの崩壊による黒曜石の供給地変化

メキシコ中央高原の続古典期は社会変動の時代である。テオティワカンの覇権喪失と、この時期に台頭してきた勢力による新たな政治秩序の形成と発展が認められる。その一例に、黒曜石の供給地変化が挙げられる。テオティワカンの崩壊により、それまでメキシコ中央高原で大多数を占めていたパチューカとオトゥンバ産黒曜石の出土は減少する。代わって、ミチョアカン州のウカレオ原産の黒曜石が広く利用される（e.g. Braswell 2003: 139; Charlton and Spence 1982: 60-67; Cobean 2002: 202-204; Hirth, Flenniken and Andrews 2003; Sorensen, Hirth and Ferguson 1989）。

テオティワカンがオトゥンバおよびパチューカ地域を政治的・経済的にコントロールしていたことにより、古典期の間、メキシコ中央高原内でのこれらの広い流通は問題なく理解できる。また、この国家の覇権失墜により、これらを流通させていたシステムが破綻したため、続古典期には両原産地の黒曜石が利用されなくなる現象も納得できるだろう。

しかしながら、問題は、テオティワカンの崩壊と共に、なぜそしてどのようにウカレオ原産地の黒曜石が、先の両原産地の黒曜石に取って代わったのかである。他の黒曜石供給地と比較して、この地の黒曜石流通の優勢には、かつてオトゥンバやパチューカがそうであったように、テオティワカンのようなある中央集権的な政体が関与していたのであろうか。さらに、この黒曜石やその製品は、どのような交易システムに基づき流通していたのであろうか。

前者に関して、ウカレオ地域を支配していたと考えられる政体は存在していない。この地域を調査したヒーラン（Healan 1997: 95-96）は、古典期後期から続古典期の間、ウカレオ盆地に隣接するラス・ロマス遺跡が他の集落よりも大規模であったと報告している。しかし、これは地方都市のように周辺地域を支配するほどの勢力ではなかった（Hirth 2006: Note 6）。

もう一方の問題点についても現状では答えるのは困難である。しかし、一点興味深いデータがある。テオティワカンがオトゥンバおよびパチューカの黒曜石を流通させていた古典期後期において、ウカレオのものは少数ながらもメキシコ中央高原内で利用されていたとの報告がある（Hirth 2008, 2009）。したがって、ウカレオ産黒曜石はテオティワカンの崩壊後に流通し始めたのではなかったことが理解できる。では、これには何らかの形でテオティワカンが関与していたのだろうか。

このように、続古典期におけるウカレオ原産黒曜石の流通基盤やシステムには不明な点が多い。それは、通時的にはテオティワカン崩壊前後を対象にし、共時的にはテオティワカンとその周辺地域を射程とする黒曜石の供給システム変化についての研究が、充分におこなわれてこなかったことに起因する。また、先に述べたように、古典期におけるテオティワカンの黒曜石研究が、テオティワカン中心主義の観点で分析されてきたことも一因である。このような背景において、黒曜石の供給地変化についての問題を解決するためには、テオティワカンの支配下にあったトルーカ盆地の供給変化を分析することが求められる。

黒曜石研究に関するトルーカ盆地の地政学的重要性

黒曜石の供給地変化を見る場合、トルーカ盆地を研究対象とするのに、次の二点で合理的である。

トルーカ盆地はテオティワカンの発展に伴い、早くからその支配下に置かれていた（Sugiura 2005a: 293-294）。この関係から、テオティワカン方面から流通してくるオトゥンバとパチューカ原産の石材および製品も、豊富であったことが想像できる。一方、トルーカ盆地の社会がテオティワカンからの黒曜石供給に深く依存していたのであれば、テオティワカンの崩壊後その反動は激しく、続古典期にはこれらの黒曜石の出土量は激減することが想定される。これが一点目である。

研究対象地としてのもう一点の妥当性は、ミチョアカン州とこのトルーカ盆地が隣接しており、ウカレオ原産地の黒曜石をメキシコ中央高原の他の地域に供給する場合、この盆地を経由する必要があったことである（González de la Vara 1999: 58）。したがって、少数ながらもウカレオ産黒曜石が古典期後期からメキシコ中央高原に流通していたことを考慮すると、トルーカ盆地内でもその出土が認められるはずである。同盆地内で出土する黒曜石をテオティワカンの崩壊前と後に分け産地同定し、その出土量や出土状況を比較することにより、ウカレオ産黒曜石の供給がどのように変化していったのかが理解されるだろう。

このように、テオティワカンの支配を受けていたトルーカ盆地におけるオトゥンバとパチューカ、そしてウカレオ原産地の黒曜石を相対的に分析することは、後者の黒曜石が続古典期にどのように優位性を確保していったのかという過程を解明する手掛かりになると考える。

二節　サンタ・クルス・アティサパン遺跡出土の黒曜石

分析対象の黒曜石の出所

ここで分析の対象となる黒曜石は、トルーカ盆地南東部に位置するサンタ・クルス・アティサパン遺跡から出土したものである。続古典期にはテオティワカン衰退の影響を受けずに持続して社会は成長した。遺跡内には、政治的・宗教的中心地である「ラ・カンパーナ・テポソコ」地区を始め、チグナウアパン湖岸には一〇〇基以上のマウンドが建設されていた（Sugiura 2005b: 319）。ここで言うマウンドとは、居住地区が崩落し主に円形の丘状になったものを指す。一般的な大きさは直径が一五から二五メートルある。湿地帯であるため、雨季の増水から居住地区を守る目的で、灌木などを利用して基礎を固め、この上に複数の住居を築いた。

前述のように、この遺跡から出土している黒曜石を分析することにより、オトゥンバとパチューカ、およびウカレオ原産地の黒曜石の供給変化を通時的に解明することが可能になる。ただし、サンタ・クルス・アティサパン遺跡は様々な物資や人の流れが活発であった地方都市として栄えていたが、一遺跡から得られる分析結果を、トルーカ盆地全体の傾向として理解するのは危険である。当遺跡がトルーカ盆地南東部を支配していたことを考慮すると、少なくともここから得られる分析結果は、この地域の傾向を反映していると推測されるが、先述の危険性を軽減し、より正確な実証研究を目指すために本章五節において地域レベルでの研究をおこない、分析結果を比較する。

分析する黒曜石は、当遺跡の中でも、異なった性格を持つ「マウンド20」地区と「マウンド13」地区の一部、そして「ラ・カンパーナ・テポソコ」地区の三地区から出土したものである（図38）。「マウンド20」は一般居住区であったのみならず、その中心部に公共用建造物を備えていたこと（Covarrubias 2003）で、他のマウンドと比較して規模および性格が若干異なる。この「マウンド20」地区の北東に隣接している「マウンド13」地区での発掘調査は限られており、遺構として住居址のみが発見されている。土器分析の結果から、両地区の生活の開始は紀元後四五〇年頃にまでさかのぼることが分かっている（Figueroa 2006）。

一方、遺跡の東方に位置している政治的・宗教的な中心地である「ラ・カンパーナ・テポソコ」地区は、当遺跡を一望できる高台に築かれている。この高台はマウンド群がある地区より五メートルほど標高が高く、人工的に建設された基壇であったと考えられている（Sugiura 2005a: 267）。さらに、この中心には為政者によって宗教儀礼などに利用された土製建造物が築かれていた。他のマウンドと異なり、この地区は繁栄期を迎える続古典期に属すると考えられる。

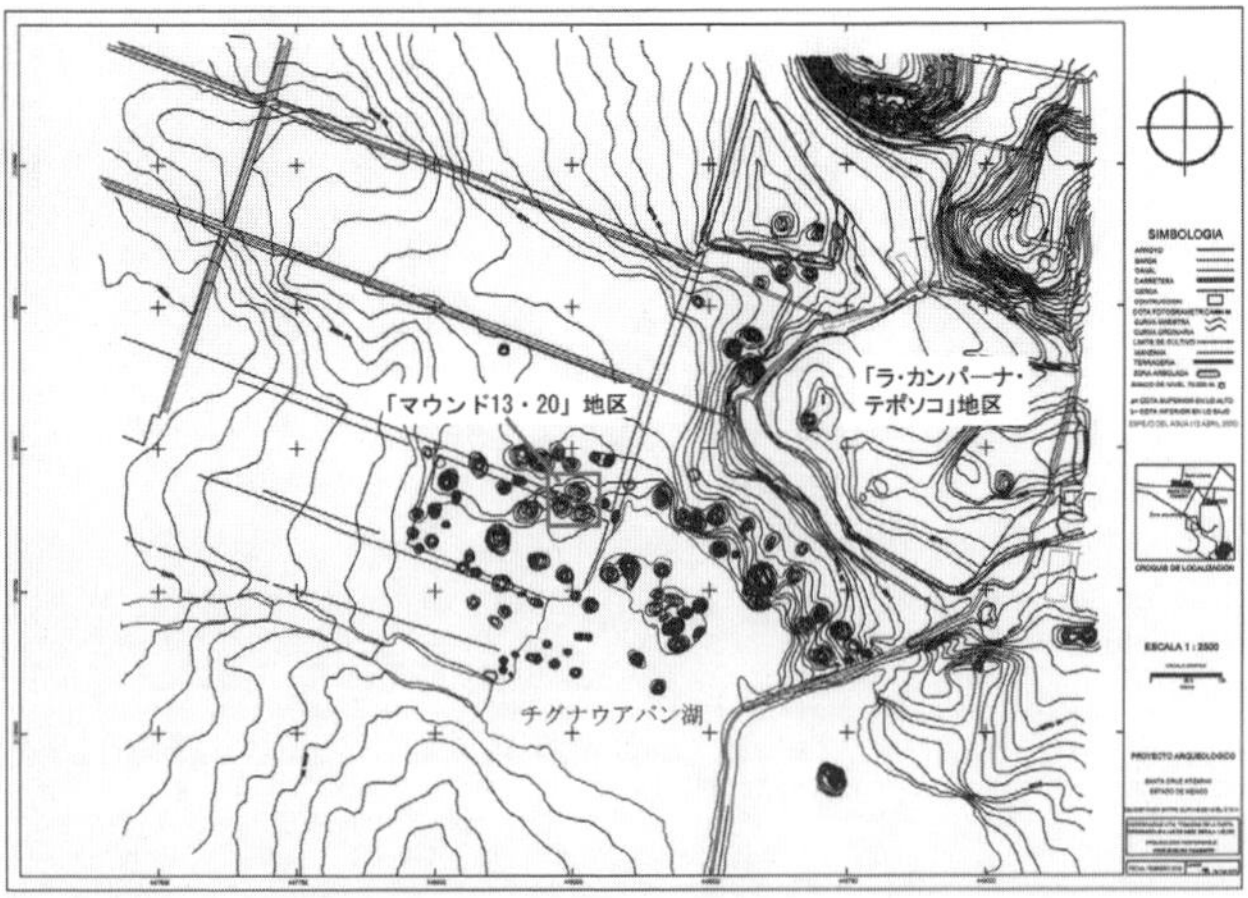

図38　サンタ・クルス・アティサパン遺跡の地形図とマウンドの場所
（Sugiura 1998b: fig.1 を転載・作成）

分析の方法

分析対象の黒曜石は、各地区の帰属時期、遺構の性格そして遺物の出土状況を考慮し、「マウンド20」地区と「マウンド13」地区を一つの分析単位（「マウンド13・20」地区）とし、「ラ・カンパーナ・テポソコ」地区は別の分析単位とした。「マウンド13・20」地区で対象となった黒曜石遺物は、合計一二四二七点、総量一六三七三・二グラムであり、「ラ・カンパーナ・テポソコ」地区は、七〇六点、八三二一・三グラムである。分析では、遺物の時期決定、肉眼による産地同定、石器組成、「マウンド13・20」における空間分析の四種類の分析をおこなった。

まず「マウンド13・20」地区の黒曜石を、古典期後期と続古典期の二時期に分類した（図39）。黒曜石遺物の時期決定には、サンタ・クルス・アティサパン遺跡の土器編年と各建造物の層位を基準にし、黒曜石が共伴する土器と包含される建造物の帰属時期を考慮した。一方の「ラ・カンパーナ・テポソコ」地区の黒曜石は、この地区が土器分析の結果から続古典期に属すると分かっているため、すべてをこの時期のものとした。

肉眼による産地同定では、「マウンド13・20」地区から無作為に抽出した二一五二点、一八四一・六グラムの黒曜石を分析した。古典期後期に属する黒曜石は五一〇点、五二六・五グラムであり、続古典期は一六四二点、一三一五・一グラムである。肉眼による原産地の同定分析には、ブラスウェルらの研究（Braswell et al. 2000: 270-271）で採用されている基準を参考にした。本分析においては、以下の七つを基準に同定をおこなった。①太陽光下の反射色、②太陽光による透過色、③半透明および不透明の程度、④縞（バンド）の有無、出現密度、大きさ、色、⑤

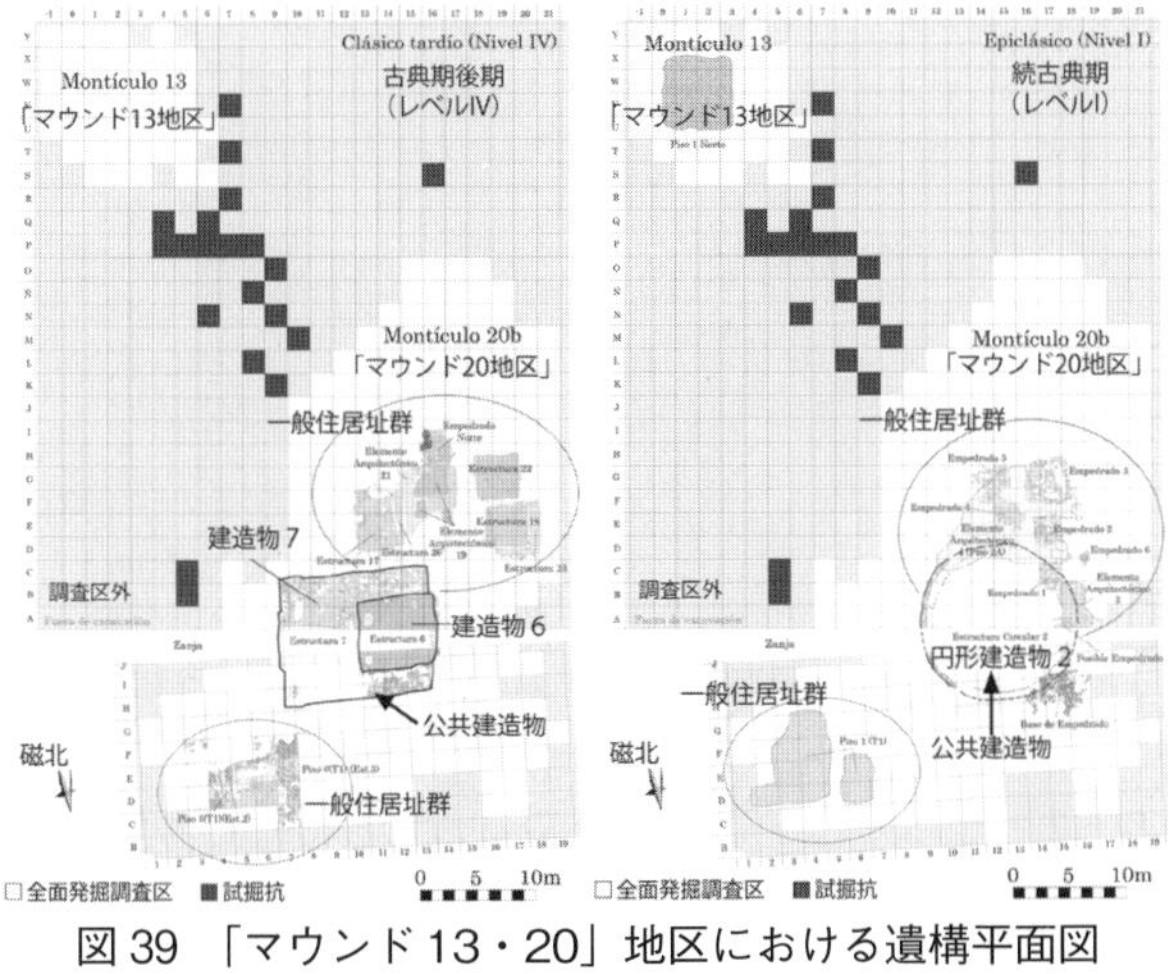

図39 「マウンド13・20」地区における遺構平面図
（© Proyecto Arqueológico de Santa Cruz Atizapán）

密集した際に認められる縞の形状、⑥含有物や小胞の有無、⑦剥離された表面の光沢と硬度。

パチューカ原産地の黒曜石は、世界的にも珍しい緑色または黄金色をしているため、肉眼による産地同定精度は高い。しかしながら、オトゥンバおよびウカレオの黒曜石は色調が類似しているため、太陽光が透過しやすい遺物（例えば、石刃や厚みの薄い剥片）での産地同定は比較的可能であるが、それ以外の遺物では困難である。そのため、どちらか峻別つかない場合、グラフ1と2では「その他」に分類した。

後述するが、既に実施された中性子放射化分析のデータ結果では、オトゥンバ、パチューカ、ウカレオ原産地以外の黒曜石も、少量であるが当遺跡で確認されている。しかしながら、ここでの研究目的は、オトゥンバとパチューカそしてウカレオ原産地の黒曜石における相対的出土量を対象としているため、これら三原産地の黒曜石のみを分析した。「ラ・カンパーナ・テポソコ」地区から出土した黒曜石の産地同定に関して、「マウンド13・20」地区から出土した黒曜石と同様の方法を用い、サンプルを抽出することなくすべての遺物を分析した。

分析の目的

分析の目的は二点ある。まず、古典期後期と続古典期とに分類された「マウンド13・20」地区の黒曜石の供給地における通時的変化を見ることである。テオティワカンの崩壊前後を比較することにより、オトゥンバとパチューカの出土量比率における増減パターンを知ることが可能となる。これは、当遺跡がテオティワカンの黒曜石供給にどれくらい依存していたのかを知る手掛かりになる。さらに、ウカレオの出土量比率との相対比較は、古典期後期にどれくらいの割合を持っていたのかを解明できる。このデータを基に、続古典期にメキシコ中央高原一帯に大きな出土量を持つに至ったこの流通システムが、テオティワカンの崩壊と共に突然発展したものなのか、それとも古典期後期に既にトルーカ盆地である程度成熟したものであったのかを議論する。

もう一点は、続古典期の「マウンド13・20」地区と「ラ・カンパーナ・テポソコ」地区のデータを比較し、空間利用の異なる二つの地区で、供給原産地の違いに基づき製品利用における何らかの選択性があったのかどうかを確認することである。
これに関して、第四章二節でも触れたスペンスの知見を採り入れている（Spence 1996）。スペンスは、マヤ地域で発見されているパチューカ原産地の黒曜石製製品は、テオティワカンにとって実益を得るためではなく、マヤ地域のエリートたちへ贈与されたものであり、また、マヤ地域のエリートにとっては宗教的なアイテムまたは権威を象徴する威信財であった傾向が強いと指摘している。

原産地の違いがそのような付加価値を発生させるものなのかどうかを分析する。これにより、ある特定の原産地の黒曜石は、経済的価値よりも宗教的・政治的にシンボルとして利用されたかどうかが理解できるだろう。仮にシンボルとして利用されていたのなら、その出土量は相対的に少なくなることが予想される。これに対し、原産地別の出土量比率におい

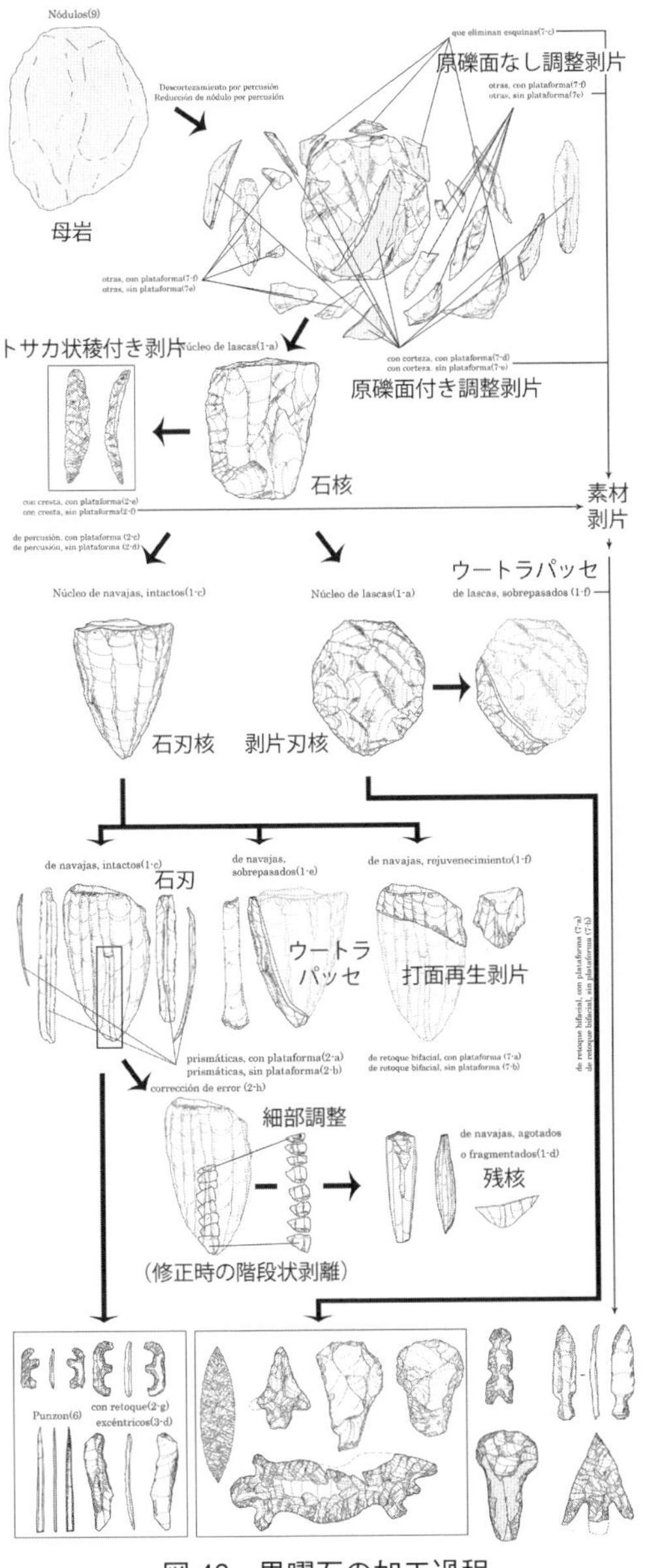

図 40　黒曜石の加工過程
（Kabata 2010, Figura 5-2-1a と 5-2-1b を転載・加筆。図中のトサカ状陵付き剥片、剥片刃核、石刃核は加藤・鶴丸 1994、83 頁 1、88 頁 1、91 頁 13 を参考に作成）

て両地区で顕著な相違がない場合、サンタ・クルス・アティサパン遺跡の黒曜石は、より日常使用目的、あるいは、経済的側面に基づいて獲得されていた可能性を示す一つの材料になるだろう。ただし、この仮定は黒曜石の原産地別出土量の相対比率のみからでは言えない。石器組成やコンテクストにおける比較検討が必要である。したがって、次の段階として、石器組成の分析に移る。

分析段階での石器組成はさらに細分されているが（図40）、ここでは本章の研究テーマを考慮し、主に①石刃残核、②石刃、③両面調整石器、④スクレイパー、⑤錐、⑥小型彫器、⑦剥片・砕片を、石器組成を構成するものとする（図41）。

最後に遺物の出土量を空間的に処理した図を利用し、建造物との配置関係および遺物の廃棄場所などを考慮し三次元分析する。ここでは、マヤ地域におけるパチューカ原産地の黒曜石が他の原産地のものより特異なコンテクストで利用されていたことを重視している。「ラ・カンパーナ・テポソコ」地区では、全面発掘調査が実施されず調査面積が限られているため、この分析をおこなわなかった。しかし、「マウンド13・20」地区におけるパチューカ産とその他の原産地の黒曜石の出土パターンを総合的に比較することは、パチューカ産黒曜

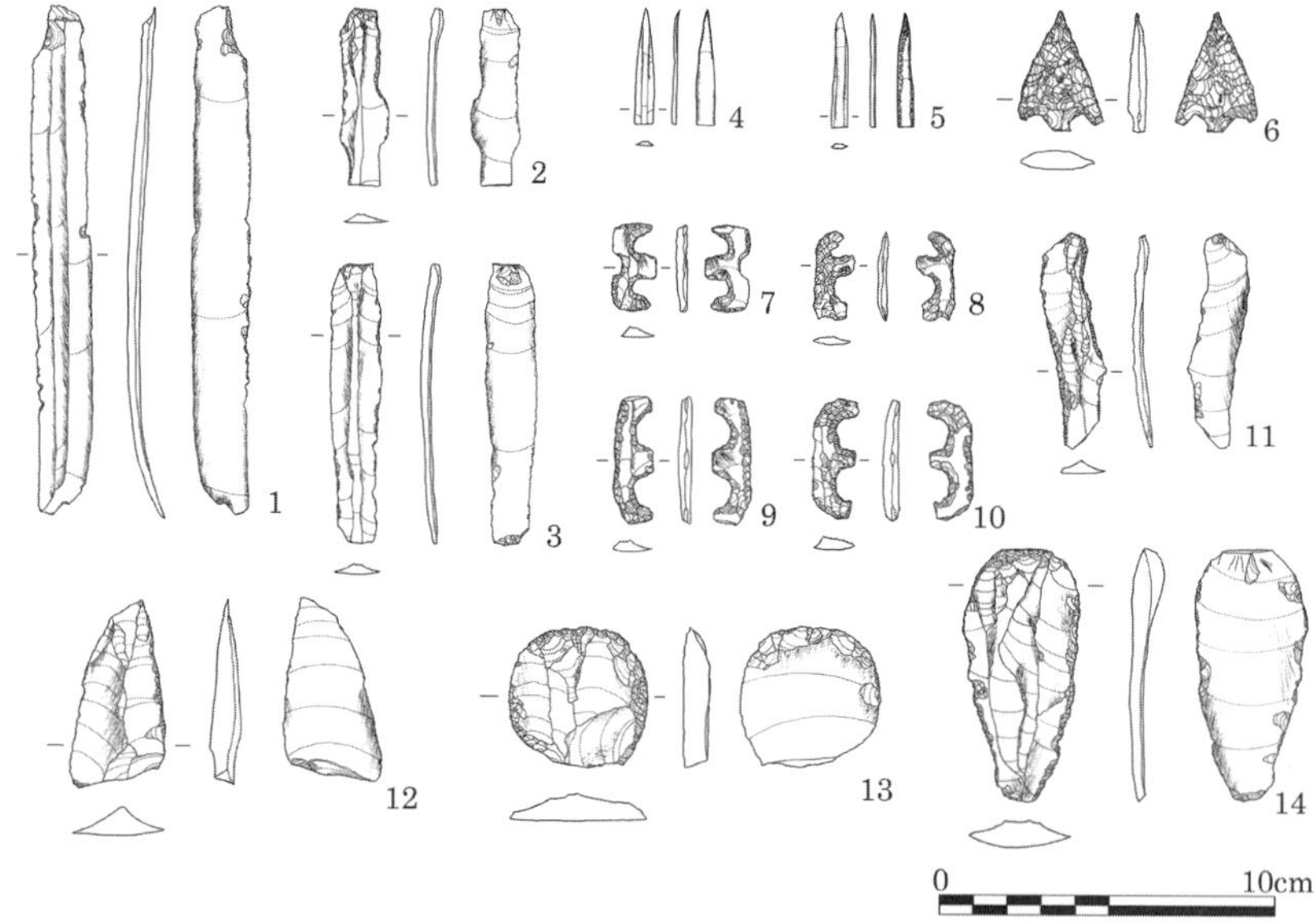

図41　サンタ・クルス・アティサパン遺跡出土の黒曜石製製品
（1-3：石刃、4･5：小型彫器、6：石槍、7-10：異形石器、11-14：スクレイパー）

石が、当該地区でどのように利用されていたのかを知るデータを与えるだろう。

以上の分析を通して、最終的に黒曜石の需要者側（サンタ・クルス・アティサパン）が、テオティワカンの覇権喪失前後でどのような戦略を採用していたのか考察する。

三節　サンタ・クルス・アティサパン遺跡における黒曜石の供給地変化

肉眼分析の結果

中性子放射化分析の結果によると（Benitez 2006: 93-102）、サンタ・クルス・アティサパン遺跡では、今回の分析で問題としている黒曜石原産地以外にもパレドン、フエンテスエラス、サクアルティパンの原産地から黒曜石が獲得されていたことが理解できる（表2）。しかし、「マウンド13・20」地区から出土した四五点のサンプルは、総計一二四二七点の僅か〇・三六パーセントに過ぎないため、この分析結果が遺跡全体の傾向を示すとは言えない。したがって、古典期後期から続古典期にかけての黒曜石の供給地変化を、可能な限り多くの資料分析を通して理解するため、肉眼による産地同定の分析結果に基づいて考察する。

以上の結果をまとめたグラフ1によると、古典期後期において、既にウカレオ原産地の黒曜石が個数と重さ共に過半数以上を占めていたことが理解できる。一方、オトゥンバの黒曜石は二一パーセント強、パチューカは一〇パーセント弱であった。

では、続古典期ではこの傾向はどう変化するだろうか。古典期後期と同様に、ウカレオ原産地の黒曜石の比率が多数を占め、傾向に大きな変化は見られない。しかし、個数で約四パーセント、重さで約九パーセントの増加が認められる。また、オトゥンバの比率には目立った変化は見られないが、パチューカ原産地の黒曜石比率では減少が認められる。

黒曜石原産地	個数	比率（%）
オトゥンバ	14	31.1
パチューカ	3	6.7
ウカレオ	24	53.3
パレドン	1	2.2
フエンテスエラス	1	2.2
サクアルティパン	2	4.5
合計	45	100

表2　中性子放射化分析の結果
（Benitez 2006: 93-102 を基に作成）

次に、「ラ・カンパーナ・テポソコ」地区での傾向を見てみる（グラフ2）。続古典期の比率（グラフ1）と比較し、ウカレオ原産地のものが多数である傾向に変化はない。しかし、オトゥンバの個数と重さが若干減少すると共に、パチューカのものが増加している。「その他」の比率は、僅かではあるが増加している。

原産地別の供給パターン

上記の分析結果から、興味深いことが理解できる。当初、テオティワカンに支配されていた古典期後期のサンタ・クルス・アティサパン遺跡では、オトゥンバとパチューカ原産地の黒曜石が大多数を占めると考えられたが、結果は逆のパターンを示している。

これは、続古典期におけるメキシコ中央高原の供給地変化について一般的な解釈を下したハース（Hirth 2009）の見解と大きく異なる。ハースはテオティワカンの崩壊により、これに支配されていたパチューカ地域の黒曜石供給システムも機能しなくなり、ウカレオ産黒曜石が突然流通し始めると指摘する。本章での分析結果がハースの見解に一致しない理由は、現在まで、トルーカ盆地のデータが皆無であったことが挙げられる。

トルーカ盆地南東部では、ウカレオ産黒曜石は、テオティワカン支配期に既に大きな割合を持ち流通している。他方、古典期後期においても続古典期においてもパチューカならびにオトゥンバ原産地の黒曜石は合計約三〇パーセント前後の割合を占めており、大きな変化は認められない。

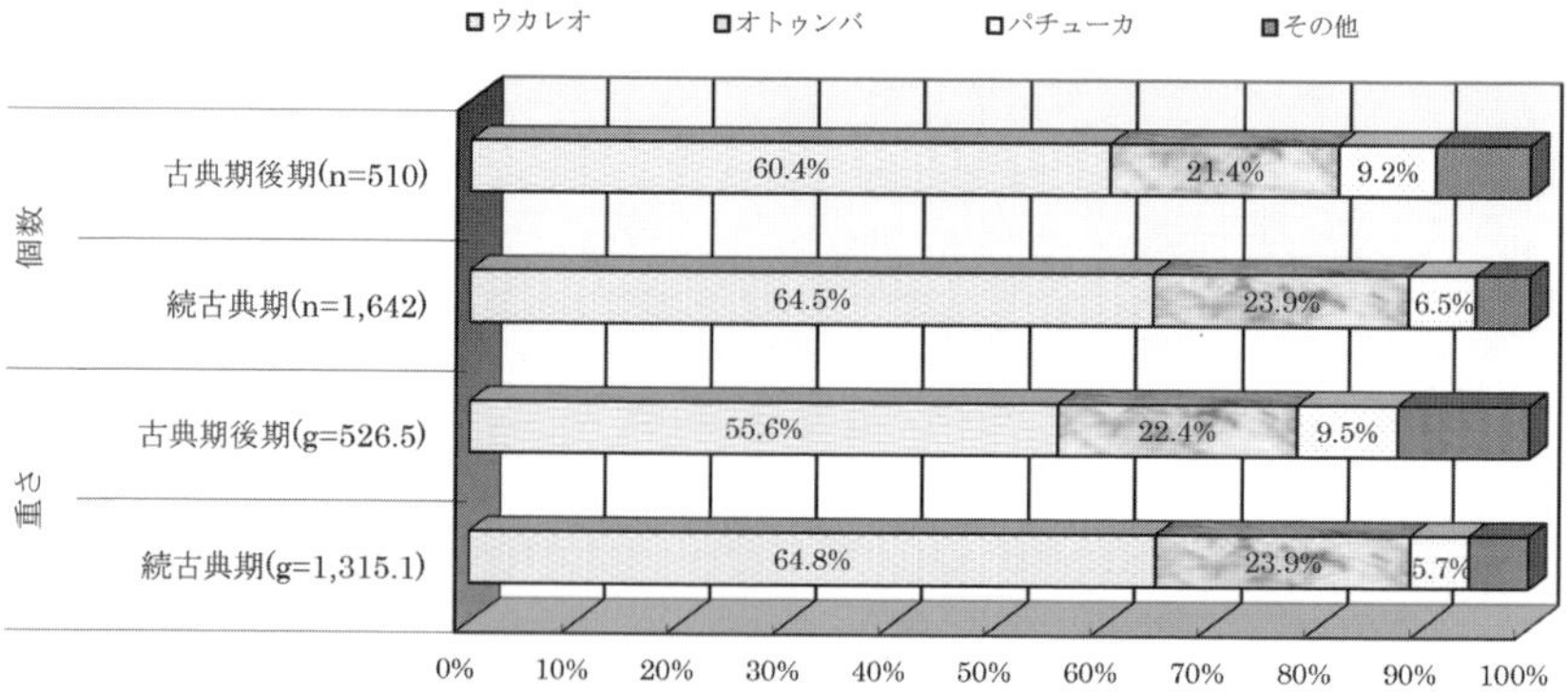

グラフ1　「マウンド13・20」地区における黒曜石原産地別の出土量比較

この結果から、テオティワカンの崩壊により、メキシコ中央高原内の黒曜石供給地が、単純にパチューカとオトゥンバからウカレオへ移行したと言えなくなる。また、トルーカ盆地内のみならず、他地域においてもこの傾向を補強するデータも存在している。メキシコ盆地に位置するアスカポツァルコ遺跡では、続古典期にオトゥンバ原産地の黒曜石が約三〇パーセント供給されていた（García et al. 1990）。また、崩壊後のテオティワカンにおいても、オトゥンバの黒曜石が利用されていた（Rattray 1981）。さらに、この近郊にあるショメトラ遺跡や続古典期の指標土器であるコヨトラテルコ式土器が出土する遺跡において、パチューカ原産地の黒曜石が大量に出土したとの報告がある（Diehl 1989: 15）。ここから、テオティワカンの崩壊後も、両原産地へ石材獲得のアクセスが認められ、少なくともメキシコ盆地およびトルーカ盆地には流通していたことが理解できる。

一方、ウカレオ原産地の黒曜石に関して、テオティワカンの崩壊後にこの黒曜石が突然流通し始めたとの解釈（Hirth 2006: 291-292）も成立しなくなる。確かに、テオティワカンの覇権の喪失により、それまで支配されていたパチューカ産黒曜石の供給が減少したことは理解できる。しかし、この国家の覇権喪失により、ウカレオ原産地のものが突然取って代わったことを考古学データは示していない。ウカレオ地域の東方に隣接するトルーカ盆地では、続古典期のメキシコ中央高原で第一の黒曜石供給源として確立するための流通システムが、古典期後期の段階で既に誕生していたとの考えが妥当である。

他方、古典期後期におけるサンタ・クルス・アティサパン遺跡の黒曜石供給地に関

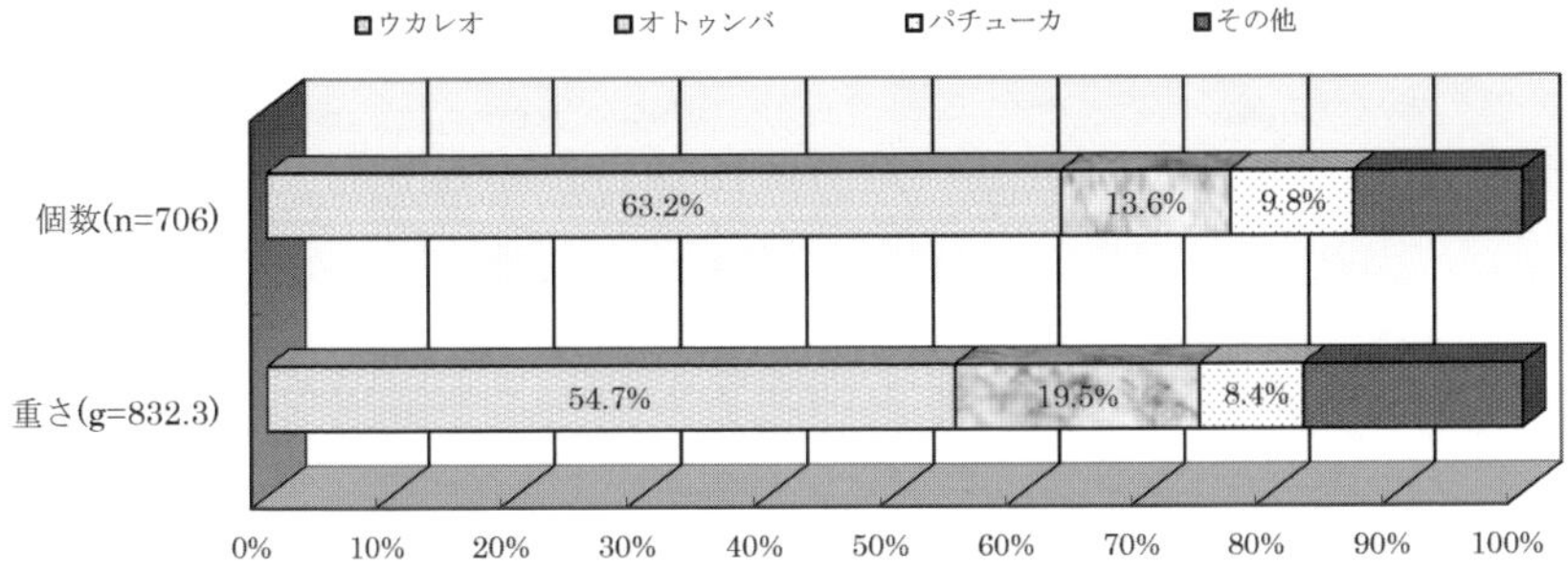

グラフ２「ラ・カンパーナ・テポソコ」地区（続古典期）における黒曜石原産地別の出土量比較

して、上記の分析結果から別の疑問が浮かび上がってくる。テオティワカンが支配していた当遺跡では、なぜオトゥンバとパチューカ原産地の黒曜石が大多数を占めないのか。

この疑問に答える際、古代メソアメリカ文明をケース・スタディーとした研究ではないが、レンフリュー（Renfrew 1975）の知見は役立つ。レンフリューは、原材料と製品の及ぶ地理的範囲が原産地から遠ざかるにしたがい減少することを指摘している。ただし、この傾向は次の条件によって変化すると補足する。原材料や製品が日常目的として使われるのか、または威信財や奢侈品として使われるのかによって、いくつかの増減パターンが認められると述べている。同時に、そのようなパターンは交易形態の違いに左右されると主張している。

パチューカ原産地から当遺跡までは約

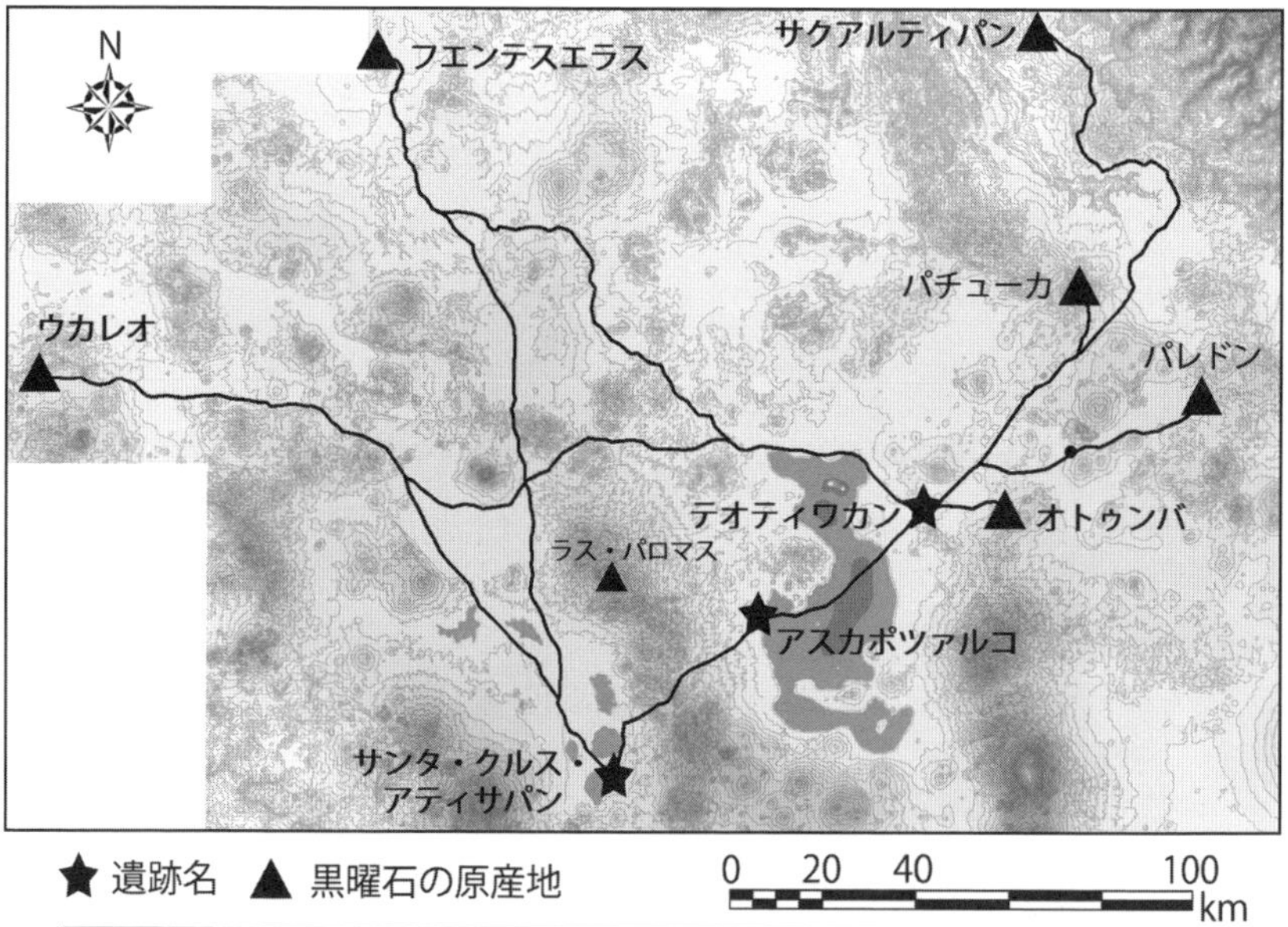

	サンタ・クルス・アティサパン	テオティワカン
オトゥンバ	115.5	19.4
パチューカ	160.1	64.0
ウカレオ	175.6	208.7
パレドン	167.9	71.8
フエンテスエラス	177.9	168.1
サクアルティパン	251.3	155.2

図42　サンタ・クルス・アティサパンとテオティワカンから見た原産地までのルートと距離（単位はキロメートル；ArcGIS による最適ルートの解析）

一六〇キロメートルある（図42）。この距離は、ウカレオ原産地から当遺跡までの約一七六キロメートルより僅かではあるが近い。一方、オトゥンバからの距離は、約一一六キロメートルであり、パチューカならびにウカレオよりも近い。輸送コストと距離が比例すること（Earle 2002: 86）を考慮すると、オトゥンバのものが当遺跡で大多数を占めてもおかしくないはずである。同様に、次の推測とも矛盾する。①パチューカとウカレオからの距離を比較すると、パチューカの方が近いため輸送コストの面でこちらから獲得した方が有利ではないかとの推測。②テオティワカンの支配圏にあったトルーカ盆地では、その圏外に位置するウカレオよりも、前者の黒曜石を獲得した方が容易ではなかったのかとの推測。

これらの矛盾は何に起因するのだろうか。ここで重要になってくるのが、マヤ地域で見られたように、パチューカ原産地のものは社会的関係を示すための威信財として利用されたとの解釈である。遺物の経済的側面のみに着目するのではなく、シンボルとしての付加価値について考察することで、整合性の取れた説明が可能になるかもしれない。以下では、この問題を考察するために、特にパチューカ原産地の緑色黒曜石のコンテクストを重視し、どのような利用価値が与えられていたのか考察する。

四節　石器組成および空間分析から見る黒曜石の利用

石器組成と空間分析の結果

先に、グラフ1の続古典期の原産地別出土量比率とグラフ2の比率を比較し、目立った変化がないことを指摘した。これは、サンタ・クルス・アティサパン遺跡において、政治的・宗教的中心部（「ラ・カンパーナ・テポソコ」地区）と一般住居地区（「マウンド13・20」地区）のように社会的性格が異なっていても、当遺跡における黒曜石の利用は原産地によって左右されなかったと指摘できる可能性がある。

もちろん、「ラ・カンパーナ・テポソコ」地区（グラフ2）では、「マウンド13・20」地区の続古典期と比較し（グラフ1）、オトゥンバの比率が減少し、パチューカの比率が若干増加しており、パチューカの黒曜石製製品は一般住居地区と比べ、異なった利用方法があったのかもしれない。しかしながら、「ラ・カンパーナ・テポソコ」地区から出土した黒曜石遺物はすべて包含層から出土しており、埋葬施設や祭祀遺構からの出土例はない。

グラフ3は「ラ・カンパーナ・テポソコ」地区の石器組成を、パチューカ原産地とウカレオおよびオトゥンバ（灰色・黒色）原産地の黒曜石とに分けたものである。両者とも大部分が石刃に利用されていたことが理解できる。しかし、興味深いのは、「灰色・黒色黒曜石」では両面調整石器の比率が認められるが、パチューカの黒曜石を使ったこの器種は「ラ・カンパーナ・テポソコ」地区では存在していないことである。また、両者ともに石核や石刃残核は出土しておらず、スクレイパーや錐または小型彫器など「マウンド13・20」地区で出土している器種の出土は僅少である（グラフ4・5）。

グラフ4は「マウンド13・20」地区の「灰色・黒色黒曜石」の石器組成であり、グラフ5は「緑色黒曜石（パチューカ）」のものである。両者共に、石刃として利用されていた傾向が高い。古典期後期では、続古典期と比較して、両者共に両面調整石器に利用された割合が高いが、この器種がある特定の原産地の黒曜石により生産された可能性は見当たらない。スクレイパー、錐、そして小型彫器は、石刃や両面調整石器と比較し、全体的に比率は低い。しかしながら、「灰色・黒色黒曜石」と「緑色黒曜石」の両者を利用して生産されていたことが分かる。

他方、「ラ・カンパーナ・テポソコ」地区の石器組成（グラフ3）をグラフ4・5と比較すると、この地区では石核や石刃残核が出土していないこと、そして先に述べたようにスクレイパー、錐、小型彫器の出土が乏しいことが理解できる。さらに、両面調整石器の出土が認められるものの、石刃の比率が大部分を占めている。上記の分析結果、ならびにこの空間が政治的・宗教的中心部であることから、「ラ・カンパーナ・テポソコ」地区は生業や手工業の活動場として利用されなかったことが指摘できる。これにより、「マウンド13・20」地区と「ラ・カンパーナ・テポソコ」地区とでは、石器組成に違いが確認できた。しかしながら、パチューカ原産地の黒曜石製製品が特別なコンテクストで出土した、または、この黒曜石を利用して特定の器種のみを生産していたという選択規制は見当たらなかった。

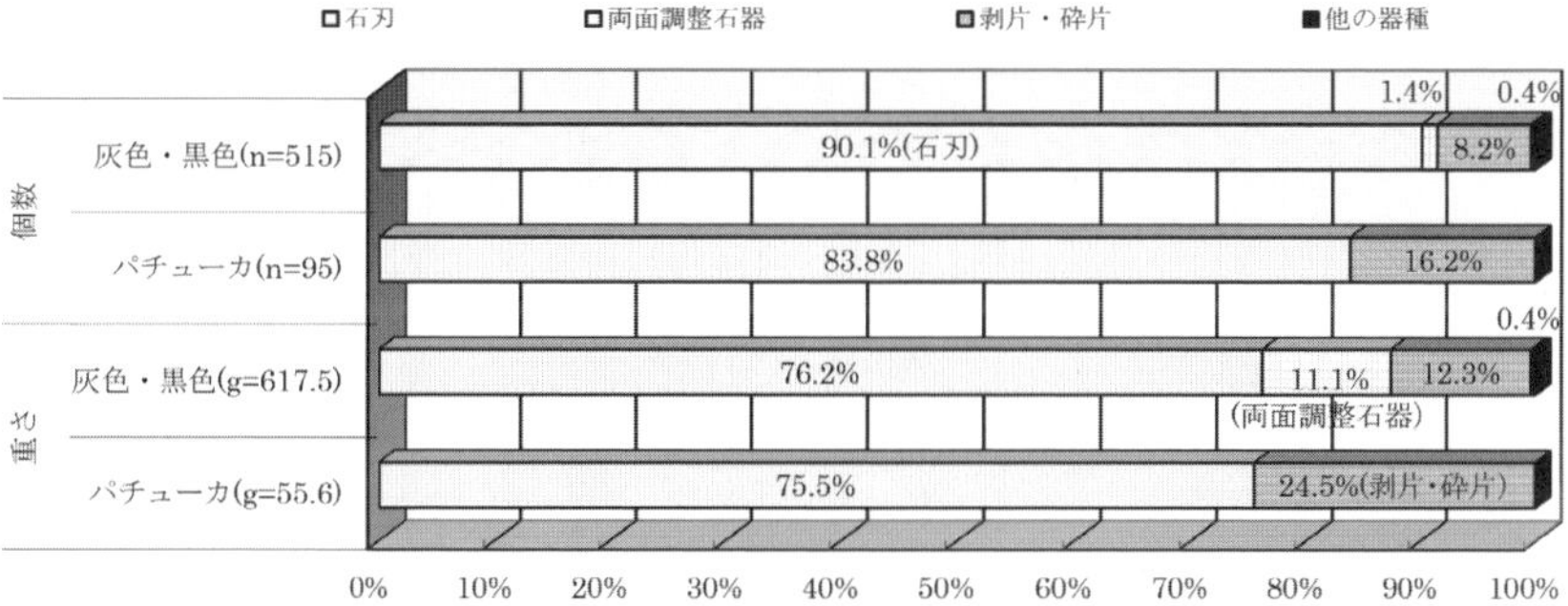

グラフ３　「ラ・カンパーナ・テポソコ」地区（続古典期）における
パチューカと灰色・黒色（ウカレオとオトゥンバ）黒曜石の石器組成

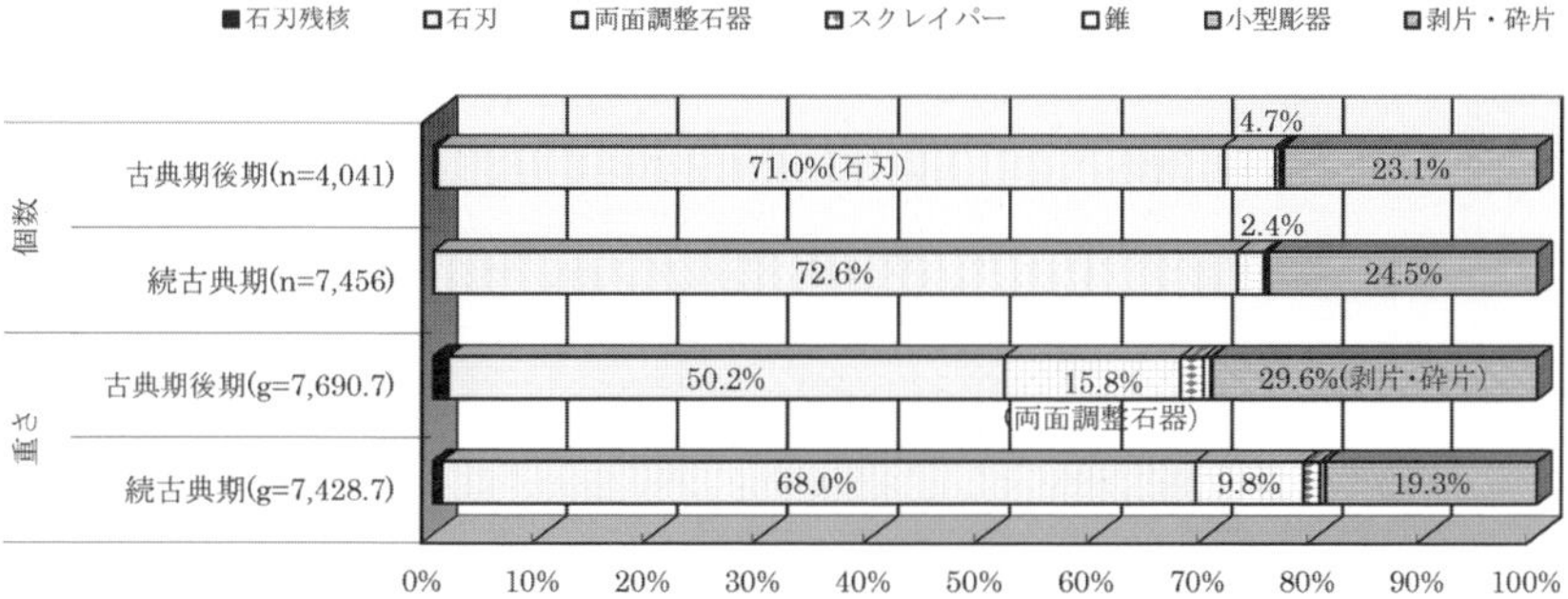

グラフ４　「マウンド 13・20」地区から出土した灰色・
黒色（ウカレオとオトゥンバ）黒曜石の石器組成

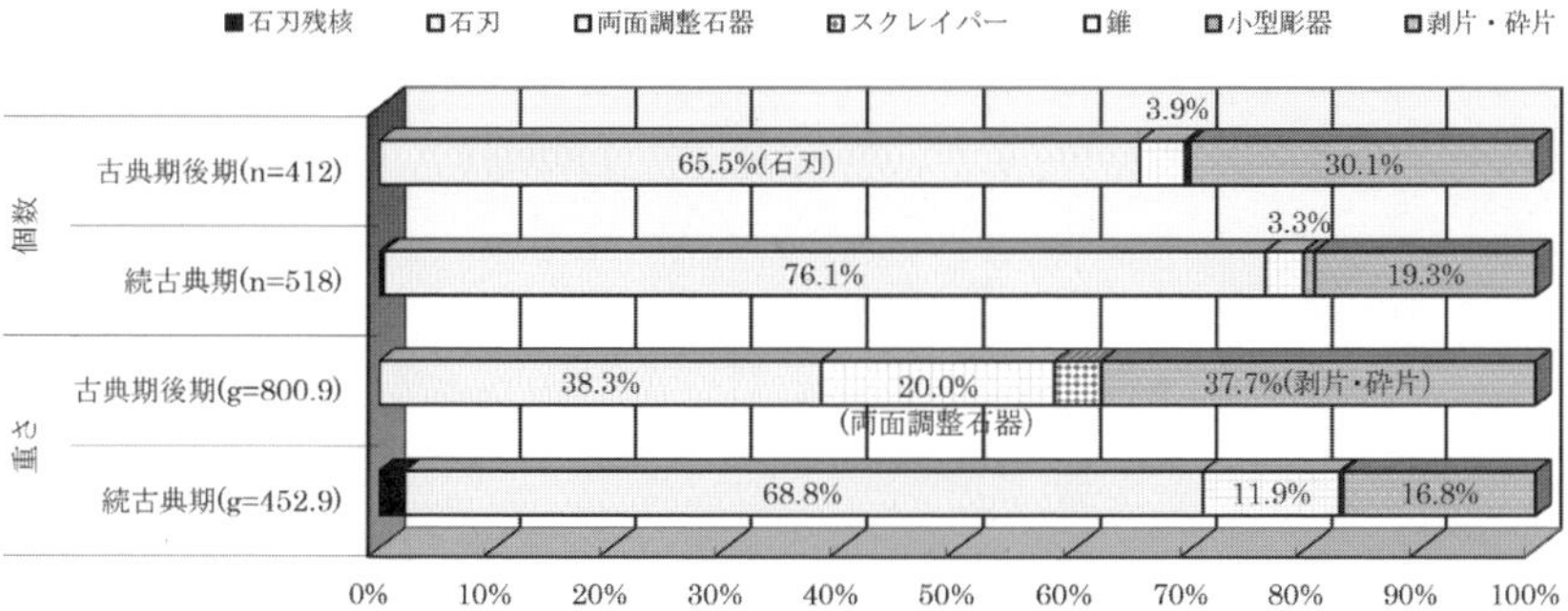

グラフ５　「マウンド 13・20」地区から出土した
緑色（パチューカ）黒曜石の石器組成

サンタ・クルス・アティサパン遺跡における黒曜石の利用価値

パチューカ原産地の黒曜石におけるこの解釈が妥当であるのかを確認するため「マウンド13・20」地区の出土パターンを空間的に分析してみる。この空間分析には、石刃に分類されるものの中でも、出土地点ならびに帰属時期が決定できるサンプルのみを対象とした。古典期後期の「灰色・黒色黒曜石」は二七七四点、「緑色黒曜石」は二五七点、続古典期の「灰色・黒色黒曜石」は五三五一点、「緑色黒曜石」は三九一点を使用し、空間分布図を図44と45に示した。このサンプルには押圧剥離によるものだけでなく、石刃石器の製作過程を考慮し、直接・間接打撃によって剥離された剥離物も含まれている。

「マウンド13・20」地区の公共建造物の存在は、この遺跡の建設当初から確認されており、少なくとも五回の建て替えがおこなわれていた（図43：Covarrubias 2003）。マヤ地域のように、緑色黒曜石が日常生活用として利用されていなかったことを考慮すると、サンタ・クルス・アティサパン遺跡において、公共建造物周辺に遺物の分布が偏る可能性が想定される。そこで、以下では緑色黒曜石の石刃における空間分布パターンを考察する（図44・45）。

古典期後期の「灰色・黒色黒曜石」の分布図（図44左）には、公共建造物内部よりも、その周辺部や「マウンド13・20」地区全体に分布している。また、多くの石刃集中部（「C=Concentration」）が確認され、石刃残核も多く見つかっている。石器加工用の鹿の角が一点「C1」周辺（図44左：灰色・黒色黒曜石）から出土している（Sugiura 2002a: 129）が、この周辺部から石器工房であったと同定できる資料は確認されていない。

一方、図44右の「緑色黒曜石」の分布図は「灰色・黒色黒曜石」と比較し、出土量が少ないため分布密度は薄い。しかし、

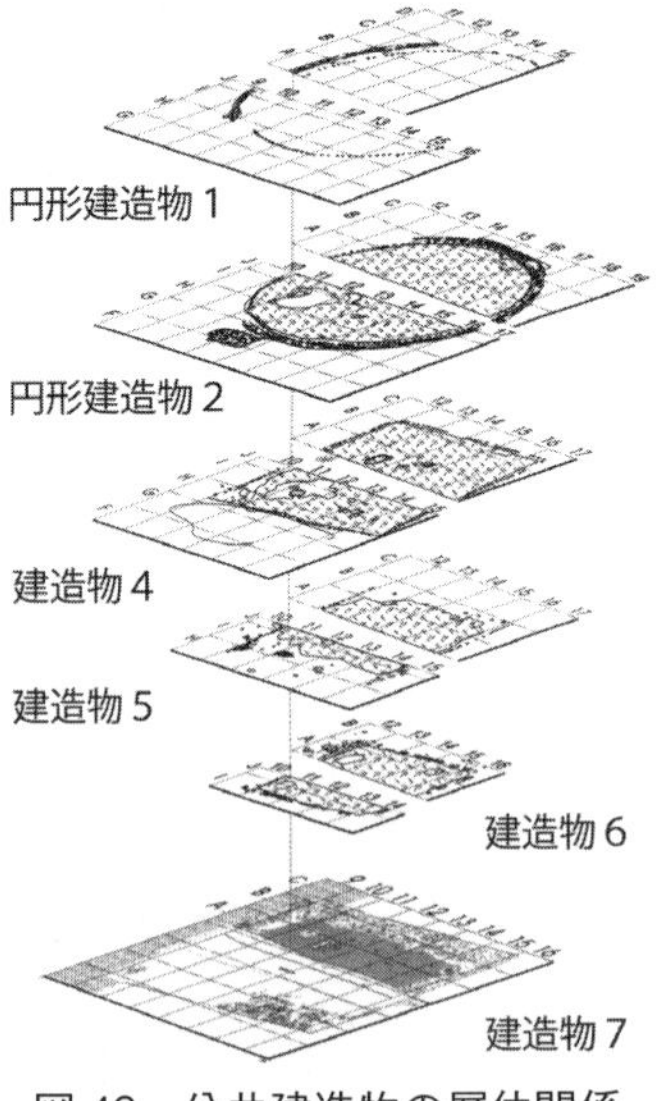

図 43　公共建造物の層位関係
（Covarrubias 2003, fig. 151 より転載・加筆。「建造物３」はデータ不足のため割愛）

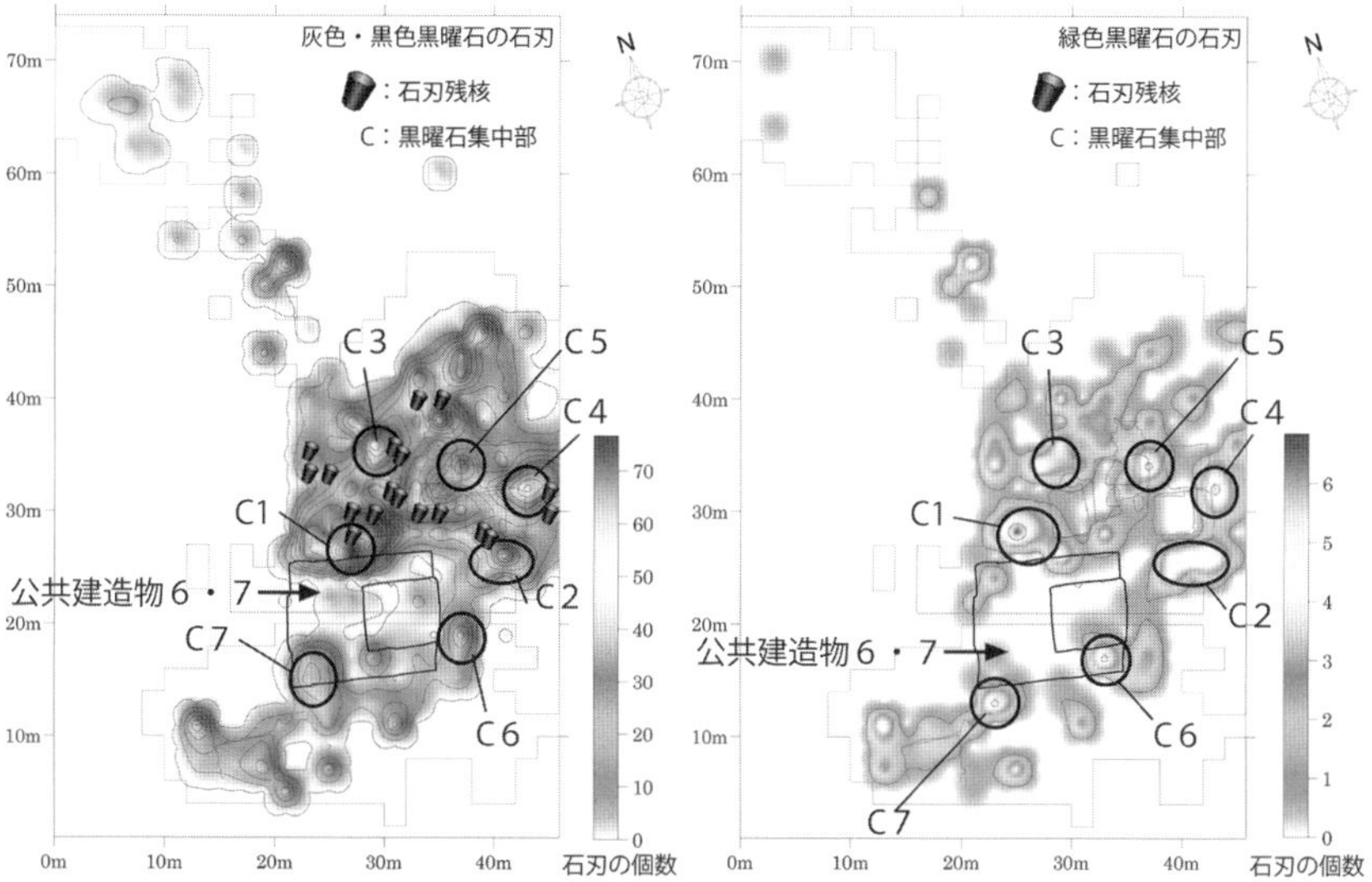

図 44　古典期後期における石刃の空間分布図
（左：灰色・黒色黒曜石、右：緑色黒曜石）

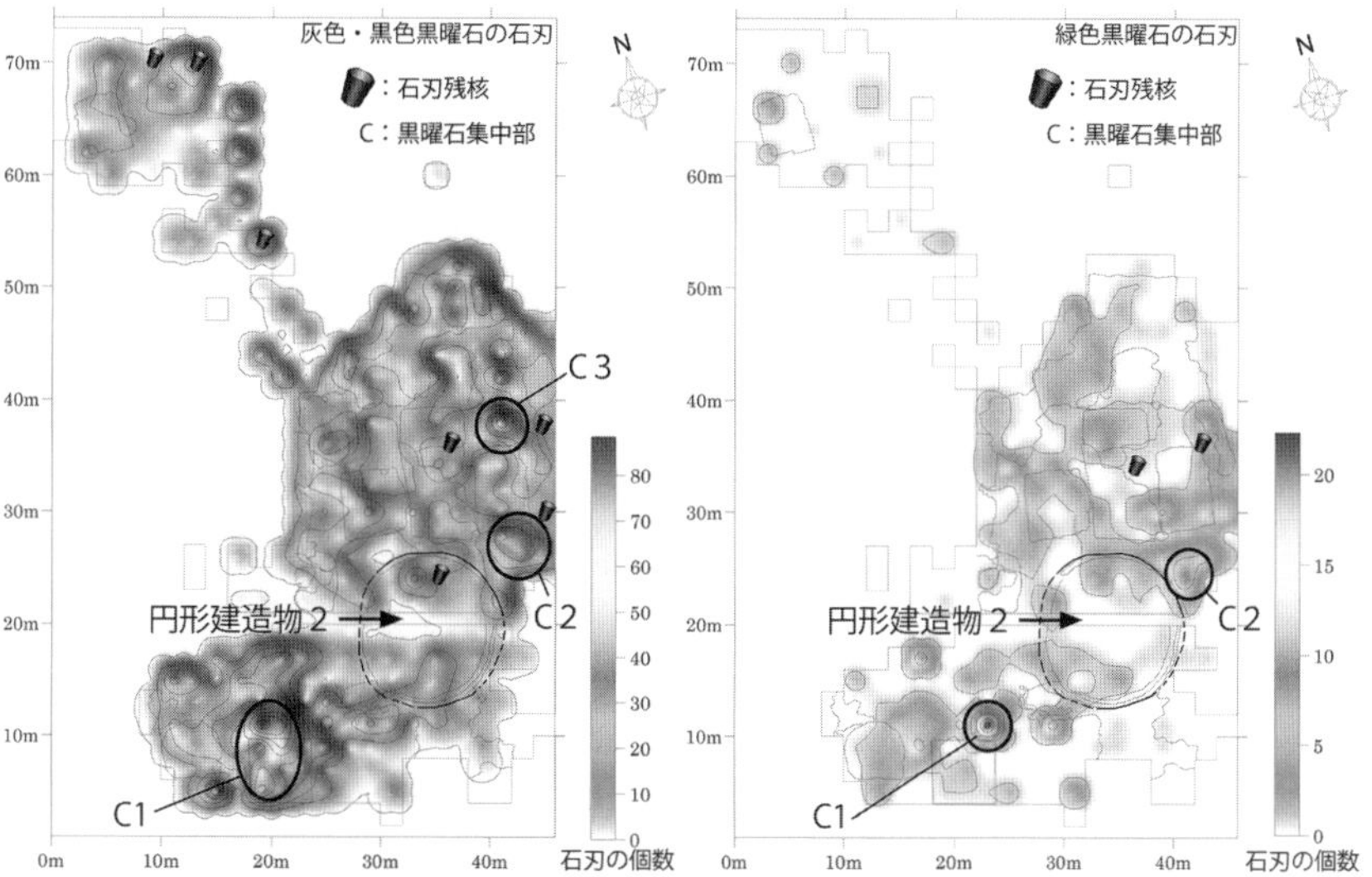

図 45　続古典期における石刃の空間分布図
（左：灰色・黒色黒曜石、右：緑色黒曜石）

「灰色・黒色黒曜石」の分布図とよく似た傾向を示している。公共建造物内部からの出土は乏しく、「マウンド13・20」地区全体で分布が確認される。

では、続古典期の分布傾向はどうだろうか。図45左の「灰色・黒色黒曜石」の分布図から、発掘調査が実施されたほぼ全域から大量に石刃が出土している。これと比較し「緑色黒曜石」では古典期後期同様に密度がかなり低い。このため、「緑色黒曜石」の分布図（図45右）には特別な出土傾向を読み取ることができない。

マヤ地域ではパチューカ原産地の黒曜石を特別な石材と認識し、この石材で加工されたある特定の器種のみを利用していたが、当遺跡の「マウンド13・20」地区では、その傾向とは異なる結果が提示できる。つまり、パチューカ原産地の黒曜石は他の原産地のものと比較して、特別な石材または製品としての価値が与えられていなかった。

これは、マヤ地域と異なり、トルーカ盆地がテオティワカンの支配下にあったため、同じパチューカ原産地の黒曜石で作られる製品であっても、この支配圏内と外部とでは黒曜石の価値が異なることを示唆している。つまり、この支配圏では、パチューカ産黒曜石は特別なコンテクストで利用されたのではなく、むしろ他の原産地のものと同様に扱われていた。これを補強する資料がテオティワカンの都市内部からも挙がっている。「月のピラミッド」内部で発見された埋葬施設から、大型製品であれミニチュア製品であれ、器種に区別なくパチューカとオトゥンバ原産地の黒曜石製製品が副葬品として出土している（Parry and Kabata 2004）。

上記の分析から、当遺跡で出土する黒曜石は、原産地の違いによって異なった利用はされていなかったと考えられる。もちろん、ウカレオおよびオトゥンバの石器組成分析と空間分析を個別におこなっていないため、今後これを確証する必要がある。しかしながら、当遺跡の埋葬施設3・6・10から出土した黒曜石製製品には、色調の区別なくウカレオやオトゥンバそしてパチューカ原産地のものが副葬品として納められている。さらに、サンタ・クルス・アティサパン遺跡においてウカレオ原産地の黒曜石の出土量が大多数を占めることを考慮すると、それらの大部分は日常生活用として利用されていたと考えられる。

では、なぜ当遺跡では、距離的にも近くテオティワカン支配圏のオトゥンバとパチューカ原産黒曜石の出土量が、ウカレオのものより乏しいのだろうか。テオティワカンの崩壊が進行する前から、サンタ・クルス・アティサパンの住人は黒曜石の新たな供給源として積極的にウカレオと交易システムを確立させたと言える。これは、おそらく黒曜石の安定した供給を求める目的で、テオティワカンの経済領域とウカレオ原産地が位置するミチョアカン州方面の領域の両者から確保していた結果であろう。ここに中央のみに依存しない周辺地域の独自性が認められる。

そこで、地域レベルでもこの傾向に類似するのかを確認するために、次節では地域レベルでの分析をおこなう。

五節　トルーカ盆地社会の黒曜石獲得における独自戦略

表面採集によって獲得された黒曜石の分析方法

ここで分析をおこなう黒曜石は、杉浦によって実施されたトルーカ盆地全域を踏査し、表面採集調査から得られたものである（図46：Sugiura 2000a）。当然のことながら、表面採集からの遺物を分析する際には、解決すべき問題がいくつか存在する。初めの問題は、表面採集というコンテクストは層位に基づかないため、さらに、トルーカ盆地で見られる黒曜石製製品には時期によって特徴的な器種はないため、時期を決定することが困難であることである。

したがって本分析では、黒曜石の帰属時期は、黒曜石が採集された地域およびその周辺で同定された遺跡の時期と同じであると判断した。幸い先行研究（Sugiura: 2005a; González de la Vara: 1999）によって、各遺跡の時期幅は明らかにされている。これによると、トルーカ盆地内では、古典期から続古典期の間には、合計二七一の遺跡が確認されている。この遺跡の時期幅は、杉浦による表面採集調査から獲得された土器型式と胎土分析によって決定されている。

しかし、ここで別の問題が浮かび上がってくる。

本章二・三・四節では土器編年と建造物の時期関係に基づいて古典期後期と続古典期とに分類することが可能であった。しかし、この節で扱う遺物の時期は、すべて遺跡の帰属時期と同一となってしまう。遺跡の中には、形成期から続古典期と連続して定住していたもの、古典期後期と後古典期に属し続古典期には活動の痕跡が認められなかったものなどが存在する。したがって、これらの中から、古典期後期のみ、古典期後期から続古典期、そして続古典期のみに定住の痕跡が確認された遺跡だけを分析の対象とした。

さらに、トルーカ盆地で同定された大部分の遺跡では黒曜石の遺物の出土が少なく、一〇点未満の登録がしばしば存在する。これらの遺跡は分析対象外とした。それは、これらの遺跡の遺物を分析に加えることは、各遺跡の原産地別の全体比率を表さず、後で分析する各原産地の比率に影響を与えると考えたからである。

これらの制約を考慮した結果、分析対象の遺跡は、二七一遺跡中二九遺跡となった。分析の対象となった黒曜石は一三三二点、三六四三・五グラムである。

統計にあたっては、二九遺跡の内、トルーカ盆地の平野部にある一六の遺跡と、山岳地域にある一三の遺跡を別々に処理した。これは、山岳地域のすぐ北には、ラス・パロマスと呼ばれる黒曜石の原産地があり、この周辺の遺跡はその距離的近さから、ここから供給を受けていた可能性が高く、トルーカ盆地全域におけるウカレオ産とオトゥンバ産とパチューカ産の比率を考察したい本分析の結果に、影響を与えるのではないかと考えたことによる。

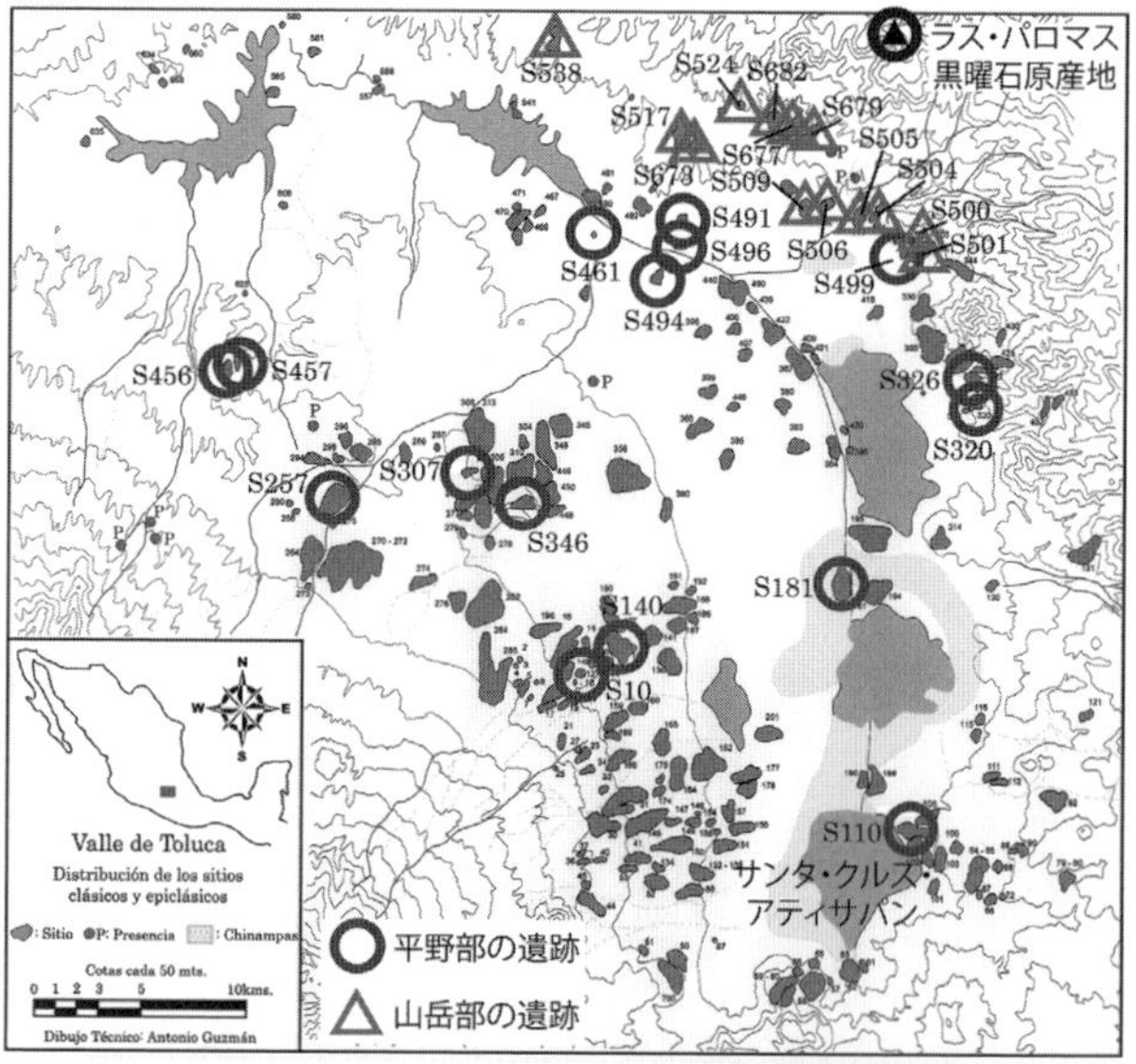

図46　トルーカ盆地の古典期後期と続古典期の遺跡の立地
(Sugiura 2005a, mapa 34 を修正・加筆)

トルーカ盆地の黒曜石における獲得傾向

1：ウカレオ産黒曜石の比率

トルーカ盆地の平野部におけるウカレオ産黒曜石の出土量は、増加傾向にある。しかし、平野部と山岳部では、大きな違いが認められる。平野部では古典期後期の二五・七パーセント（個数：グラフ6）から続古典期の五一・六パーセントにまで達する。重さ（グラフ7）も同様のパターンを示している。一方、山岳部の個数では、一八・三パーセント（古典期後期）、一四・〇パーセント、そして二三・一パーセントと平野部で見た傾向と異なる。重さに関しては、全体比率の中では少数である。この原因は、後に詳述するように、ラス・パロマス産黒曜石の比率が高いことに起因している。

サンタ・クルス・アティサパン遺跡から得られた傾向（グラフ1）と異なるが、続古典期では地域レベルでもウカレオ産黒曜石が広く流通していたことが理解できる。他の原産地の比率との比較から以下の点を指摘できる。古典期後期では、オトゥンバ産よりもウカレオ産の比率は高いが、パチューカ産の黒曜石が個数でも重さでも大きな割合を占める。この点は、サンタ・クルス・アティサパン遺跡では既にこの時期にウカレオ産が約六〇パーセントを占めていたことと大きく異なる。

なぜ、サンタ・クルス・アティサパンの傾向と大きな違いがあるのかは、今後のデータの蓄積を待たないといけないが、筆者は以下の仮説を立てている。地域レベルではウカレオ原産地との交易網の確立は未だ脆弱であったが、この遺跡はテオティワカンの支配下にあったといえども、トルーカ盆地南東部の拠点であったため社会的に成熟しており、古典期後期からウカレオ原産地の黒曜石を獲得する独自の戦略を実行し得たのかもしれない。

興味深い現象は、個数および重さ共に、このウカレオ産黒曜石の通時的な増加と呼応し、パチューカ産の減少が認められることである。これは、先に述べたように、パチューカを占有していたテオティワカンの交易システムの崩壊と関連する一つの証拠になると考えられる。しかしながら、崩壊後も一六・四パーセントの割合（個数と重さ）でトルーカ盆地に入ってきており、続古典期でもこの原産地での採掘活動があったことを裏付けている。

2：オトゥンバ産黒曜石の比率

オトゥンバ産の平野部における比率は個数および重さ共に大きな通時的変化はなく、どちらかと言えば、トルーカ盆地には安定した供給があったことを示している。ウカレオ産黒曜石の増大の反動として、パチューカ産は減少するが、オトゥンバ産はこの影響を劇的に受けているとは言えない。

一方、山岳部では、ウカレオ産と等しく、ラス・パロマス産の個数および重さの比率が大きいため、すべての時期を通して、この比率は平野部と比較して小さくなっている。テオティワカ

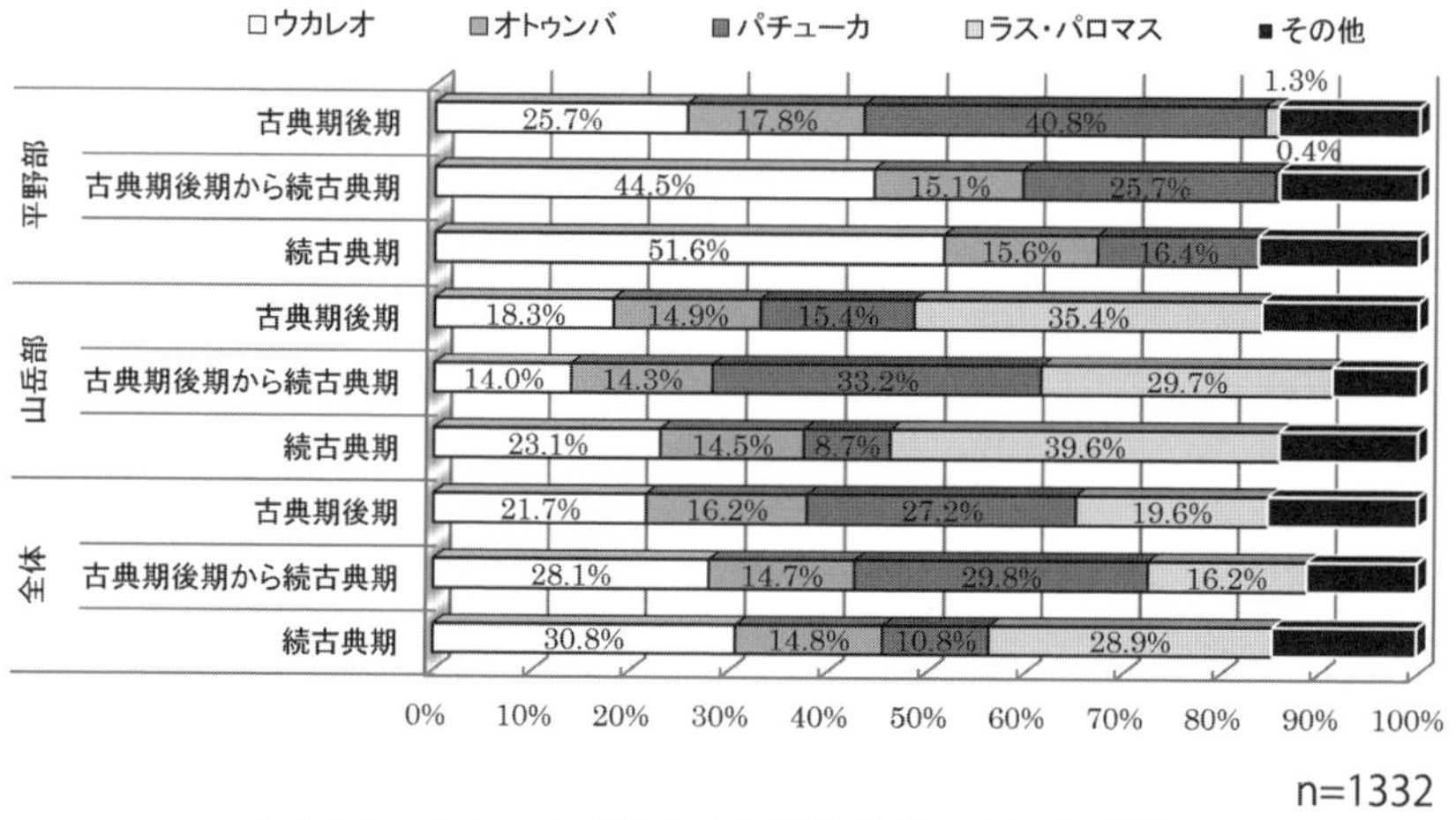

グラフ6　トルーカ盆地全体の原産地別出土比率（個数）

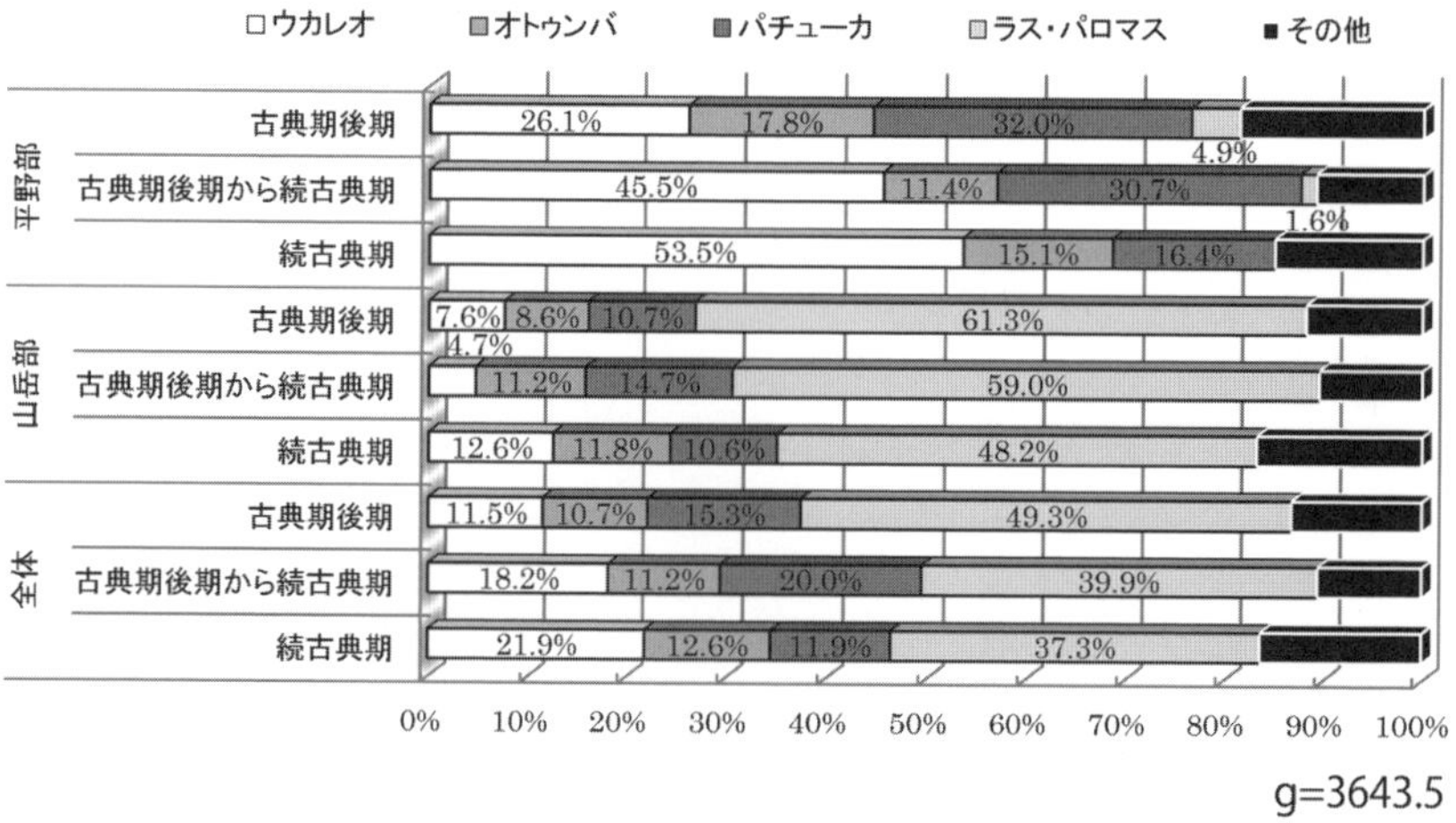

グラフ7　トルーカ盆地全体の原産地別出土比率（重さ）

ン国家はパチューカ原産地と同様にオトゥンバ原産地もコントロールしていたが、その崩壊後も、オトゥンバ産の出土比率にパチューカ産のような変動が認められないことは興味深い。

続古典期におけるトルーカ盆地でのオトゥンバ産黒曜石の小さくはない出土量比率や、続古典期のアスカポツァルコ遺跡では三〇パーセントの比率でオトゥンバ産黒曜石が出土していることを考慮すると（García et al. 1990）、オトゥンバからテオティワカン、アスカポツァルコを通り、トルーカ盆地に届く黒曜石の供給ルート（図42参照）は、テオティワカンが衰退したといえども確保されていたのかもしれない。さらにオトゥンバからのトルーカ盆地までの距離は、他のウカレオやパチューカと比較して近く、この地理的条件が安定した供給を支える一つの要因となっていたのかもしれない。

3：パチューカ産黒曜石の比率

平野部におけるパチューカ産の比率は、ウカレオ産の増加傾向と共に減少していく。一方、山岳部での傾向にはパターンは読み取れない。古典期後期の平野部では、パチューカ原産地の黒曜石が一番大きな供給源であったことが理解できる。これは、テオティワカンとトルーカ盆地の遺跡の多くが、テオティワカンの交易システムに包含されていた証左になるだろう。

テオティワカンの崩壊と共に、パチューカ産の黒曜石はトルーカ盆地で激減すると想定したが、予想以上に多くの出土量（個数と重さ：一六・四パーセント）が認められる。実際のところ、オトゥンバ産とパチューカ産の出現比率は、続古典期のトルーカ盆地内では低いが、両者をあわせると三〇パーセント以上に達する。このことは、続古典期のテオティワカンの住人およびその周辺部の住人が、未だこれらの原産地のアクセスを保持していたことを表すのかもしれない。

4：ラス・パロマス産黒曜石の比率

この原産地の出現地域や出土傾向は、他の原産地のものと比較して分かりやすい。つまり、この分布は時期に目立った変化はなく、平野部ではほとんど利用されず、大部分はトルーカ盆地北東部の山岳部に築かれた集落で使用されたことを表している。この山岳部地域にまとめられた遺跡は、この原産地から半径一〇キロメートル圏内に位置していることが大きく関係していると思われる。

古典期後期から続古典期の重さの比率の方が個数よりも高いのは、この黒曜石には含有物が多く含まれ、石刃の製作に向いていないことが挙げられる。つまり、この黒曜石は両面調整石器やスクレイパーなどの製品に偏って使用されたため、重さの比率は大きい値を示している。

トルーカ盆地全体の黒曜石における獲得戦略

テオティワカンによって供給されていた古典期後期のトルーカ盆地におけるパチューカ産黒曜石の比率は徐々に減少し、ウカレオ産が増大する傾向は、少なくとも、テオティワカン国家の経済的な弱体化を示すと考えられる。そして、この影響力の低下が、この盆地においてウカレオ産黒曜石の新しい流通システムの拡大を許すことになった。パチューカ原産黒曜石の減少が際立っているという事実は、テオティワカンがこの重要な原産地を支配できるほどの力を失いつつあったことを示すのかもしれない。一方、オトゥンバからの比較的安定した供給は、テオティワカンから見てパチューカよりもこの原産地の方が近く、続古典期の間も支配圏として確保できたことが理由になっているのかもしれない。

現在までのところ、古典期から続古典期にかけてのトルーカ盆地における、地域レベルの黒曜石のデータがなかったため、トルーカ盆地の社会がどのように黒曜石獲得システムを運用していたのか不明であった。さらに、テオティワカンによってオトゥンバとパチューカが支配されていたため、この国家の存立の間、メキシコ中央高原には両原産地の黒曜石を獲得・加工・流通させるシステムは安定していたと、研究者の間で暗黙の了解が成立していた。結果、テオティワカンから周辺地域を分析する観点が支配的であった（e.g. Charlton 1978, 1984; Santley 1983, 1984; Santley and Arnold 2004; Spence 1981, 1996）。

しかしながら、本章では周辺地域に焦点を当て考察をおこなったことにより、トルーカ盆地における黒曜石の獲得システムは中央のみに依存せず、他の供給圏とも交易関係を築いていたことが理解できた。周辺地域は静的でもなく、中央に従属するだけの存在ではない。

現在までの研究では、テオティワカンの交易システムとはどのようなものであったのかが主要なテーマであったがために、この国家の財源である周辺地域に独自のシステムが存在していたのかどうか、さらには、存在していたとして、これがテオティワカンの交易システムを補完する、ないしは競合するといった問題設定はなされてこなかった。テオティワカンは、メソアメリカの古典期社会に絶対的存在として君臨しているという無意識のバイアスが掛かっているのだと筆者は考える。

第六章　実践研究：搬入土器から見た交易システムの復元

一節　搬入土器の種類そして時期と器形に見られる傾向

搬入土器の種類

杉浦が率いる「サンタ・クルス・アティサパン遺跡発掘調査」の「マウンド20」地区と「マウンド13」の一部で実施された一次（一九九七年）・二次（二〇〇〇年）・三次調査（二〇〇一年）から、総数一六三七二点の搬入土器の土器片が回収された。本章ではこれらすべての搬入土器を肉眼分析の対象とした。サンタ・クルス・アティサパン遺跡の搬入土器は、胎土によって六種類に分類される。各種類の時期決定は、フィゲロア（Figueroa 2006）によって提示されている土器編年、そして層序および遺跡で発見されている建造物とその床面の層位関係に基づき決定した。特に建造物と床面の位置そしてそれらの相互関係から、サンタ・クルス・アティサパン遺跡を四つの時期（地表に近い層からレベルⅠ～Ⅳ）に分けることにする。レベルⅠとⅡは続古典期（アテンコ期）、レベルⅢは古典期後期から続古典期にかけての移行期（ティラパ・テハルパ期）、レベルⅣは古典期後期（アスカポツァルトンゴ期）に対応する。

分析対象のすべての土器片を、①胎土、②焼成具合、③混和材の有無、④器形、⑤表面調整（ミガキ、ヘラ、ナデ）、⑥スリップの有無、⑦装飾の有無、⑧炭化物や煤の有無の八項目を基準に分析した。器形の特定は、主に表面調整の特徴に基づいた。例えば、壺形土器では、胴部外面はヘラ調整、内部はナデ調整が一般的である。鉢形土器では、内面はミガキ調整、外面はヘラ調整で成形される傾向が高い。

1：雲母多量包含土器（Mica Abundante: MA）

総数三六八三点を分析した。この土器の特徴は、胎土に長さ一ミリメートル程度の雲母が大量に含まれることである。混和材として意図的に利用されたのかは不明である。器形の大部分（九九・六パーセント）は壺であり（グラフ8）、古典期後期（レベルⅣ）に集中して出土している（グラフ9）。この土器の生産地はまだ同定されていないが、類似した土器がショチカルコ遺跡から出土している。サイファースら（Cyphers and Hirth 2000: 123; Hirth 1998: 459）の報告によると、ショチカルコで出土するこの種の搬入土器は、プエブラ州、ゲレロ州、オアハカ州にまたがって位置するミステカ・バハ地域（Mixteca Baja）のニュイニェ文化圏（Ñuiñe）から来たものだと同定されている。サンタ・クルス・アティサパン遺跡で出土するこの土器も同文化圏から搬入されたものである可能性が高い。

2：厚手オレンジ色土器（Engobe Anaranjado Grueso: EAG）

総数七三四四点の内、大部分の器形は壺である。主に、壺形土器の外面全体および内面の口唇部から頸部にかけ、厚さ〇・五ミリメートル程度のオレンジ色のスリップが認められる。粘土の水簸が悪く、胎土には夾雑物の混入が多い。帰属時期は、すべてのレベルにおいて認められるが、大部分が続古典期に集中している。先行研究により、この土器の分布範囲が分かっている。北限はトルーカ盆地の南部、南限はメキシコ州とモレーロス州の州境にあたるトナティコやスンパワカン、東限はショチカルコ遺跡周辺での出土が報告されている（Hirth 1998; Hirth and Cyphers 1988: 80; Sugiura and Nieto 1987）。生産地は同定されていないが、この搬入土器の分布圏を考慮すると、比較的トルーカ盆地に近い場所で生産されていた可能性が高いと考えられる。

3：細粒石包含桃白色土器（Rosa Granular: RG）

九六九点を肉眼分析した。胎土には石英や長石と考えられる細粒が見られ、焼成温度は他の搬入土器と比較し高温であ

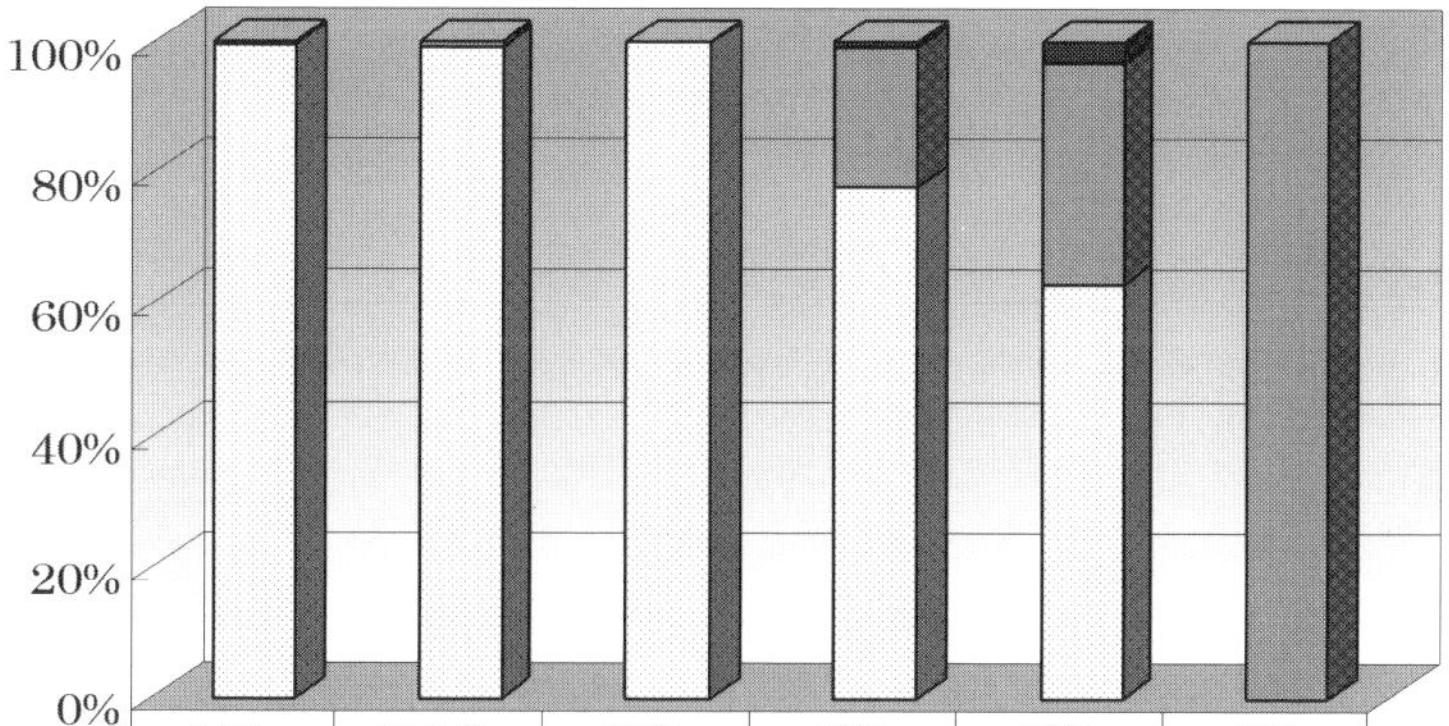

	MA	EAG	RG	BF	ER	AD
□ その他	0.1%	0%	0%	0.3%	0%	0%
■ 鍋	0.4%	0.2%	0%	0.6%	3.6%	0%
■ 鉢	0%	0.7%	0.1%	21.2%	33.2%	100%
□ 壺	99.6%	99.1%	99.9%	78.0%	63.2%	0%

グラフ８　各搬入土器における器形別出土量

（「その他」には、皿形、花瓶形土器が含まれる。
四捨五入のため合計が 100.0% にならない場合もある）

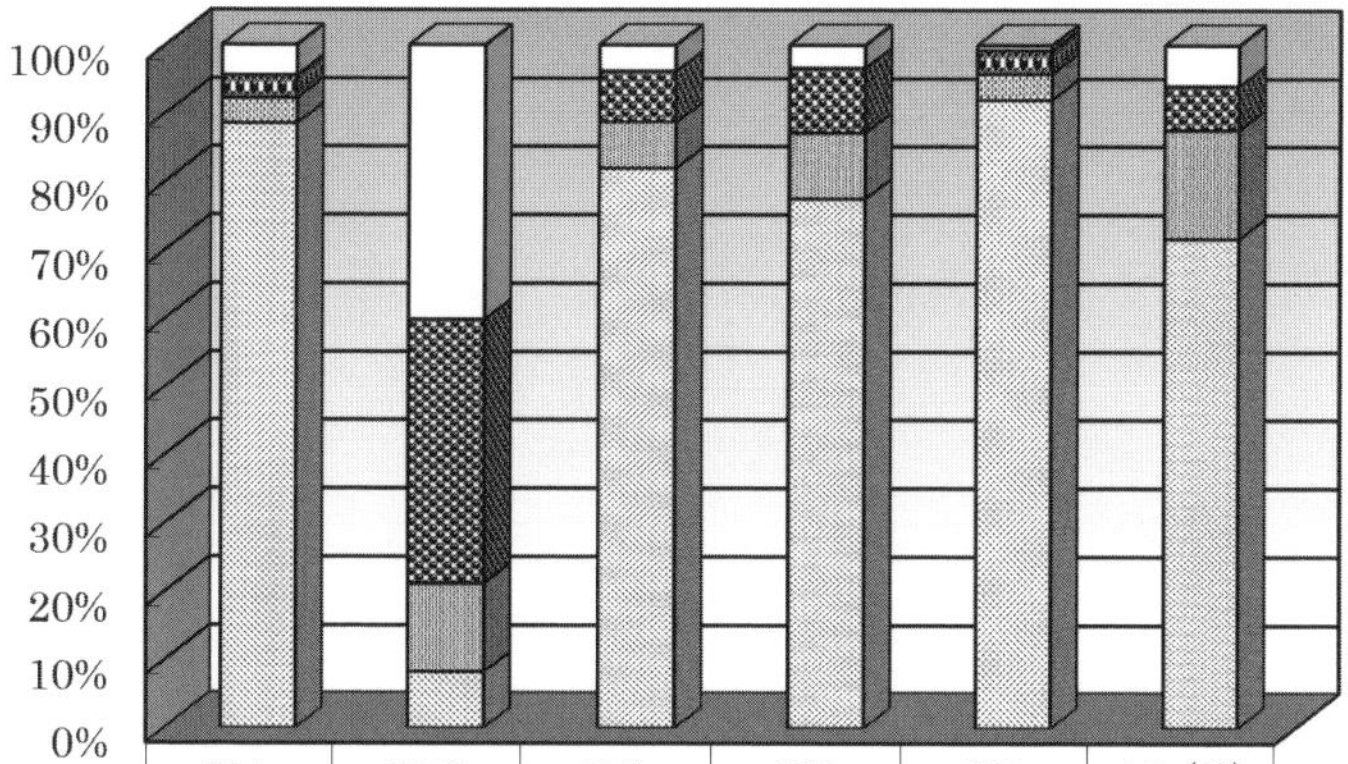

	MA	EAG	RG	BF	ER	AD (鉢)
□ I: 続古典期	4.4%	40.2%	3.8%	3.3%	0.7%	5.9%
■ II: 続古典期	3.4%	38.6%	7.5%	9.6%	3.4%	6.5%
■ III: 移行期	3.7%	13.0%	6.8%	9.6%	3.8%	15.9%
■ IV: 古典期後期	88.5%	8.2%	81.9%	77.5%	92.0%	71.7%

グラフ９　壺形土器の帰属時期

（AD 以外の土器様式では壺形土器が主流であるが、AD は鉢形土器が主流を占めるため、
これに関しては例外的に鉢形土器を比較資料として使用する。
パーセンテージは各種の土器ごとに計算されている。
四捨五入のため合計が 100.0% にならない場合もある）

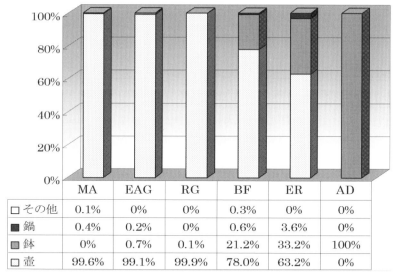

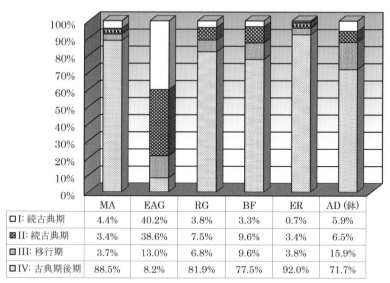

る。器形の大部分は、把手付長頸壺である。サンタ・クルス・アティサパン遺跡では、この土器は古典期後期（レベルⅣ）に集中している。ゲレロ州に位置するショチパラ遺跡では、この土器が形成期中期から続古典期まで連続して出土していると報告があり（Reyna 2003: 152-156; Schmidt 1990: 123-133）、さらにショチカルコ周辺でも長期にわたり出土している（Hirth and Cyphers 1988: 42-45）。同時期に出土量が偏る雲母多量包含土器がテオティワカンから出土していないのに対し、細粒石包含桃白色土器の出土はテオティワカンからも報告されている（Rattray 2001: 340-354）。ラトレイ（Rattray 2001: 340）は、この土器の出土は、テオティワカンへの貢納品を収める器として利用されたか、商業活動の結果による可能性を示唆している。同時に、モレーロス州東部の拠点として建設された、テオティワカンの衛星都市であるラス・ピラス遺跡からの出土も報告されている（Rattray 2001: 340）。生産地として、ショチパラ遺跡の近くに位置するモレーロス州とゲレロ州の州域が指摘されている（Rattray 2001: 344-345）。

4：搬入粗製土器（Burda Foránea: BF）

三〇九八点を分析した。上記の種類と同様に、出土土器の大部分は壺形である。また、時期も古典期後期（レベルⅣ）に偏っている。胎土に夾雑物が目立つ。外面に黄褐色のスリップが施されているが、均質ではなく部分的に塗られている。現在のところ、この土器の生産地や分布に関する報告はない。

5：赤色土器（Engobe Rojo: ER）

分析対象である九三八点の内、六三・二パーセントが壺形土器であり、その内の大部分が古典期後期（レベルⅣ）に属する。壺形土器の外面に赤色から暗赤色のスリップが施されている。鉢形土器にも同様のスリップが認められるが、外面よりも内面全体が丁寧に塗られている。搬入粗製土器と同様に、この土器の生産地についての情報はない。

6：薄手オレンジ色土器（Anaranjado Delgado: AD）

総計三四〇点を分析した。器形はすべて鉢形である。薄手オレンジ色土器の一大生産拠点は、プエブラ州南部のテペヒ・デ・ロドリゲス地域にある（Rattray 1990）。テオティワカンのみならずメソアメリカ各地域で出土するこの土器の存在は、テオティワカンと政治的・経済的な関係があった証拠を指摘する重要な遺物として認識されている（Rattray 2001: 310）。

特にマヤ地域では、埋葬施設から副葬品として出土する事例が多く、この地域のエリートとテオティワカンの関係を構築するために用いられていたと考えられる（Ball 1983）。しかしながら、テオティワカンがこの生産地を直接支配していたのかは不明である。これに関して、ラトレイ（Rattray 1998）は、テオティワカンがこの地を支配したのではなく、テオティワカンとこの地を結ぶ交易ルートをコントロールしていたと考えている。テオティワカンにおいても、この土器は搬入土器として分類されるが、器面に描かれる紋様やデザインは、テオティワカンに特有のものであり、テペヒ・デ・ロドリゲス地域の陶工たちは、テオティワカンのエリートからのオーダーを直接受け生産していたと考えられる（Rattray 2001: 310）。

器形の偏りから理解できる事実

各搬入土器の主要器形から興味深いことが理解できる（グラフ8）。薄手オレンジ色土器を除き、他のすべての種類の主要器形が壺形である。では、在地土器ではどの器形がより一般的であったのだろうか。一次調査から回収されたすべての在地土器の土器片（八一九二六点）の内一二七八一点が古典期後期（レベルⅣ）に属する。この中で五九三八（四六・五パーセント）が壺形土器の破片である。また、続古典期（レベルⅠとⅡ）でもこの傾向は変わらず、五一・二パーセント（三〇五一六／五九六二三点）と半数以上の割合を示している。在地土器の壺形土器の出土量比率と比較し、搬入土器の割合が圧倒的に高いことは、この土器がどのように利用されていたのかを知る上で重要な手掛かりになると考えられる。

一方、搬入土器の各種類の帰属時期の分析からも興味深いことが理解できる（グラフ9）。厚手オレンジ色土器を除き、他のすべての種類の土器が古典期後期（レベルⅣ）に際立って出土している。つまり、テオティワカンの崩壊前に、サンタ・クルス・アティサパン遺跡で多数の種類の搬入土器が確認され、崩壊後それらは激減し、厚手オレンジ色土器の出土量が増える点である。

これら二つのパターンが何を意味するのかを考察することは、テオティワカンの崩壊前後の交易システムを理解する上で重要であると考える。これに関して、後に空間分析の結果と共に解釈する。

二節　空間分析から理解できる事実

空間分析をおこなうにあたり

一節で見たように、薄手オレンジ色土器を除き、搬入土器の中で壺形の器形が最も多いことが理解できた。したがって、ここでは壺形土器がどのように出土しているのか、調査地区内での空間分布を分析する。薄手オレンジ色土器の出土量は、他の搬入土器と比較して乏しいため、分析対象外とした。また、各種類の壺形土器の帰属時期ならびに出土量を考慮し、二つの時期を比較する。厚手オレンジ色土器を除くすべての搬入土器は古典期後期（レベルⅣ）に集中して出土しており、一方、厚手オレンジ色土器は、続古典期（レベルⅠ）の時期に最も出土しているため、これら二つの時期のものを分析対象とした。

空間分析に使われる土器片は、出土地点および出土状況が正しく把握されているもののみを対象とした。結果、雲母多量包含土器は三〇二九点、厚手オレンジ色土器は二七八五点、細粒石包含桃白色土器は七四一点、搬入粗製土器は一八一一点、赤色土器は四五一点を分析サンプルとした。

搬入土器の利用価値と分布パターン

搬入土器の生産地とそれらの土器が出土する遺跡の関係を考察する際、「搬入土器」として一括で分析するのではなく、異なる土器には違った利用価値があった可能性を検証する必要がある。なぜなら、その土器の利用価値の違いは、生産地と搬入側の政治的・経済的関係の違いと深く関係していると考えられるからである。つまり、搬入土器の利用価値を種類ごとに検証することで、生産地と搬入側の関係を復元するのに役立つのである。

搬入土器の利用価値は、土器自体の分析から復元できるが、それと共に、土器がどのように利用され廃棄されたのか、そのコンテクストからも推測可能である。ここでは、土器の利用価値によって、出土状況ならびに出土分布パターンが異なるという前提の基、以下に述べる四つの利用価値とその分布パターンを想定する。

まず、土器自体に社会的価値のあるものが挙げられる。これには二つの側面（次の①と②）が考えられる。

①良質の粘土を使用し、成形技法は精巧であり、外面への装飾性が高い場合である。この場合、搬入土器自体が単に経済的な交換の対象となるのみならず、芸術的あるいは宗教的な価値が与えられ威信財として利用される場合が多い。テオティワカンで出土する土器を例に挙げれば、薄手オレンジ色土器に相当する。この種の土器は埋葬施設など特定の場所から出土するケースが多いため、偏った分布を示すことが予想される。

②もう一つは、土器自体に価値があるものの、紋様や化粧漆喰または多彩色による器面への装飾性が乏しい場合である。このような土器は、威信財として利用されるよりも、土器自体が一つの財として交換の対象（物々交換や「市場交換」を含む）になることが考えられる。この場合、①の分布パターンよりもより多様な傾向を示すと考えられる。

さらに、土器自体の社会的価値が重要でない場合を考慮しないといけない。

③搬入土器が、その地域の特産物、例えば塩、蜜、プルケなどを輸送する容器として利用される場合である。この種類の搬入土器は、土器の内容物が日常生活品として利用されたのであれば住居址など、一方、祭祀儀礼に利用されたのであればこれに関連する施設からの出土量が目立つと考えられる。

④最後に、土器自身が①～③の特別な利用価値を失い、在地土器の機能と同様に、日常生活で再利用される場合である。この場合、出土傾向は在地土器のそれと変わらず、住居址およびその周辺から、または、遺跡内のゴミ捨て場や包含層などに偏ると思われる。

第五章で指摘したように、「マウンド20」は一般住居群であったのみならず、その中心部に公共用の建造物を備えていたことで（Covarrubias 2003）、他のマウンドと規模および性格が異なる。時期の異なる六基の公共建造物が確認されている（第五章図43参照）。上記の利用価値の相違から、もし五種類の搬入土器の用途が多様であったのなら、この公共建造物やその周辺と、その他の一般住居群周辺の搬入土器における空間分布に何らかの違いが認められるだろう。しかしながら、在地土器と同様の機能として再利用されたケースであるのなら、分布は④で述べたパターンを示すと考えられる。

サンタ・クルス・アティサパン遺跡で出土している搬入土器の空間分析をおこなうことは、先に示したように、単に利用価値の復元のみならず、生産地との政治的または経済的関係を解明する上で重要である。最終的に、ここから得られるデータと共に、トルーカ盆地と生産地との交易関係を考察する。

空間分析の結果

図47は古典期後期（レベルⅣ）における雲母多量包含土器、細粒石包含桃白色土器、搬入粗製土器、赤色土器の出土量を平面的に表したものである。以下では土器の種類ごとに出土傾向を見ていく。

1：雲母多量包含土器（図47左上）

いくつかの土器片集中部が確認されているが、建造物6および7（公共建造物）周辺からの出土量は多くない。公共建造物の北側に位置する住居址群周辺での出土量が目立っている。特に、図中の「C（= Concentration: 土器片集中部）1」と「C2」において出土量が高いことが理解できる。「C1」は、「建造物3床6」（一般住居址）の建物内外部に位置して

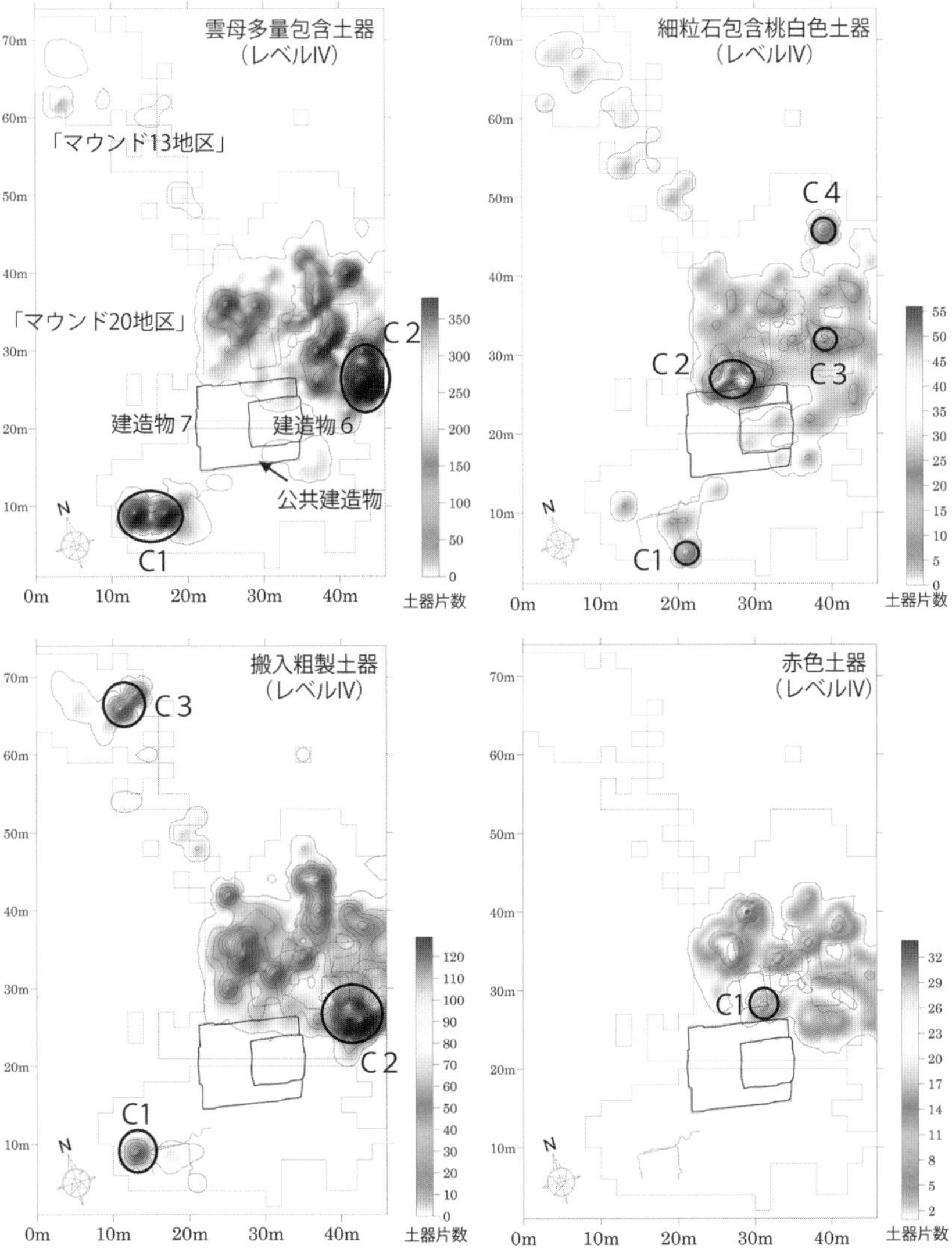

図 47　古典期後期（レベルⅣ）における搬入土器の出土量分布図
（左上：雲母多量包含土器、右上：細粒石包含桃白色土器、
左下：搬入粗製土器、右下：赤色土器）

いる。一方、「C2」では、ゴミ捨て場と同定された遺構が発見され、ここからは搬入土器だけではなく、在地土器の破片も大量に出土している（Sugiura 2002: 58）。

2：細粒石包含桃白色土器（図47右上）

雲母多量包含土器と同様に、公共建造物の北側からの出土が目立つ。「C1」は「建造物3床6」の建造物の外側に位置している。「C2」では、かなり集中してこの種類の土器片が出土している。しかしながら、この集中部と何らかの関連を示す遺構や特別な遺物の報告はない。「C3」は住居址の外側に位置している。「C4」は、この「マウンド20」地区の住居址群の境界外に位置している。

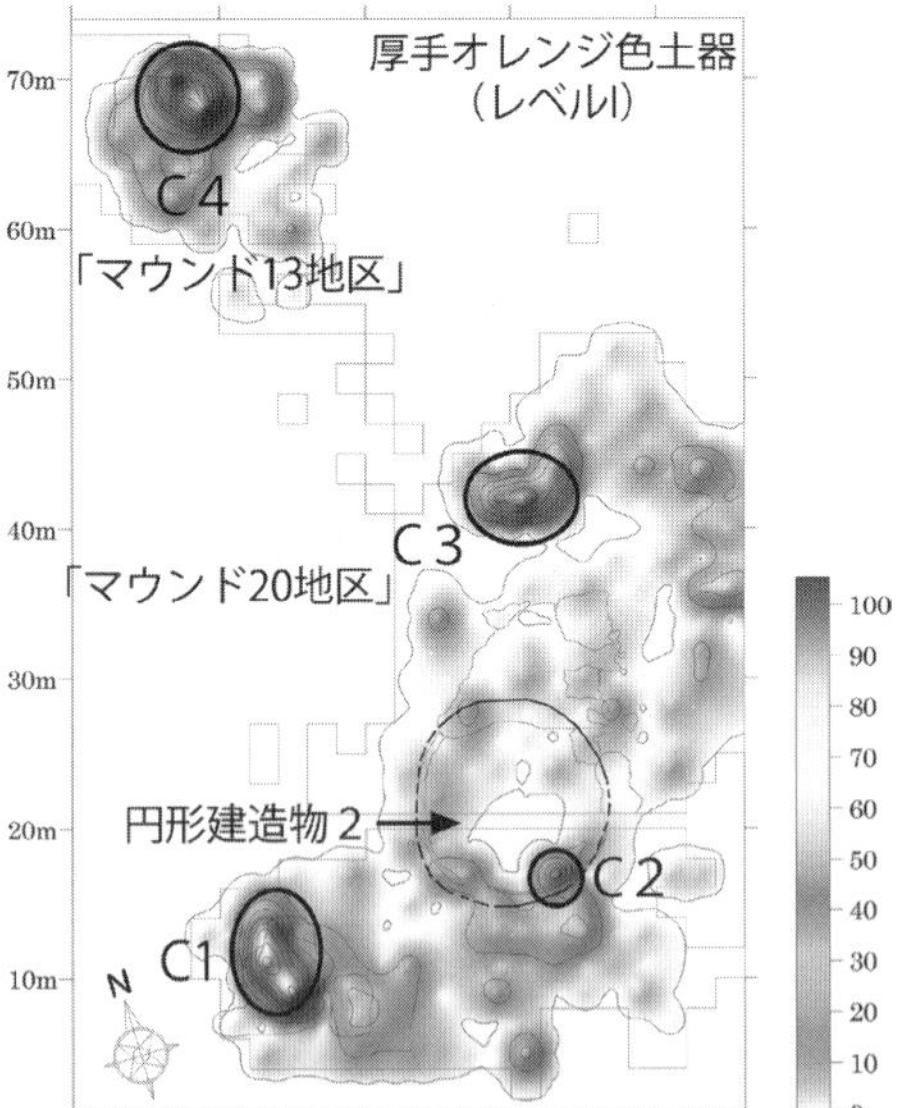

図48　続古典期（レベルⅠ）における
厚手オレンジ色土器の出土量分布図

3：搬入粗製土器（図47左下）

雲母多量包含土器と比較的類似した出土傾向を示している。「C1」および「C2」の集中部をはじめ、公共建造物の北側に土器片が集中していることが理解できる。一方、「マウンド13」地区での集中部（「C3」）の存在が、雲母多量包含土器と異なるパターンを示している。

4：赤色土器（図47右下）

公共建造物の北側のみで出土している。その大部分は住居址の外側から発見されている。公共建造物内部での出土がほぼ皆無であることが特徴的である。

5：厚手オレンジ色土器（図48）：続古典期（レベルⅠ）

サンタ・クルス・アティサパン遺跡が続古典期に絶頂期を迎えることを反映して、土器の散布状況も、「マウンド20」地区全体に広がっていることが理解できる。特に「マウンド13」地区では、この土器の分布から（「C4」）、続古典期に人々の生活がより活発におこなわれていたことが分かる。土器片の集中具合は、「円形建造物2」周辺よりも、住居址が存在していた場所、あるいは、なかった地域に集中している（「C1」と「C3」）。「C2」は公共建造物に密接しているが、この場所から在地土器が大量に出土した土器溜まりが発見されている（Covarrubias 2003: 69）。

各種類の搬入土器の傾向には、幾つかの土器片集中部があることが理解できた。しかしながら、これらは副葬品として埋葬施設内部からではなく、ゴミ捨て場や包含層から出土している。同時に、大部分が住居址周辺やその床面、または「マウンド20」地区の住居群外に分布している。ここから一つの可能性として、サンタ・クルス・アティサパン遺跡で出土している搬入土器は、薄手オレンジ色土器のように政治的・宗教的シンボルを表す用途では利用されなかったと指摘することができるだろう。

一方、搬入土器の出土量分布と比較し、在地土器に何らかの相違が

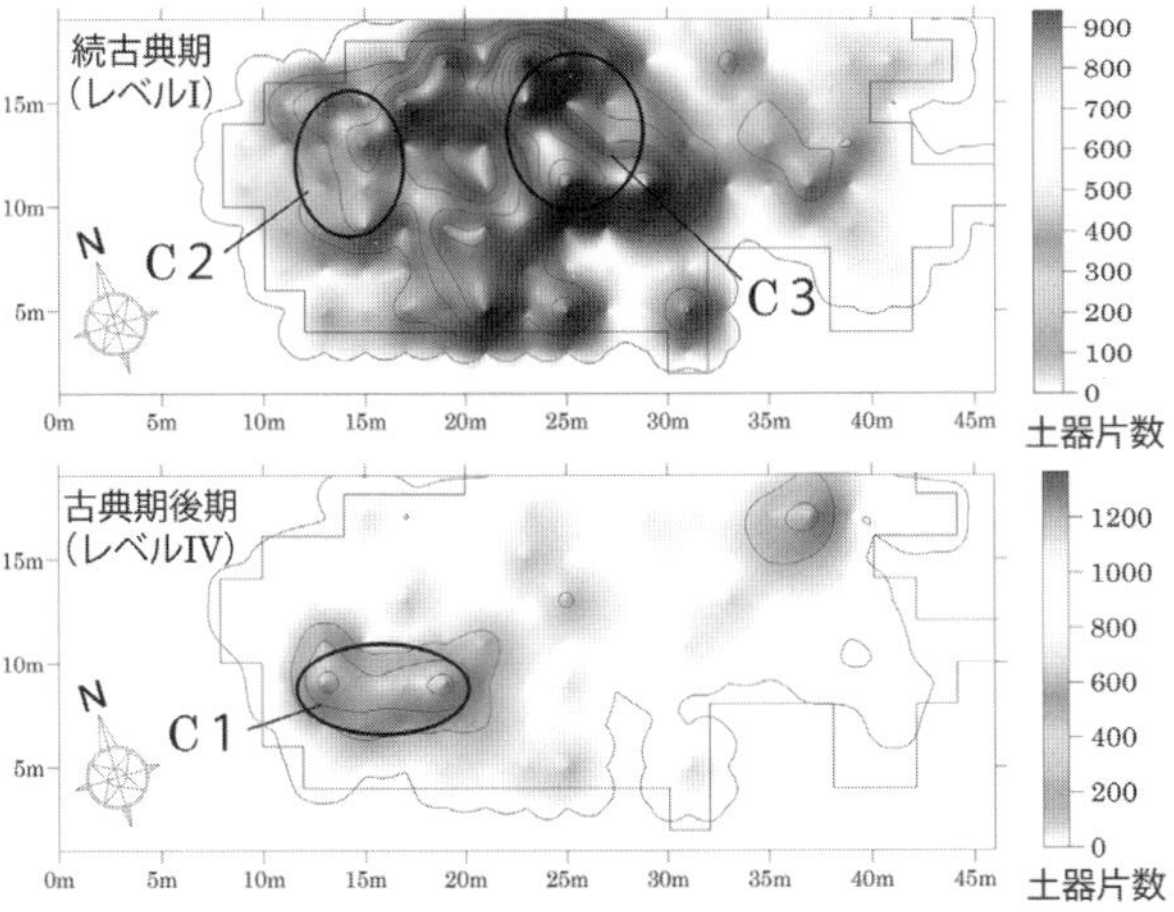

図49　在地の壺形土器における土器の出土量分布図
（上：続古典期〈レベルⅠ〉、下：古典期後期〈レベルⅣ〉）

見られるのだろうか。図49は、「サンタ・クルス・アティサパン遺跡発掘調査」の一次調査で発掘された調査区であり、「マウンド20」地区の南に位置する。先に見た図47の雲母多量包含土器、細粒石包含桃白色土器、搬入粗製土器の「C1」と図49の「C1」の土器片集中部とはほぼ一致している。図48の厚手オレンジ色土器と図49の上図（レベルI）に、若干の相違が認められるものの（図49の「C3」）、比較的よく似た分布傾向を示していると思われる。在地土器の両時期とも、公共建造物の位置する地区からの出土は乏しい。

ここで搬入土器の用途をさらに限定するため装飾性を考慮する必要がある。雲母多量包含土器を除き、他の種類のものはすべてスリップが施されている。しかしながら、それは丁寧には塗られておらず、装飾性を考慮して施されたとは考えられない。また、細粒石包含桃白色土器を除き、他の種類の土器片の大部分において、器面内外面には、煮炊き用に利用された痕跡を示す炭化物や煤が確認されている。この痕跡は、在地土器の壺形土器にも確認されている。細粒石包含桃白色土器に関して、ラトレイ（Rattray 2001: 340）は、何らかの消耗品を保管する器として利用された後、この土器の保水性の高さから、水を蓄える容器として再利用されたと指摘している。

以上の考察から、サンタ・クルス・アティサパン遺跡における搬入土器（図50）は、もともと二節「搬入土器の利用価値と分布パターン」で述べた②か③の利用価値が与えられていたが、④で述べたように、最終的に在地土器と同様に利用

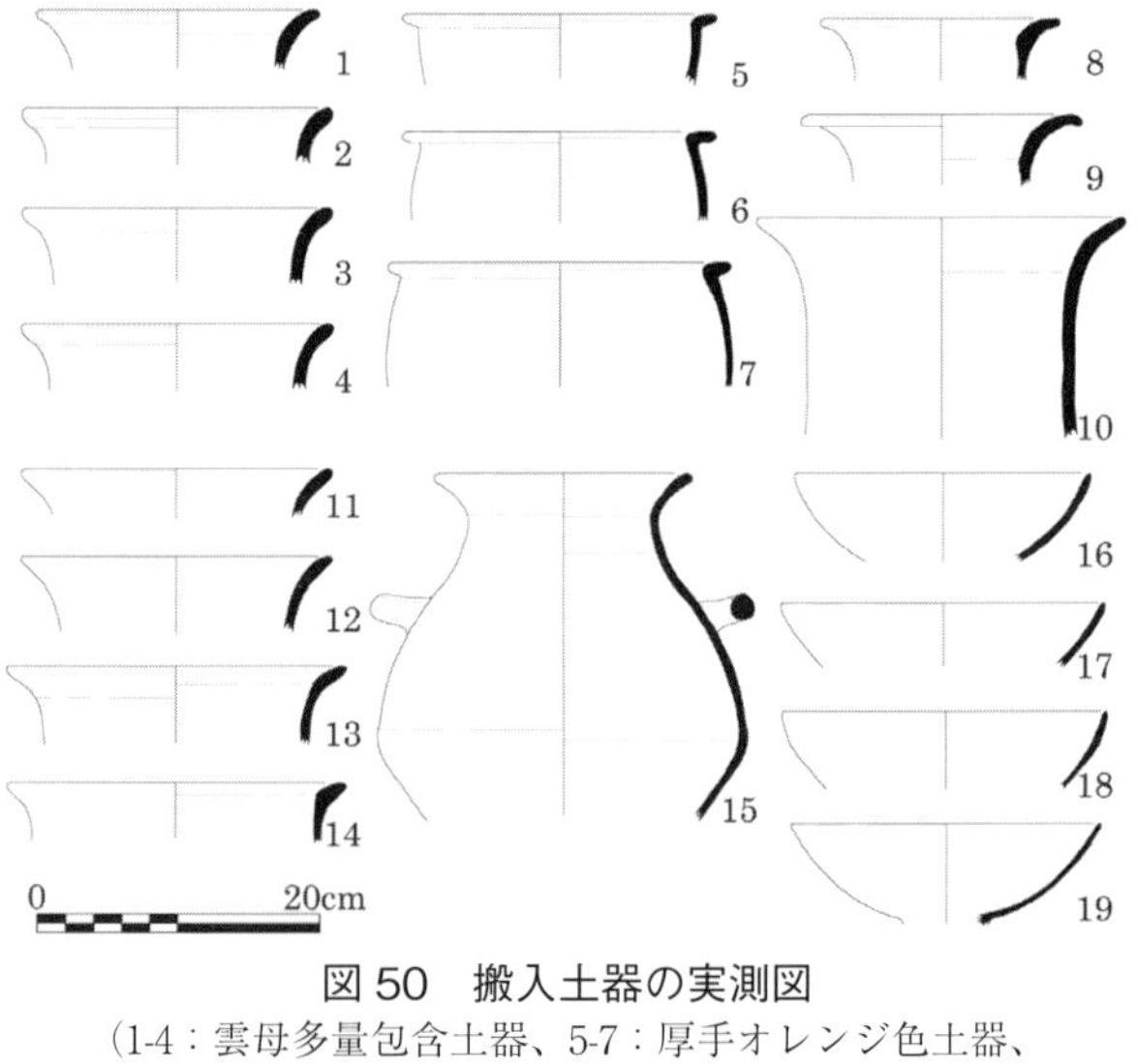

図50　搬入土器の実測図

（1-4：雲母多量包含土器、5-7：厚手オレンジ色土器、8-10：細粒石包含桃白色土器、11-14：搬入粗製土器、15-17：赤色土器、18-19：薄手オレンジ色土器）

され投棄されたものであったと考えられる。さらに、搬入土器が生産された地域やそれをコントロールしていた組織とこの遺跡との関係は、朝貢や「再分配」制度に基づく政治的なものではなく、より経済的なものであったと指摘できるだろう。

三節　搬入土器から見える「下位交易システム」の実体

従属していたトルーカ盆地社会？

トルーカ盆地とテオティワカンとの関係が密接であったとの解釈は、サンタ・クルス・アティサパン遺跡から出土している搬入土器の関係からも指摘することができる。まず、細粒石包含桃白色土器を介した交易ルートの確立である。この土器の生産地は、ゲレロ州とモレーロス州の州境にあり、トルーカ盆地を経由してテオティワカンにも搬入されたと考えられる。

さらに、サンタ・クルス・アティサパン遺跡における薄手オレンジ色土器の出土量から以下のことが示唆できる。先に述べたように、薄手オレンジ色土器の出土は、テオティワカンと政治的・経済的な関係があったことを示す重要な遺物である。しかしながら、サンタ・クルス・アティサパン遺跡での出土量は、他の搬入土器と比較して乏しい。これは、テオティワカンとサンタ・クルス・アティサパンの関係が弱かったことを意味するのではない。むしろ、古典期の間、テオティワカンとトルーカ盆地の関係は、テオティワカンとモンテ・アルバンまたはマヤ地域の都市国家など独立した国家間同士の関係と異なっていたことを表している。

マヤ地域では、この土器の大部分が埋葬施設の副葬品として出土していると述べたが、サンタ・クルス・アティサパン遺跡では、総数三四〇点の内一二点が埋葬施設から出土している。上記の出土量の乏しさおよび大部分が包含層から出土していることを考慮すると、以下のように考えられる。この盆地はテオティワカンによって支配されていたため、周辺であるトルーカ盆地から見ても、中心であるテオティワカンから見ても、薄手オレンジ色土器を用いて、在地エリート自身の権威を高める、または逆に、テオティワカンの支配者層が彼らとの関係を強化する必要性が乏しかったのではないかと考える。

トルーカ盆地は、テオティワカンの穀倉地帯として彼らに食料を供給し、その上、細粒石包含桃白色土器を代表例として、テオティワカンへと必需品または奢侈品を循環させる交易ルートとしての役割も負わされていた。さらに、この盆地は支配下にあったため、テオティワカンのシンボルを表す薄手オレンジ色土器の出土は僅かであった。確かに、これらのデータにのみに基づけば、トルーカ盆地はテオティワカンの一方的な支配を受けていたとの解釈が成り立つだろう。しかし、トルーカ盆地の社会は単にテオティワカンに従属するだけの静的な存在であったのだろうか。

サンタ・クルス・アティサパン遺跡における他の搬入土器の流通を考慮する際、これまでとは異なったパノラマが見えてくる。

独自戦略：「下位交易システム」の存在

テオティワカンがまだ覇権を保持していた時期、サンタ・クルス・アティサパン遺跡には、テオティワカンで出土していない搬入土器、つまり、雲母多量包含土器と搬入粗製土器そして赤色土器が流通していた。後二者の生産地が理解されていないため、トルーカ盆地がどの地域と交易関係を持っていたのか分からない。しかしながら、雲母多量包含土器がミステカ・バハ地域周辺から来ていたのであれば、プエブラ州南域またはゲレロ東域からモレーロス州を通ってトルーカ盆地に流通していたと考えられる。さらに、後二者の搬入土器がテオティワカンで出土していないことを考慮すると、テオティワカンを経由しない交易ルートが確立していたと言える。

つまり、テオティワカンに依存しない独自の交易ルートが存在していたと考えられるのである。そして、それはテオティワカンに従属する「上位交易システム」と、トルーカ盆地独自の経済戦略を示す近郊地域との「下位交易システム」が同時に存在していたことを示唆している。

しかし、テオティワカンの崩壊後、これらの搬入土器がサンタ・クルス・アティサパン遺跡で出土しなくなることを重要視すると、このような「下位交易システム」は必ずしも強固ではなかったと言えるだろう。むしろ、この「下位交易システム」は、メキシコ中央高原でテオティワカンの覇権に依存しており、この庇護の下、機能・安定していたと考えられる。ミステカ・バハ地域とテオティワカンは、雲母多量包含土器を介しての交易関係はなかったが、文化交流はあったと報告されている（Winter 2006: 115, 2007: 83-106）。この事実と、テオティワカンの崩壊後、雲母多量包含土器や先述した搬入土器の流通が途絶える点を考慮すると、古典期後期におけるテオティワカンの社会的重要性を垣間見ることができる。

他方、トルーカ盆地の社会はテオティワカンに依存してはいたが、この国家の崩壊後も継続した発展を遂げる。厚手オレンジ色土器圏が即座に形成されたことから判断して、この地域社会は大国の衰退に柔軟に対応し、地域レベルでの交易圏を確立させていったと考えられる。換言すると、テオティワカンの支配下にありながらも、トルーカ盆地には独自の経済戦略が存在し、中央のみに依存しない周辺と周辺の関係が、崩壊後も継続した社会的安定を維持し得たのだと推測できる。

第七章　なぜテオティワカンは衰退したのか

一節　国家主導型交易システムの功罪

テオティワカンの衰退要因を考察するまでの流れ

テオティワカンの崩壊に関して、第三章で確認したように、先行研究では内的要因説と外的要因説が主張されている。そして、これらの問題点を明らかにした。ただし、決して一つの要因が崩壊へと導いたのではなく、複合的な要因の結果であったことは研究者の間で一致している。しかし、テオティワカンの国家としての衰退のプロセスは、この社会の内部と外部に問題があったにせよ具体的には解明されていない。

これを理解するために、筆者は交易システムの役割に注目した。それは、テオティワカン国家の経済的基盤の安定・発展とメソアメリカ各地域における政治的影響力の強化は、国家主導型の交易システムの成功にあったとの先行研究の主張に、疑問を感じたからである。第一章五節では、現代メキシコにとってテオティワカンの政治的・経済的な恩恵が大きいため、その影響力は古代国家を対象とする学術研究の場にも及んでいることを明らかにした。そしてこれは、テオティワカンという古代国家を考察する際、無意識のバイアスとして研究者に悪影響を与える可能性を指摘した。確かに先行研究による国家主導型の交易システムに関する貢献は無視できない。しかし、バイアスの作用により、考察がこの観点からのみに狭められてしまっている。つまり、国家主導型の交易システムの存在は、テオティワカン国家の一側面を照らしているに過ぎず、他にも存在すべき重要な側面には光があたっていないのだ。

これに関する推論は以下の通りである。

国家主導型の交易システムは、テオティワカンという国家を富ませる目的の下、確立した。もしこの、周辺から中央へと一方的に富が流れる従属論的システムのみが存在していたのなら、周辺の社会は疲弊してしまうだろう。一つの考えとして、先行研究の外的要因説が再浮上する。この疲弊が中央への反乱へと発展し、テオティワカンは崩壊に向かったと言えるかもしれない。しかし、現在提示されている考古学データからは、この仮説は成立しない。一方、テオティワカンの支配圏内であったトルーカ盆地の社会はこの崩壊後も持続して社会は発展していく。ここに、従属論的システムのみではなく、これ以外の別のシステムが存在していたのではないかとの考えに至る。

この推論を理論的に考察した第四章において、「上位交易システム」の他に、これを介さず様々な物資を流通させる、周辺地域社会が主体となる「下位交易システム」が存在することから、「多層的交易システム」という枠組みを提示した。テオティワカンの衰退要因を立証するために、この理論的枠組みを実践研究に基づき検討する必要があった。そのため、第五章と第六章において、トルーカ盆地をケース・スタディーとして考察をおこなった。

トルーカ盆地の社会はテオティワカンと共生関係にあり、この国家と共に発展していった。それは、盆地内を南北に走るレルマ川が湖を生み出し、肥沃な沖積平野が広がる農耕地帯であったからである。これに加え、トルーカ盆地はゲレロ州、ミチョアカン州、モレーロス州とメキシコ盆地を結び、テオティワカンにとって様々な物資を輸出入するために欠かせない戦略上の要所でもあった。このようにテオティワカンとの関係が密接であればあるほど、テオティワカンの「上位交易システム」の影響がこの盆地で濃厚に認められるのではないかと推測し、この地域で出土した黒曜石（第五章）と搬入土器（第六章）を通時的に分析した。

その結果、この地域の黒曜石獲得システムは単純ではなかった。確かに、テオティワカンの発展過程期において、トルーカ盆地の黒曜石獲得はこの国家の「上位交易システム」に大きく依存していた。しかし、テオティワカンの発展・衰退と共にこれは変化していく。トルーカ盆地の西域に位置するミチョアカン州のウカレオ産黒曜石が、この盆地で多く出土し始めるからである。「下位交易システム」が徐々に発展していく様子を理解することができた。一方、地方都市であったサンタ・クルス・アティサパンは、テオティワカンの影響を強く受けながらも、国家の発展段階から、この「下位交易システム」の確立を牽引する大きな役割を果たしたと考えられる。

搬入土器の分析から、これらの土器の価値は土器自体にはなく、内容物にあったことを指摘し、利用目的が威信財などではなく、より実用的であったことを指摘した。そして、テオティワカンで出土しない搬入土器に注目し、黒曜石の分析から実証した「多層的交易システム」について補強するデータを提供した。一方、テオティワカンの衰退後、この「下位交易システム」は解体され、新たな地域レベルの交易圏が形成されることについて述べた。

このことから、「上位交易システム」はテオティワカンにとってのみ利益を発生させるものではなく、周辺地域社会で構成する「下位交易システム」も間接的な恩恵に与かっていたことが理解できた。テオティワカンの覇権により、メキシコ中央高原は安定した社会が形成されており、これが各周辺社会の繋がりを促進させ、様々な「下位交易システム」の発展を促したと考えられる。

黒曜石と搬入土器の分析から、テオティワカンの覇権下において形成された数々の「下位交易システム」は、すべてが続古典期においても機能したのではない。ウカレオ産黒曜石の「下位交易システム」は消滅しなかったが、古典期後期に確立されていた搬入土器の「下位交易システム」は、弱体化してしまう。一方、古典期後期に僅かにしか流通していなかった厚手オレンジ色土器の「下位交易システム」は、テオティワカンの衰退により拡大する。

トルーカ盆地の社会にとっては、「上位交易システム」の解体は恩恵と損失の両方を受けていたことになる。古典期後期の搬入土器の「下位交易システム」の弱体化は、物資の流通を滞らせることになる。これを補うために厚手オレンジ色土器の「下位交易システム」が発展したと理解できるが、「上位交易システム」が続古典期にも機能していれば、損失は受けなかったはずだ。

ここまでの解釈から重要な知見が得られる。

この各交易システムの盛衰には、テオティワカン以外の外部勢力による積極的な政治干渉はなかったということである。外的要因説は「地方都市がテオティワカンの交易ルートを遮断し、そこから得られる利益を蓄積していったことによって、経済バランスに変化が起こった」と主張する（第三章一節）。もちろん、そのような要因によってある政体は解体へと向かうこともあるだろう。しかし、テオティワカンの崩壊と共に台頭した新勢力は存在しないため、また、厚手オレンジ色土器の「下位交易システム」圏が一つの政体を基盤として確立された事実もないため、古典期後期の各交易システムの弱体化または消滅は、ある政体の策略によるものではなかったと言える。第三・四章で指摘したように、これは、古典期後期から交易というものが必ずしも政体を中心にしないシステムの下で活発化し、おそらくここから自由であった商人集団によって、発展し始めることを裏付けている。そして、政体に依存しない交易システムが、政治的思惑とは関係なく、間接的な作用として、ある国家を解体へと導く可能性を示唆している。

「下位交易システム」から見るテオティワカン国家の衰退

テオティワカン国家の衰退を交易システムという側面から考察する場合、ウカレオ産黒曜石の「下位交易システム」が大きく関与している。

そのプロセスは以下の通りであったと考えられる。

テオティワカンの国家建設当初、トルーカ盆地の社会は脆弱であったため、独自で安定した資源を獲得するシステムを形成することができなかった。そのため、テオティワカンへの依存が高まった。また、さらなる発展を迎えたかったテオティワカン自身にとっても、地理的に近く確かな流通先を確保でき、互恵的関係が成立していたと考えられる。

しかし、テオティワカンの黒曜石における独占事業と言っても誇張ではない展開は、供給源をテオティワカンのみに頼る過度な依存を意味している。もし何らかの原因でテオティワカンからの供給が滞ってしまうと、生活必需品であった黒曜石を確保できなくなる。そのため、社会的にまとまりつつあったトルーカ盆地は、テオティワカンの一元戦略から脱却する独自戦略を展開する必要を感じ始めた。

それは、テオティワカン経済圏外との関係を深める結果に繋がる。

テオティワカンの経済圏に属せず、トルーカ盆地にとって近郊に位置するウカレオ原産地からの資源獲得は、トルーカ盆地とミチョアカン州との新たな経済圏を形成させることになる。これは、トルーカ地域社会のテオティワカン依存を減少させ、同時に、国家が支配管理し、経済的基盤の一つとして重要であったパチューカ産黒曜石の供給を減少させてしまうことになる。政治的な思惑とは別に社会の安定を求めるがゆえに、経済的にテオティワカンを支えていた周辺は、テオティワカンから離れていく。

このような周辺地域の独自戦略の展開はトルーカ盆地だけでなく、他の地域でも認められることだろう。テオティワカンを覇権国家として成長させた黒曜石の国家戦略は、初期と発展期においては成功を収めていた。しかし、このシステムは、周辺社会に独自の経済戦略を発生させる契機を与え、テオティワカンの覇権を低下させ、さらには崩壊へと導く要因を含んでいたと考える。

二節　パラダイム・シフト

プロパガンダとしての「折衷主義」

経済的側面からテオティワカンの衰退要因のプロセスを論じてきたが、筆者はこれのみが直接要因ではなかったと考えている。それは次の疑問から来る。テオティワカンにとってパチューカ産黒曜石の流通が経済的な生命線であったのなら、なぜ政治的にこのウカレオ産黒曜石の「下位交易システム」の拡大を阻まなかったのだろうか。それは、テオティワカンがこの重要性に気付いた頃、国家としてこれを実行することが困難な状況にあったからではないかと推測している。

その状況とは、結論から言えば、パラダイム・シフトにあると考えている。

かつてトラランカレカは大都市として成長した。しかし、ポポカテペトル火山をはじめとする一連の火山の噴火により、世界観の物質化をより大規模におこなう必要が生じた。この動きは、テオティワカンでもそしてチョルーラでも実施されたことを、第二章で論じた。そして、トラランカレカの衰退は、為政者がアルテペトルを刷新することなく伝統性を重んじ、さらに自身と人々との関係性も再考しなかったことにあるのではないかとの仮説を提示した。

古典期後期から続古典期社会への変化は、テオティワカンの崩壊というドラマチックな展開が引き金になっている。このため、視線はテオティワカンという国家に向けられてしまう。しかし、これは単にこの国家の解体という現象のみに留まるものではない。

テオティワカン国家の消滅は、古典期という時代の終焉である。

この観点から考察を進める必要がある。つまり、古代メソアメリカ文明の古典期後期の終わりには、他の地域ではどのようなことが起こり、何が社会的に重要だったのかを考慮しなければならない。このコンテクストを理解することで、テオティワカンの社会的な役割の終わりが見えてくると考える。

キーワードは「折衷主義」の流行である。

第三章で見たように、これは、テオティワカン芸術様式に加え、特にマヤ地域のものと融合した表現スタイルであり、続古典期の主要都市であるショチカルコやカカシュトラなどで採用された。この導入は、交易システムの発達とメキシコ中央高原におけるマヤ人の社会的地位の向上によると理解されている。

テオティワカンが発展していた時期、この国家はマヤ地域とも活発な交易をおこなっていた。しかし、マヤ芸術様式はテオティワカンの主要なピラミッドには採用されていない。一方、続古典期の代表的な遺跡（ショチカルコやカカシュトラ）では、積極的な採用が認められる。この事実と対比させ、続古典期にはなぜ「折衷主義」の導入がおこなわれたのかについて、メソアメリカ地域におけるマヤ社会の存在感や重要性を考慮し、理解すべきであると考える。そのためには、まず古典期のマヤ地域、特にマヤ低地がどのような状況であったのか確認する必要がある。

紀元後三七八年にシーヤ・カックがティカルに到着し、投槍フクロウと共にペテン地域に「新しい秩序」をもたらした後、主にマヤ低地では都市国家が乱立していった。覇権を競った動乱の時代と言えるが、ちょうどテオティワカンが衰退期に差し掛かる頃（後五五〇年）、マヤ地域の各王朝は繁栄期を迎えていた。王の威信は、政治的・経済的に優れた国家運営能力の高さのみならず、血統といった先天性や儀礼や戦争によって高めることが可能なカリスマ性も重視されていた。これは、古典期マヤの王には、常人にない超自然の能力を秘めた存在としての資質が求められていたことを端的に表している。

既に、このような人物をマヤ研究では神聖王と呼ぶと指摘した。当時の人々は、神聖王のこのような超自然の力の確保によって世界の秩序が保たれ、より社会が発展すると信じていた。このため、王は自らの偉業や正統である血統について民衆に宣伝する目的で、マヤ文字をより発展させピラミッドや石碑や壁画そして土器などに刻んでいった。テオティワカンでは為政者が肖像画として描かれることもなかった事実から判断して、全く異なった社会構造にあったと言える。

テオティワカンとマヤ地域との交易関係が深かったことも既に述べた。これは、テオティワカンの為政者が、マヤ地域で王を頂点とする政治体制が敷かれ、マヤ文字などを用いて王の権力を強化する方法を知っていたことを表している。もしテオティワカンがマヤ地域と類似した社会構造であったのなら、王制であれ共和制であれ、為政者個人あるいはその集団を明確に誇示する表現が、物質文化に認められるはずである。この時代、テオティワカンには、王または為政者をマヤ地域のようには宣伝する必要がなかったことを示していると考えられる。一方、テオティワカンが衰退し、ショチカルコとカカシュトラなどが発展した続古典期の社会においては、マヤ地域における王の神聖性というこの思想に少なからぬ影響を受け、それをプロパガンダとして活用していたと筆者は考えている。この社会背景が「折衷主義」という芸術表現となって現れた。

マヤ人が伝えた新たな思想と時代の幕開け

この主張について事例を挙げながら考察したい。

「折衷主義」と呼ばれる芸術様式が利用されているレリーフや壁画は、続古典期の代表都市であるショチカルコとカカシュトラにおいて、政治的・宗教的に非常に重要な場所にある。まず、ショチカルコの事例から見てみよう（図51）。第二章二節の図23と比較してもらいたい。

テオティワカンの「羽毛の蛇神殿」には、羽毛の蛇神がシパクトリを現世へと運び、これを時の為政者に与えているという政治的・宗教的メッセージが込められている。そして、時の王あるいは為政者はこの神殿を舞台として権力の正当性を主張した。一方、ショチカルコの「羽毛の蛇神殿」にも、同様の羽毛の蛇が描かれている。しかし、このレリーフには、テオティワカンの神殿では描かれなかった人物がマヤ様式として登場する。

マヤ地域では王が誰であるのかを宣伝することが重要であったため、マヤ文字でその人物の名前が刻まれるが、ショチカルコでは人物の名称は不明である。テオティワカン芸術様式と同様に、匿名性が踏襲されている。また、マヤ地域で王が明確に画枠の中心に登場するが、ショチカルコのそれは巨大な羽毛の蛇神の中に人物が描かれる構図である。羽毛の蛇と共に登場するこれらの人物は、時の為政者の先祖であり、彼を守護する目的で彫られたと解釈されている（Smith 2000）。

ではカカシュトラではどのような「折衷主義」が採用されていたのだろうか。

それは「戦いの壁画」に認められる（図52）。これは明らかにマヤ芸術様式で描かれたものである。マヤ地域のボナンパックの壁画同様に、戦闘の場面が生々しく描かれている。カカシュトラの戦士は槍や投槍器そして尖頭器を誇示しながら敵を圧倒している。一方、敵軍の戦士には敗者であることを視覚的に強調するため戦闘服は描かれていない。この壁画の主題は、ボナンパックのように戦勝を祝うものではなく、捕虜となった戦士が人身御供として神に捧げられる場面であると解釈されている。そして、その神とはトウモロコシであると言われている（Uriarte 2012）。

図51　ショチカルコの「羽毛の蛇神殿」のモチーフ
（Smith 2000. Fig 4.2 を基に作成）

ボナンパックの戦勝記念を表現した壁画では、時の王であったチャーン・ムアンⅡ世は構図の中心やや上方に登場する。しかし、「戦いの壁画」には、指導者が誰であるのか明確な意図を持って描かれていない。ショチカルコ同様に、ここにおいても人は登場するが匿名性は遵守されている。

筆者は、続古典期におけるマヤ芸術様式の採用は、写実的で美しい表現技術の表面的な習得といった段階においてではなく、マヤ地域の思想体系や支配体制の一部を導入する必要があったためだと考えている。テオティワカンが覇権を有していたメキシコ中央高原の古典期社会では、マヤ地域の文化輸入は限られていた。それは、先進地域として社会が未だ発展していたため、体制維持という意味において、輸入する必要がなかったからである。しかし、続古典期の社会は、テオティワカンが確立した体制では成立せず、新たなパラダイムを求めた。

それはマヤ低地にあった。つまり、古代メソアメリカ文明において、続古典期に相当するマヤ低地は先進地域であったと言える。

しかし、続古典期の社会は、マヤ低地の思想体系や支配体制を無批判に導入したのではなかった。新たな社会体制を確立するにあたり、時代の繁栄の立役者である神聖王といった、特定の人物が超自然の力を宿す考えは、魅力的であった

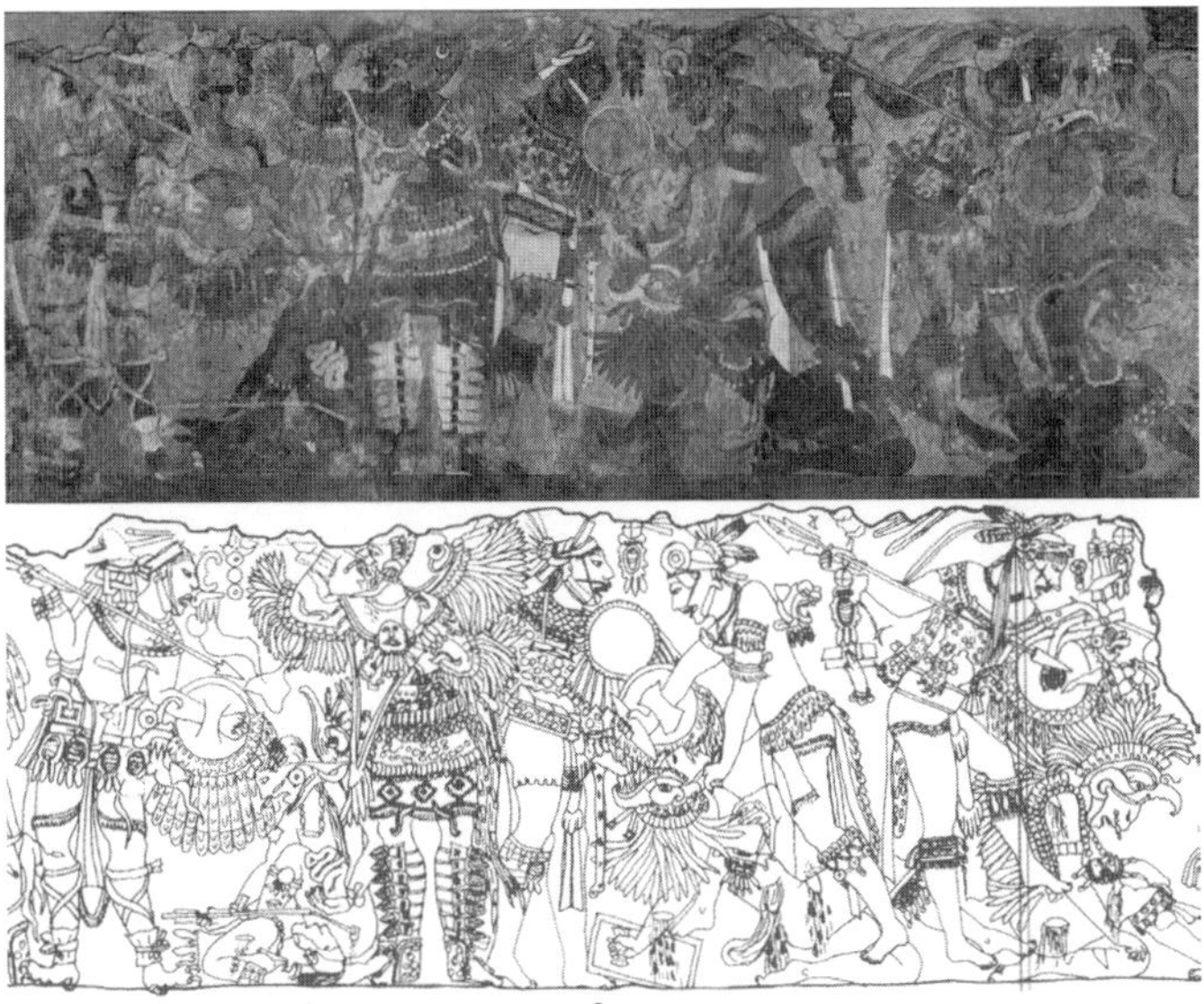

図 52　カカシュトラ遺跡の「戦いの壁画」の一部
(Brittenham 2015, Figure 164 と Figure 165 を基に作成)

に違いない。ただし、王が神々よりも前面に登場する思想は、メキシコ中央高原の社会では、為政者の願望はどうであれ、受け入れがたかったに違いない。それは、途絶えることのないポポカテペトル火山の小噴火、そして、頻繁に起こる地震を神々の意思と信じた人々にとって、神聖王が超自然の力を宿すのは神々の加護によるとの強い思想にあったのかもしれない。

マヤ地域の前衛的な支配体制を知るにつれ、メキシコ中央高原の為政者と人々はこれに羨望を抱いた。しかし、王のカリスマ性が神々との交信により強化されるものであっても、誇張され過ぎる思想とその表現様式は、テオティワカンから継承された思想と比較してあまりにも革新的であった。

この葛藤の中から新しい思想が醸成された。「折衷主義」の本質は、この二つの思想の折衷を指すのであって、それが芸術様式として表出されたのだ。

パラダイムの停滞

メキシコ中央高原の新興勢力は、テオティワカンで採用されていた神々と人々との関係に再考を迫られたに違いない。つまり、紀元後七〇年頃のポポカテペトル火山の大噴火によってパラダイム・シフトが起こったように、テオティワカンの衰退は同様の現象が古典期後期の終わり頃にも起こったためであろう。しかし、紀元後五五〇年頃には大規模な自然災害が起こったとの記録はない。

では、なぜパラダイム・シフトは起こったのか。

筆者は、テオティワカンの「月のピラミッド」の増築終了、中間エリート階層の台頭、「上位交易システム」の解体、そしてマヤの神聖王という新たな支配体制の影響の四要素を総合的に考察することで、なぜパラダイム・シフトが起こりテオティワカンは崩壊へと向かったのかが理解できると考える。

まず、テオティワカンにおける「月のピラミッド」の増築から見てみたい。テオティワカンの三大ピラミッドの中で、唯一「月のピラミッド」で増改築が頻繁に実施された。このピラミッドでは杉山とカブレーラによって組織的な発掘調査が実施され、最終時期の「月のピラミッド」内部に時期の異なる六基のピラミッドが存在したことが判明している。一番初めのピラミッドは、紀元後一〇〇年頃に建造され、底辺が二三・五メートルと小さな建造物であった。その後、約五〇年周期で各ピラミッドは増築される。そして、七期目に相当する「月のピラミッド」が紀元後四〇〇年頃に誕生する（杉山二〇〇一 : Sugiyama and Cabrera 2007）。

ここで重要なのは、七期目以降なぜこのピラミッドは拡大しなかったのかということである。確かに、紀元後四五〇年頃に、この七期目に対し小規模な増築が認められる。しかし、今までの様に古いピラミッドをすべて覆う、より大きな建造物は建造されなかった。

この要因として、まず、中間エリート階層の台頭が関連していると思われる。

村上（Murakami 2010, 2016a, 2016b）は、ピラミッドやアパート式住居複合の建造に係る労働力と、建築物の外装に利用された漆喰組成物の類似性と差異性から、どのように国家組織が変化していったのかについて考察している。漆喰を製造するには多くの資源と専門的な知識が必要とされたため、威信財の一つとして利用された。村上はこれに着目すると同時に、解釈に消費という概念を積極的に採り入れ、テオティワカンの都市内部で建築に利用された漆喰の空間分析を通時的におこなっている。ここでは、漆喰に関する分析結果が、テオティワカンの衰退要因を理解するのに直接関係してくるので、これについて紹介する。

まず、テオティワカンが国家として繁栄へと向かう頃（ミカオトリ期からトラミミロルパ前期）、漆喰はモニュメント建造物やエリート階層が住むアパート式住居複合でのみ利用されていた。そして、この組成物は均質であった。テオティワカンの黄金時代であるトラミミロルパ後期（後二五〇〜三五〇年）からショラルパン前期（後三五〇〜四五〇年）では、漆喰組成物は均質ではあるが、利用空間は一般階層のアパート式住居複合にも広がった。ショラルパン後期（後四五〇〜五五〇年）以降では、組成物は均質ではなくなり、都市内部の多くの地区で利用されることになった。

この利用空間の拡大と崩壊前に認められる漆喰組成物の差異について、村上は次のように説明している。まず、テオティワカンの初期段階には漆喰を製造するための資源確保や製造方法は、エリート階層の中でも国家を運営する中心的集団のみで共有されていた。しかし、次の発展移行期（ミカオトリ期からトラミミロルパ前期）には、為政者は国家としての基盤をより盤石にする目的で、社会的ステータスを表すアイテムとして漆喰を利用した。それは、漆喰を利用できる集団は、テオティワカンの国家運営に携わっているというシンボルである。そして、ここに官僚組織が誕生したと考えている。一方、ショラルパン後期には、この官僚組織は国家が求めたものとは異なった方向へと向かう。国家を支えていた官僚集団は運営に携わる中で、政治的にも経済的にも権力を持つに至り、漆喰を製造するための資源確保を求め、それぞれ独自に交易ルートを開拓していった。それが、組成物が多様になった理由であると考える。そして、各官僚集団は権力をさらに欲したため、闘争が起こり衰退に向かったと推測している。

今まで国家によって管理されていた漆喰の製造と利用は、多くの住民が利用できる環境になったことで、既に社会的ステータスを表すものではなくなった。テオティワカン国家は社会統合として重要な手段を一つ失ったことになる。この漆喰という一つの遺物に認められる社会的価値の変化と、これによる国家組織の変質の議論は知見に満ちている。しかし、各官僚集団はどのように政治的にも経済的にも権力を増大させ、これが紛争の種になったのかについては課題として残る。

国家組織の解体に関して、テオティワカンが共和制であったと主張するマンサニージャ（Manzanilla 2008, 2009）は、理論的に以下のように考えている。「死者の大通り」とサン・フアン川によって四区分される都市テオティワカンは、四つの行政単位としてそれぞれ機能しており、各行政区のリーダーの合意の下、テオティワカンという国家として運営されていた。国家の形成・発展過程においては、各行政区は相互にまとまり国家を軌道に乗せることができた。しかし、ショラルパン後期以降、各リーダーは自らの行政区の発展を最優先させるがゆえに、今まで開拓・支配してきた地域との結びつきをさらに強め、その結果、国家としてのまとまりを失うことになった。

国家の崩壊は、何の前触れもなく起こるのではない。

現在のところ、テオティワカン国家の崩壊は、紀元後五五〇年から六〇〇年であったと考えられている。村上とマンサニージャの考えには、国家を弱体化させた主体者の違いはあれ、紛争あるいは衰退開始の時期が紀元後四五〇年頃で一致している。「月のピラミッド」がおよそ五〇年周期で増改築されていたことを考慮し、もし八期目の「月のピラミッド」が建造されていたのなら、その年代はちょうど紀元後四五〇年頃であっただろう。つまり、テオティワカンはこの時期から国家としての威信そして機能が低下し始めていたことを示している。この内部事情がおそらくウカレオ産黒曜石の「下位交易システム」の拡大を抑えることを困難にし、さらには「上位交易システム」を不安定にさせていったのだと考える。

最後に、これら政治的・経済的要因に加え、イデオロギーの変質を考慮する必要がある。官僚あるいは各行政区のリーダーらは、なぜ国家としての繁栄ではなく、より小単位の集団の利益を優先させたのか。

マヤ地域における王を頂点とする新たな支配体制の影響は、テオティワカンが未だ機能していた時期から表れ始めたと考える。テオティワカンという個人が前面に登場しない世界よりも、王という目に見える存在のカリスマ性の下で、利益を追求する新しい世界に感化されたのではないかと推測する。国家テオティワカンのシンボルの一つである「月のピラミッド」が増改築されなかった事実は、今まで信じていた、あるいは支配されていたイデオロギーが揺るぎはじめていたことを意味している。それは、テオティワカンという国家自体の魅力の減少を、歴史学的文脈においては社会的役割の落日を物語っている。

しかし、テオティワカンは約八〇〇年後、神々によって太陽と月が誕生した場所として人々の記憶に再生される。

そして、後に「神々の都」が誕生した（図53）。

Y atrás quedó la Ciudad de los Dioses.

図 53　1878 年に描かれた「太陽のピラミッド」
（画：José María Velasco）

あとがき

メキシコ人の歴史認識を知るためのエピソード

メキシコ人と古代メソアメリカ文明についてスペイン語で話す時、僕は疑問に思うことがある。彼らはこの文明を形成した自分たちの先祖のことを「私たちの」という所有形容詞は使わず、単に「古代人」と呼ぶ。また、ある特定の文化を扱う場合、「アステカ人」とか「マヤ人」という呼び方を好む。現代の彼らは同じ領域に住み、伝統や文化を共有する子孫であるはずなのに、なぜか僕にはよそよそしさ、距離感を感じさせる。

これは書物を読む際にも共通することだ。「私たちの」を使わず単に「古代人」や「アステカ人」と表現する。話の内容からその意味が内包されているのではないかと思われる方もいらっしゃるかもしれない。

結論から言うと、話はとても込み入っている。

多くの現代メキシコ人は、彼らの歴史が植民地時代から始まると感じている。つまり、先スペイン期（アステカ王国の滅亡以前）までの歴史と、その後の植民地時代を経て現代に至るまでの歴史は、自らの民族的アイデンティティーを形成する上では異なった時系列にあると考えている。これは、一六世紀に古代メソアメリカの先住民文化がスペイン人によって破壊され否定されたことと無関係ではない。敗者の歴史を継承していると認識することに劣等意識を覚えるのである。

また、現代に生きる「先住民」に対する彼らの見方も大きな影響を与えている。「先住民」はスペイン語で「インディオ」と言うが、ここには「ばかな」とか「間抜けな」という負のニュアンスも含まれている（蔑称を含意する「インディオ」を避け、近年では「インディヘナ」と言う用語が使われるが、一般のメキシコ人にとってはこの言葉にも「インディオ」と同じ意味を想起させる）。これにより、古代の先住民文化を築いた人々の血が自分たちにも流れていることから目を背けることになっている。

しかし一方で、彼らは外国人に対しメキシコにある「先住民」の古代遺産を誇るのである。僕はそんな彼らの心理が理解できず、同僚のメキシコ人研究者や考古学とは全く関係のない職に就いている友人にしばしば質問する。

僕「メキシコにはたくさんの素晴らしい遺跡があってすごいな‼」
友「その通り！　私たちはそんな遺産を引き継いで光栄だよ」
僕「古代の遺産はインディヘナが造りだしたものでしょう？」
友「そう、メキシコの古代の人々が造り上げたんだよ」
僕「じゃあ、君はインディヘナの子孫であることを誇りに思う？」
友「私はインディヘナではなく、メキシコ人だよ！（やや怒）」
僕「君がインディヘナでないのなら、古代遺産は誰のもの？」

悪気があってこのような質問を繰り返すのではない。

僕は、征服された歴史と偉大な遺産と彼らのプライドやアイデンティティーとの複雑な関係がどのように咀嚼されているのか、心から知りたいのだ。僕が感じていることは、古代と現代は、ブラインド越しに外の風景を眺めるように直視することはできず、断続的にしか繋がっていないということだ。

メキシコの人類学界や文壇からは、このような歴史認識の曖昧さに警鐘が鳴らされている。影響力のあるメキシコ人研究者や文学作家が指摘していることで、僕が個人的に感じているこの疑問は、克服すべき重要な課題であることが分かる。

古代史を理解するためにどう視点を養うか

僕は、このような歴史観が、本書のテーマであるテオティワカンの誕生と衰退を理解する上にも影響を及ぼしていると感じている。そのため、この本の中で歴史的連続性を強調してきた。テオティワカンよりも古い時代と新しい時代の社会とを対比させる視点を重要視した。このような視点は、難しい論文を渉猟したり、優れた研究者と口角泡を飛ばして論ずるだけでなく、僕には日常にあるふとした疑問に注意を向けることから得られると思っている。つまり、自分が感じたり思ったりしたことを大切にするということである。

本書の中で、もう一つ重要視したものがある。それは、古代人は何を考えていたのかである。これを想像しながら考古学データを解釈して執筆を進めた。

発掘調査を行う時も常にこれを忘れない。そのおかげで、僕は一つの重要な知見を得ることができ、さらに、新たな研究テーマを発見することができた。

1：古代人の試行錯誤

現在僕は、テュレーン大学の村上達也氏と共にトラランカレカで発掘調査（Proyecto Arqueológico Tlalancaleca, Puebla：二〇一二年～現在）をおこなっている。二〇一六年夏には、セロ・グランデ・ピラミッドで発掘調査を実施した。その結果、この遺跡からもテオティワカンで宗教的なシンボルであったタルー（傾斜壁）・タブレロ（垂直壁）建築様式が発見された（図54）。テオティワカンよりも前の時期に、主要ピラミッドで既にこの建築様式が

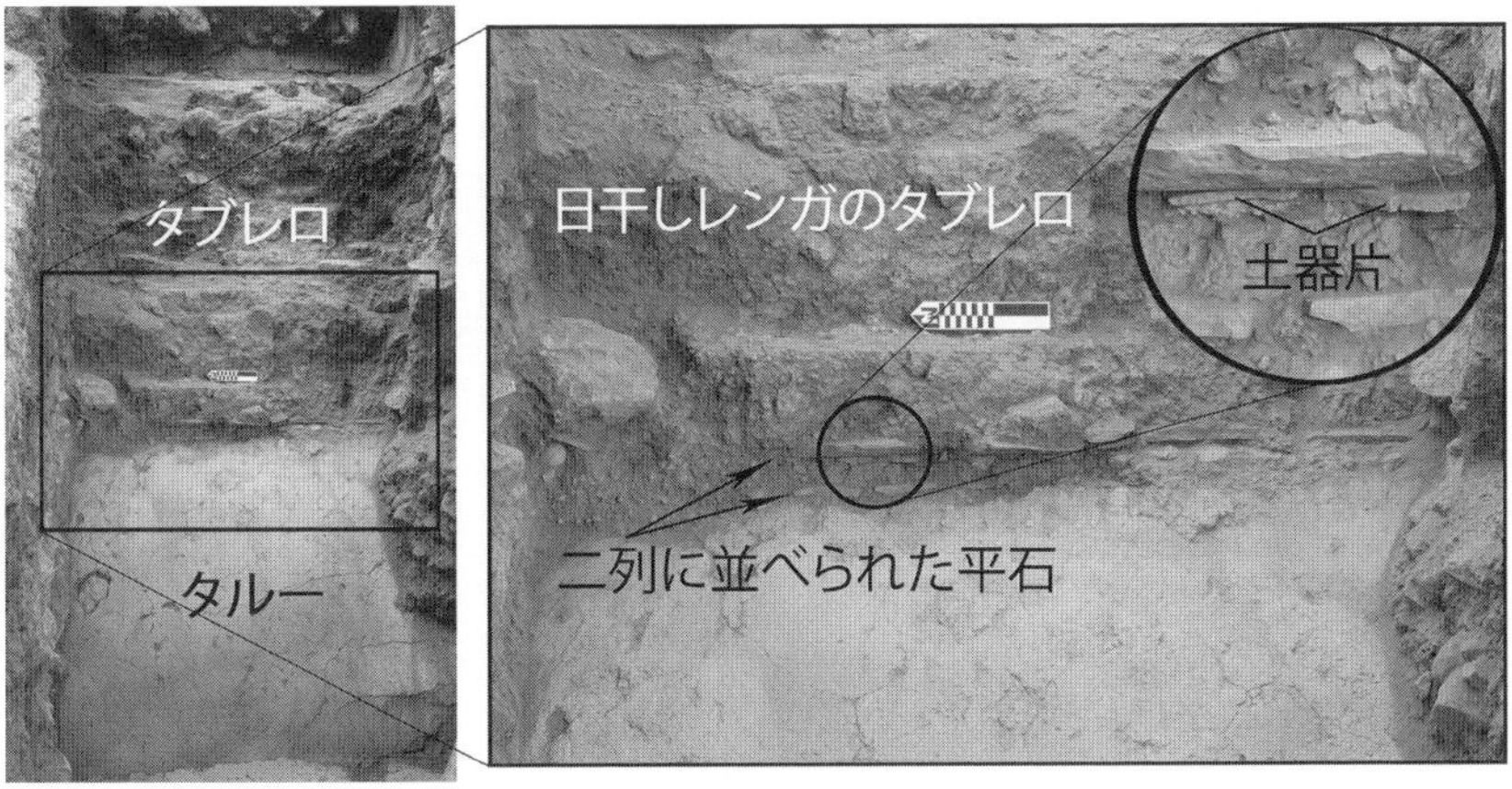

図54　トラランカレカで発見されたタルー・タブレロ建築様式
（西から撮影）

採用されていたことを示す貴重なデータである。一方、外から見る形状は似ているが、この内部構造はテオティワカンのものとは大きく異なっていた（対比のため第二章の図19参照）。

テオティワカンではタルーとタブレロが接する箇所に、タルーよりも表に突き出ているタブレロを支える目的で、成形された平石（長軸約四〇×短軸二五×厚さ五センチメートル）を一列に水平方向に並べる。この上に火山岩を配置しタブレロを建設する。一方、トランカレカでは、テオティワカンのものより少し小さい平石を、一列ではなく六センチメートルほどの間隔を空けて、上下に二列配置している。さらに、上段の平石の下には、これをしっかりと固定する目的で土器片が挿入されている。また、タブレロは火山岩ではなく、日干しレンガを用いて造られている。

そもそもタルー・タブレロ建築様式は、建造物の固定加重がタブレロを支える平石に極度に掛かるため、建築構造の点から見て、優れた設計とは言えない。しっかりと平石を建造物内部にはめ込み固定しなければ、崩れてしまう。建築構造の安定性を重視していたのなら、タブレロを一二から一四センチメートルほど外に突き出す必要はなく、垂直面はタルーと接する地点から立ち上がるように設計されていたはずである。

では、なぜタブレロという垂直面が必要であったのか。

それは視覚効果を狙うためだった。そして、この面に施される政治的・宗教的に重要な壁画やレリーフを、人々に明確に伝える真意があったからに他ならない。

第二章の図23を再度確認して頂きたい。タブレロの羽毛の蛇やシパクトリは、タルーの羽毛の蛇よりもしっかりと大きく表現され、その存在感を示している。この建築様式を持つピラミッドに近付くと、下から二段目以上に位置するタルーは下段のタブレロに隠れてしまう。タルーはタブレロという垂直面を形成するための補助装置として設置されたのだ。

結果、建築構造上、不安定なものとなってしまった。

トランカレカのタブレロは、規格が統一された日干しレンガによって造られているため、火山岩を成形して建築されるテオティワカンのタブレロよりも、組み立てやすいという利点がある。反面、日干しレンガの素材は粘土であるため、防水加工が施されているといえども、雨水が浸透するため固定加重が増す。

僕はここにトラランカレカの建築家の努力の跡を見付けた。そして、とても嬉しくなった。一八〇〇年以上も前の人々の息吹を感じることができたからである。彼らは、固定加重に耐えうるタブレロを求めた結果、平石を二段に配列させ固定のために土器片を埋め込んだのだ。

さらに、僕はテオティワカンの建築家に敬意を払った。それは、テオティワカンの建築家がトラランカレカのタブレロの設計をより優れたものにしたからである。気泡の穴が多く軽い火山岩を利用することで固定加重の軽減に成功しただけでなく、丁寧に成形したとしても配置されるそれぞれの火山岩には隙間が生じるため、これが透水性の確保を可能にした工夫である。

このような試行錯誤を経て、テオティワカンで構造上より安定したタルー・タブレロ建築様式が完成していったとの発想が生まれた。そして、先行社会であるトラランカレカとテオティワカンが歴史軸の中で連続しているとの視点を得ることができた。

いくつかの同様の経験を経て、僕は、最も重要な研究テーマとして、古代人が遺した物質文化の造形自体ではなく、それを生み出した彼らという人について考えるようになった。

2：ピラミッドは「世界の平和を守る摩天楼」

発掘調査の現場では、村上氏と他愛もない話をする。

村「なぜピラミッドの内部構造は、日干しレンガがこんなにもきちんと並べられて造られるのかな?」

僕「それは、きっちりかっちりしたA型の現場監督が指揮したからだろう」

村「それはそうかもしれないけど、個人の性格だけでなく、社会的に何か重要な理由があったのではないかな?」

僕「…。ピラミッドが崩れると、また造り直さないといけないからだろう」
村「…果たして経済的な理由からだけだろうか？」
日干しレンガをはじめ建築資材やこれらを基に設計された建造物の耐久性・耐震性に焦点をあてた研究は現在まで実施されてこなかった。古代人は耐久性や耐震性を考慮してピラミッドを設計していたという問題提起に敏感ではなかったからだろう。

僕はここには先入観が働いているのではないかと考えている。ピラミッドは、ある特定の為政者や王が儀礼を行う際に利用した特別な舞台であり、宮殿や住居とは異なり人々は住まず、建造物への耐久・耐震構造設計は重要ではなかっただろうとの思い込みである。

メキシコ中央高原の規模の大きなピラミッドは、世界観を物質化する重要なパーツとして建造された。それは、人々が度重なる火山噴火や多発する地震を神々の怒りと捉え、ピラミッドを舞台に神々と交信することで寵愛や恩恵を得ることができると信じたからである。世界の平和を守るためにピラミッドは建造された（第一章二節参照）。

では、これが崩れることは何を意味するのか。

世界の崩壊を告げる前兆であったに違いない。世界の平和を守る舞台は決して崩れてはいけなかったはずだ。

地震が多発するメキシコにおいて、現代社会の摩天楼に匹敵するピラミッドの建造に、耐震性や耐久性を考慮することは、イデオロギーの面から見て必

図55　トラランカレカ考古学プロジェクトのメンバー
（抱えられている人物が筆者、東から撮影）

須であったと思う。僕は、今後の研究テーマの一つとして、このような視点から当時の最新技術が結晶しているピラミッドを調査しようと考えている。

読者の方々が、この本から古代人の「心の機微」を読み取って下さいましたのなら、執筆者としてとても嬉しく思います。

謝辞

僕は、以下の研究費を基に考古学調査をおこない、ここから得られた考古学データや知見を基に、この本の執筆にあたった。これを明記しておきたい。

・Consejo Nacional de Ciencia y Tecnología（CONACyT）「Investigación Básica（41703-H: 2003～2006）」（研究代表者：杉浦洋、連携研究者：嘉幡茂）

・Programa de Apoyo a Proyectos de Investigación e Innovación Tecnológica（PAPIIT）,Universidad Nacional Autónoma de Mexico「（IN401402）：2003～2005」（研究代表者：杉浦洋、連携研究者：嘉幡茂）

・独立行政法人日本学術振興会「頭脳循環を活性化する若手研究者海外派遣プログラム（J2208）：2010～2012」（研究代表者：杉山三郎、若手研究者：嘉幡茂）

・独立行政法人日本学術振興会「若手研究A（24682005：2012～2014）」（研究代表者：嘉幡茂）

・独立行政法人日本学術振興会「新学術領域研究（研究領域提案型；24101701：2012～2013）」（研究代表者：嘉幡茂）

・独立行政法人日本学術振興会「新学術領域研究（研究領域提案型；26101003：2014～2018）」（研究代表者：青山和夫、分担研究者：嘉幡茂）

個人的な謝辞：豪雨のち曇り時々晴れ

「落ちこぼれだった僕」とかけまして、

「アステカの王はトラトアーニ（Tlatoani）」と解きます。

日本で修士課程を終えた僕は、念願のメキシコ国立自治大学（Universidad Nacional Autónoma de México）の博士候補生となり、これから優れた研究者として成長していくことに何の不安も障害も感じなかった。しかし、この未来予想図は妄想であったとすぐに思い知らされた。同大学人類学調査研究所（Instituto de Investigaciones Antropológicas）にはメキシコだけでなく各国から将来の人類学界を担う人材が集まる。彼らと比較し、僕はあらゆる面で劣っていた。語学のハンディーキャップやメソアメリカに関する人類学の知識不足は顕著であり、授業でのディスカッションでは何も話すことができなかった。

トラトアーニは「話す者（El que habla）」と直訳できる。しかし、現代の私たちには、何を話すのか、誰に話すのか、誰と話すのかなどの情報は伝わってこない。「重要なことを話す」、「民衆に話す」、「神々と話す」の旨意が割愛されている。つまり、「神々と話すことによって超自然の力を獲得し、これを基に世界の安寧を守る方法を民衆に話す者」がこの単語本来の記号内容であろう。

冒頭のなぞかけに戻りたい。

その心は、どちらもこうじょう（向上・口上）が必要です。

この両者を下さったのは、指導教官の杉浦洋先生だった。腐りがちだった僕に向上心を取り戻させ、口上を述べることができる舞台（学会発表の場）を用意して下さった。

その厚情のお陰で、僕の心に少しずつ光が射すようになっていった。

ポポカテペトル火山が美しく見える「ラス・アメリカス・プエブラ大学」にて
二〇一八年一一月一日

嘉幡　茂

1982 Toward a More Comprehensive Model of Interregional Commodity Distribution: Political Variables and Prehistoric Obsidian Procurement in Mesoamerica. *American Antiquity* 47(2): 260-275.

日本語文献

大垣貴志郎

2008 『物語 メキシコの歴史　太陽の国の英傑たち』中央公論新社。

加藤晋平・鶴丸俊明

1994 『図録　石器入門事典―先土器―』柏書房。

嘉幡茂

2012 「テオティワカンの発展と黒曜石―『月のピラミッド発掘調査』の成果と分析データを基に―」『共生の文化研究』6号、208-229頁。

2014 「テオティワカン―『神々の都』の誕生と盛衰―」『文明の盛衰と環境変動：マヤ・アステカ・ナスカ・琉球の新しい歴史像』岩波書店、55-71頁。

2015 「メキシコで考古学調査を行う意義と課題―『トラランカレカ考古学プロジェクト』を介して―」『MUC：京都外大国際文化資料館紀要』11号、1-11頁。

嘉幡茂・村上達也

2015 「古代メソアメリカ文明における古代国家の形成史復元：『トラランカレカ考古学プロジェクト』の目的と調査動向」『古代文化』第67巻第3号、99-109頁。

国本伊代

2002 『メキシコの歴史』新評論。

サイモン＝マーティン・ニコライ＝グルーベ

2002 『古代マヤ王歴代誌』創元社。

杉山三郎

2001 「テオティワカンにおける権力と抗争」『古代文化』第53巻第7号、379-392頁。

山田信行

2012 『世界システムという考え方―批判的入門―』世界思想社。

ología Mexicana XXIV(143): 43-49.

Tozzer, Alfred M.

1921 *Excavations of a Site at Santiago Ahuitzotla, D.F. Mexico*. Bureau of American Ethnology, Washington, D.C.

Trigger, Bruce. G.

1996 Alternative Archaeologies: Nationalist, Colonialist, Imperialist. In *Contemporary Archaeology in Theory: A Reader*, edited by R. W. Preucel and I. Hodder, pp. 615-631. Blackwell Publishers, Oxford.

Uriarte, María Teresa

2012 El mural del Edificio B de Cacaxtla ¿una batalla? *Arqueología Mexicana* XIX(117): 47-51.

Uruñuela, Gabriela, and Patricia Plunket

2005 La transición del Clásico al Posclásico: Reflexiones sobre el valle de Puebla-Tlaxcala. In *Reacomodos demográficos del Clásico al Posclásico en el centro de México*, edited by Linda Manzanilla, pp. 303-324. Universidad Nacional Autónoma de México, México, D.F.

Vargas Pacheco, Ernesto

1980 Consideraciones sobre Teotenango y Ojo de Agua, Estado de México. *Anales de Antropología* XVII: 53-67.

Wilkinson, David

2000 Civilizations as Worlds Systems. In *World System History: The Social Science of Long-term Change*, edited by Robert A. Denemark, Jonathan Friedman, Barry K. Gills, and George Modelski, pp. 54-84. Routledge, London.

Winter, Marcus

2001 La zona oaxaqueña en el Clásico. In *Historia Antigua de México*, Vol. II, Segunda edición, edited by Linda R. Manzanilla and Leonardo López Lujan, pp. 47-77. Universidad Nacional Autónoma de México, México, D.F.

2006 La cerámica del periodo Clásico de la Mixteca Alta y la Mixteca Baja de Oaxaca. In *La Producción Alfarera en el México Antiguo II*, edited by Beatriz Leonor Merino Carrión and Ángel García Cook, pp. 91-118. Instituto Nacional de Antropología e Historia, México D.F.

2007 *Cerro de las Minas. Arqueología de la Mixteca Baja*. Instituto Nacional de Antropología e Historia, Oaxaca.

Zeitlin, Robert N.

Sugiyama, Nawa, Saburo Sugiyama, and Alejandro Sarabia G.

2013 Inside the Sun Pyramid at Teotihuacan, Mexico: 2008-2011 Excavations and Preliminary Results. *Latin American Antiquity* 24(4): 403-432.

Sugiyama, Saburo

1989 Burials Dedicated to the Old Temple of Quetzalcoatl at Teotihuacan, Mexico. *American Antiquity* 54(1): 85-106.

1992 Rulership, Warfare, and Human Sacrifice at the Ciudadela: An Iconographic Study of Feathered Serpent Representations. In *Art, Ideology, and the City of Teotihuacan: A Symposium at Dumbarton Oaks 8th and 9th October 1988*, edited by Janet Catherine Berlo, pp.205-230, Dumbarton Oaks, Washington D.C.

1993 Worldview Materialized in Teotihuacan, Mexico, *Latin American Antiquity* 4(2): 103-129.

1998 Termination Programs and Prehispanic Looting at the Feathered Serpent Pyramid in Teotihuacan, Mexico. In *The Sowing and the Dawning: Termination, Dedication, and Transformation in the Archaeological and Ethnographic Record of Mesoamerica*, edited by Shirley Boteler Mock, pp. 147-164, University of New Mexico Press, Albuquerque.

2000 Teotihuacan as an Origin for Postclassic Feathered Serpent Symbolism. In *Mesoamerica's Classic Heritage: From Teotihuacan to the Aztecs*, edited by Davíd Carrasco, Lindsay Jones, and Scott Sessions, pp. 117-143, University Press of Colorado, Colorado.

2003 Governance and Polity at Classic Teotihuacan. In *Mesoamerican Archaeology*, edited by Julia A. Hendon and Rosemary A. Joyce, pp. 97-123. Blackwell Publishing, Malden.

2005 *Human Sacrifice, Militarism, and Rulership: Materialization of State Ideology at the Feathered Serpent Pyramid, Teotihuacan*. Cambridge University Press, Cambridge.

Sugiyama, Saburo, and Rubén Cabrera Castro

2007 The Moon Pyramid Project and the Teotihuacan State Polity. A Brief Summary of the 1998–2004 Excavations. *Ancient Mesoamerica* 18(1): 109-125.

Taube, Karl A.

1992 The Templo of Quetzalcóatl and the Cult of Sacred War at Teotihuacan. *Res: Anthropology and Aesthetics* 21: 53-87.

Tiesler B., Vera

2017 Cara a cara con los antiguos mexicanos. Bioarqueología del cuerpo humano. *Arque-*

1996 El Epiclásico y el problema del Coyotlatelco vistos desde el valle de Toluca. In *Arqueología Mesoamericana: Homenaje a William T. Sanders*, edited by Alba Guadalupe Mastache, Jeffrey R. Parsons, Robert S. Santley, and Mari Carmen Serra Puche, pp. 233-255. Universidad Nacional Autónoma de México, México, D.F.

1998a Desarrollo histórico en el valle de Toluca antes de la conquista española: proceso de conformación pluriétnica. *Estudios de Cultura Otopame* 1: 99-122.

1998b Informe Técnico del Proyecto Arqueológico de Santa Cruz Atizapán. Consejo Nacional de Arqueología, México, D.F.

2000a Proyecto Arqueológico de Santa Cruz Atizapán. Segunda Temporada. Consejo Nacional de Arqueología, México, D.F.

2000b Proyecto Arqueológico del Valle de Toluca. Informe Final. Consejo Nacional de Arqueología, México, D.F.

2000c Cultura lacustre y sociedad del valle de Toluca. *Arqueología Mexicana* VIII(43): 32-37.

2001 La zona del Altiplano central en el Epiclásico. In *Historia Antigua de México*, Vol. II, Segunda edición, edited by Linda Manzanilla and Leonardo López Luján, pp. 347-390. Universidad Nacional Autónoma de México, México, D.F.

2002a Informe Técnico del Proyecto Arqueológico de Santa Cruz Atizapán. Tercera Temporada. Consejo Nacional de Arqueología, México, D.F.

2002b Después de Teotihuacán: Epiclásico del valle de Toluca; caos y orden, dos caras de una moneda. *Arqueología Mexicana, Historia y Esencia. Siglo XX: en Reconocimiento al Dr. Román Piña Chán*, edited by Jesús Nava Rivero, pp.209-222. Instituto Nacional de Antropología e Historia, México, D.F.

2005a *Y Atrás Quedó la Ciudad de los Dioses: Historia de los Asentamientos en el Valle de Toluca*. Universidad Nacional Autónoma de México, México, D.F.

2005b El hombre y la región lacustre en el valle de Toluca: Proceso de adaptación de los tiempos prehispánicos. In *Arqueología Mexicana. IV Coloquio Pedro Bosch Gimpera*, edited by Ernesto Vargas Pacheco, pp. 303-329. Universidad Nacional Autónoma de México, México, D.F.

Sugiura, Yoko, and Rubén Nieto Hernández

1987 La cerámica con Engobe Naranja Grueso: Un indicador del intercambio en el Epiclásico. In *Homenaje a Román Piña Chan*, edited by Barbro Dahlgren, Carlos Navarrete, Lorenzo Ochoa, Mari Carmen Serra, and Yoko Sugiura, pp. 455-466. Universidad Nacional Autónoma de México, México, D.F.

caída del Clásico en el México central, edited by Joseph B. Mountjoy and Donald L. Brockington, pp. 87-128. Universidad Nacional Autónoma de México, México, D.F.

1992 Tlailotlacan, a Zapotec Enclave in Teotihuacan. In *Art, Ideology, and the City of Teotihuacan: A Symposium at Dumbarton Oaks 8th and 9th October 1988*, edited by Janet Catherine Berlo, pp. 59-88. Dumbarton Oaks Research Library and Collection, Washington D.C.

1996 Commodity or Gift: Teotihuacan Obsidian in the Maya Region. *Latin American Antiquity* 7(1): 21-39.

Spence, Michael W., J. Kimberlin, and G. Harbottle

1984 State-Controlled Procurement and the Obsidian Workshops of Teotihuacan, Mexico. In *Prehistoric Quarries and Lithic Production*, edited by Jonathon E. Ericson and Barbara A. Purdy, pp. 97-105. Cambridge University Press, Cambridge.

Stein, Gil J.

1999a *Rethinking World-Systems: Diasporas, Colonies, and Interaction in Uruk Mesopotamia*. University of Arizona Press, Tucson.

1999b Rethinking World-Systems: Power, Distance, and Diasporas in the Dynamics of Interregional Interaction. In *World-Systems Theory in Practice: Leadership, Production, and Exchange*, edited by P. Nick Kardulias, pp. 153-177. Rowman & Littlefield Publishers, Lanham.

2002 From Passive Periphery to Active Agents: Emerging Perspectives in the Archaeology of Interregional Interaction. *American Anthropologist* 104(3): 903-916.

Stross, Fred H., Payson Sheets, Frank Asaro, and Helen V. Michel

1983 Precise Characterization of Guatemala Obsidian Sources, and Source determination of Artifacts from Quiriguá. *American Antiquity* 48(2): 323-347.

Stuart, David

2000 The Arrival of Strangers: Teotihuacan and Tollan in Classic Maya History. In *Mesoamerica's Classic Heritage: From Teotihuacan to the Aztecs*, edited by David Carrasco, Lindsay Jones, and Scott Sessions, pp. 465-513. University Press of Colorado, Boulder.

Sugiura, Yoko

1981 Cerámica de Ojo de Agua, Estado de México y sus posibles relaciones con Teotihuacan. In *Interacción cultural en México Central*, edited by Evelyn C. Rattray, Jaime Litvak K., and Clara Diaz O., pp. 159-169. Universidad Nacional Autónoma de México, México, D.F.

Serra Puche, Mari Carmen Jesús Carlos Lazcano Arce, and Manuel de la Torre Mendoza

2004 *Cerámica de Xochitécatl*. Universidad Nacional Autónoma de México, México, D.F.

Sidrays, Raymond V.

1976 Classic Maya Obsidian Trade. *American Antiquity* 41(4): 449-464.

Silis García, Omar

2005 El Ritual Lacustre en los Islotes Artificiales de la Ciénega de Chignahuapan, Santa Cruz Atizapán, Estado de México. Licentiate thesis. Escuela Nacional de Antropóloga e Historia, México, D.F.

Smith, Michael E., and Lisa Montiel

2001 The Archaeological Study of Empires and Imperialism in Pre-Hispanic Central Mexico. *Journal of Anthropological Archaeology* 20(3): 245-284.

Smith, Virginia

2000 The Iconography of Power at Xochicalco: The Pyramid of the Plumed Serpents. In *The Xochicalco Mapping Project. Archaeological Research at Xochicalco*, Vol. 2, edited by Kenneth G. Hirth, pp. 57-82. University of Utah Press, Salt Lake City.

Snow, Dean R.

1969 Ceramic Sequence and Settlement Location in Pre-hispanic Tlaxcala. *American Antiquity* 34(2): 131-145.

Sorensen, Jerry H., Kenneth G. Hirth, and Stephen M. Ferguson

1989 The Contents of Seven Obsidian Workshops around Xochicalco, Morelos. In *La Obsidiana en Mesoamérica*. Colección Científica, núm. 176, edited by Margarita Gaxiola G. and John E. Clark, pp.269-275. Instituto Nacional de Antropología e Historia, México, D.F.

Spence, Michael W.

1981 Obsidian Production and the State in Teotihuacan. *American Antiquity* 46(4): 769-788.

1984 Craft Production and Polity in Early Teotihuacan. In *Trade and Exchange in Early Mesoamerica*, edited by Kenneth G. Hirth, pp.87-114. University of New Mexico Press, Albuquerque.

1987a The Scale and Structure of Obsidian Production in Teotihuacan. In *Teotihuacan: Nuevos datos, Nuevas Síntesis, Nuevos Problemas*, edited by Emily McClung de Tapia and Evelyn Childs Rattray, pp. 429-450. Universidad Nacional Autónoma de México, México, D.F.

1987b La evolución del sistema de producción de obsidiana en Teotihuacan. In *El auge y la*

1989 Obsidian Working, Long-Distance Exchange, and the Teotihuacan Presence on the South Gulf Coast. In *Mesoamerica after the Decline of Teotihuacan, A.D. 700-900*, edited by Richard A. Diehl and Janet Catherine Berlo, pp. 131-151. Dumbarton Oaks Research Library and Collection, Washington, D.C.

2007 The *Prehistory of the Tuxtlas*. University of New Mexico Press, Albuquerque.

Santley, Robert S., Janet M. Kerley, and Ronald R. Knnebone

1986 Obsidian Working, Long-Distance Exchange, and the Politico-Economic Central Mexico. In *Research in Economic Anthropology*, Supplement No. 2: Economic Aspects of Prehispanic Highland Mexico, edited by Barry Isaac, pp. 101-132. JAI Press, London.

Santley, Robert. S., and Philip J. Arnold III

2004 El intercambio de la obsidiana y la influencia teotihuacana en la Sierra de los Tuxtlas. In *La Costa del Golfo en Tiempos Teotihuacanos: Propuestas y Perspectivas. Memoria de la Segunda Mesa Redonda de Teotihuacan*, edited by María Elena Ruiz Gallut and Arturo Pascual Soto, pp. 115-138. Instituto Nacional de Antropología e Historia, México, D.F.

Santley, Robert S., and Rani T. Alexander

1996 Teotihuacan and Middle Classic Mesoamerica: A Precolumbian World System?. In *Arqueología Mesoamericana: Homenaje a William T. Sanders*, edited by Alba Guadalupe Mastache, Jeffrey R. Parsons, Robert S. Santley, and Mari Carmen Serra Puche, pp. 173-194. Universidad Nacional Autónoma de México, México, D.F.

Schele, Linda, and David Freidel

1990 *A Forest of Kings. The Untold Story of the Ancient Maya*. Quill William Morrow, New York.

Schmidt Schoenberg, Paul

1990 *Arqueología de Xochipala, Guerrero*. Universidad Nacional Autónoma de México, México, México, D.F.

Serra Puche, Mari Carmen

1998 *Xochitécatl*. Gobierno del Estado de Tlaxcala, Tlaxcala.

Serra Puche, Mari Carmen, and Jesús Carlos Lazcano Arce

2005 El Epiclásico en el valle de Puebla-Tlaxcala y los sitios de Cacaxtla-Xochitécatl-Nativitas. In *Reacomodos demográficos del Clásico al Posclásico en el centro de México*, edited by Linda Manzanilla, pp. 287-301. Universidad Nacional Autónoma de México, México, D.F.

Reyna Robles, Rosa Ma.

2003 *La Organera-Cochipala: Un sitio del Epiclásico en la región Mezcala de Guerrero.* Colección Científica, núm. 453. Instituto Nacional de Antropología e Historia, México, D.F.

Ringle, William M., Tomás Gallareta Negrón, and George J. Bey

1998 The Return of Quetzalcoatl: Evidence for the Spread of a World Religion during the Epiclassic Period. *Ancient Mesoamerica* 9(2): 183-232.

Ruz Lhuillier, Alberto

2013 *EL Templo de las Inscripciones: Palenque*. Fondo de Cultura Económica, México, D.F.

Sahagún, Bernardino de

1959 *Florentine Codex: General History of the Things of New Spain*, bk. 9, The Merchants. Scholl of American Research, Santa Fe.

Sanders, William T.

1981 Ecological Adaptation in the Basin of Mexico: 23000 B.C. to the Present. In *Supplement to the Handbook of Middle American Indians*, Vol. 1: Archaeology, edited by Victoria R. Bricker and Jeremy A. Sabloff, pp.147-197, University of Texas Press, Austin.

1986 (editor) *The Teotihuacan Valley Project Final Report*, Vol. 4, *The Toltec Period Occupation of the Valley*. Pennsylvania State University, Pennsylvania.

1989 The Epiclassic as a Stage in Mesoamerican Prehistory: An Evaluation. In *Mesoamerica after the Decline of Teotihuacan, A.D. 700-900*, edited by Richard A. Diehl and Janet Catherine Berlo, pp. 211-218. Dumbarton Oaks Research Library and Collection, Washington, D.C.

Sanders, William T., Jeffrey R. Parsons, and Robert S. Santley

1979 *The Basin of Mexico: Ecological Processes in the Evolution of a Civilization*. Academic Press, New York.

Santley, Robert S.

1983 Obsidian Trade and Teotihuacan Influence in Mesoamerica. In *Highland-Lowland Interaction in Mesoamerica: Interdisciplinary Approaches*, edited by Arther G. Miller, pp. 69-124. Dumbarton Oaks, Washington D.C.

1984 Obsidian Exchange, Economic Stratification, and the Evolution of Complex Society in the Basin of Mexico. In *Trade and Exchange in Early Mesoamerica*, edited by Kenneth. G. Hirth, pp. 43-86. University of New Mexico Press, Albuquerque.

2007 *Olmec Archaeology and Early Mesoamerica*. Cambridge University Press, Cambridge.

Plunket Nagoda, Patricia, and Gabriela Uruñuela Ladrón de Guevara

2018 *Cholula*. Fondo de Cultura Económica, México, D.F.

Price, Barbara J.

1986 Teotihuacan as World-System: Concerning the Applicability of Wallerstein's Model. In *Origen y Formación del Estado en Mesoamérica*, edited by Andrés Medina, Alfredo López Agustin, and Mari Carmen Serra, pp. 169-194. Universidad Nacional Autónoma de México, México, D.F.

Rattray, Evelyn C.

1966 An Archaeological and Stylistic Study of Coyotlatelco. *Mesoamerican Notes* 7-8: 87-211.

1981 La industria de obsidiana durante el periodo Coyotlatelco. *Revista Mexicana de Estudios Antropológicos* 27(2): 213-223.

1987 Los barrios foráneos de Teotihuacan. In *Teotihuacan: Nuevos Datos, Nuevos Síntesis, Nuevos Problemas*, edited by Emily McClung de Tapia and Evelyn Childs Rattray, pp. 243-273. Universidad Nacional Autónoma de México, México, D. F.

1988 Nuevas interpretaciones en torno al barrio de los Comerciantes. *Anales de Antropología* XXV: 165-180.

1990 New Findings on the Origins of Thin Orange Ceramics. *Ancient Mesoamerica* 1: 181-195.

1996 A Regional Perspective on the Epiclassic Period in Central Mexico. In *Arqueología Mesoamericana: Homenaje a William T. Sanders*, edited by Alba Guadalupe Mastache, Jeffrey R. Parsons, Robert S. Santley, and Mari Carmen Serra Puche, pp. 213-231. Universidad Nacional Autónoma de México, México, D.F.

1998 Rutas de intercambio en el Periodo Clásico en Mesoamérica. In *Rutas de Intercambio en Mesoamérica: III Coloquio Pedro Bosch-Gimpera*, edited by Evelyn Childs Rattray, pp. 77-100. Universidad Nacional Autónoma de México, México, D.F.

2001 *Teotihuacan: Cerámica, cronología y tendencias culturales*. Instituto Nacional de Antropología e Historia, México, D.F.

Renfrew, Colin

1975 Trade as Action at a Distance: Questions of Integration and Communication. In *Ancient Civilization and Trade*, edited by Jeremy A. Sabloff and C. C. Lamberg-Karlovsky, pp. 3-59. University of New Mexico Press, Albuquerque.

1998 Matacapan: Un ejemplo de enclave teotihuacano en la Costa del Golfo. In *Los Ritmos de Cambio en Teotihuacán: Reflexiones y Discusiones de su Cronología*, coordinated by Rosa Brambila and Rubén Cabrera, Colección Científica, núm. 366, pp. 377-460. Instituto Nacional de Antropología e Historia,México, D.F.

Parry, William J., and Shigeru Kabata

2004 Cronology of Obsidian Artifacts from the Moon Pyramid, Teotihuacan, Mexico. Paper presented at the 69th Annual Meeting of the Society for American Archaeology, Montreal.

Parsons, Jeffrey R.

1987 El área central de Teotihuacan. In *El auge y la caída del Clásico en el México central*, edited by Joseph B. Mountjoy and Donald L. Brockington, pp. 37-75. Universidad Nacional Autónoma de México, México, D.F.

Pasztory, Esther

1992 Abstraction and the Rise of a Utopian State at Teotihuacan. In *Art, Ideology, and the City of Teotihuacan: A Symposium at Dumbarton Oaks 8th and 9th October 1988*, edited by Janet Catherine Berlo, pp.281-320, Dumbarton Oaks, Washington D.C.

Pendergast, David M.

1971 Evidence of Early Teotihuacan-Lowland Maya Contact at Altun Ha. *American Antiquity* 36(4): 455-460.

Peregrine, Peter

1996 Introduction: Works-Systems Theory and Archaeology. In *Pre-Columbian World Systems*. Monographs in World Archaeology, No. 26, edited by Peter N. Peregrine and Gray M. Feinman, pp. 1-10. Prehistory Press, Madison.

Piña Chan, Róman

1967 Un complejo Coyotlatelco en Coyoacán, México, D.F. *Anales de Antropología* IV: 141-160.

Pires-Ferreira, Jane W.

1976 Obsidian Exchange in Formative Mesoamerica. In *The Early Mesoamerican Village*, edited by Kent V. Flannery, pp. 292-306. Academic Press, New York.

Polanyi, Karl

1992 *La Gran Transformación: Los Orígenes Políticos y Económicos de Nuestro Tiempo*. Fondo de Cultura Económica, México, D.F. (translated by 1957 *The Grate Transformation: The Political and Economic Origins of Our Time*. Beacon Press, Boston).

Pool, Christopher A.

2014 Power Relations, Social Identities, and Urban Transformations: Politics of Plaza Construction at Teotihuacan. In *Mesoamerican Plazas: Arenas of Community and Power*, edited by Kenichiro Tsukamoto and Takeshi Inomata, pp. 34-49. University of Arizona Press, Tucson.

2015 Replicative Construction Experiments at Teotihuacan, Mexico: Assessing the Duration and Timing of Monumental Construction. *Journal of Field Archaeology* 40: 263:282.

2016a Entangled Political Strategies: Rulership, Bureaucracy, and Intermediate Elites at Teotihuacan. In *Political Strategies in Pre-Columbian Mesoamerica*, edited by Sarah Kurnick and Joanne Baron, pp. 153-179. University Press of Colorado, Boulder.

2016b Materiality, Regimes of Value, and the Politics of Craft Production, Exchange, and Consumption: A Case of Lime Plaster at Teotihuacan. *Journal of Anthropological Archaeology* 42: 56-78.

Murakami, Tatsuya, Shigeru Kabata, Julieta M. López J., and José Juan Chávez V.

2017 Development of an Early City in Central Mexico: Preliminary Results of the Tlalancaleca Archaeological Project. *Antiquity* 91(356): 455-473.

Nagao, Debra

1989 Public Proclamation in the Art of Cacaxtla and Xochicalco. In *Mesoamerica after the Decline of Teotihuacan, A.D. 700-900*, edited by Richard A. Diehl and Janet Catherine Berlo, pp. 83-104. Dumbarton Oaks Research Library and Collection, Washington, D.C.

Navarrete Linares, Federico

2009 Ruinas y estado: arqueología de una simbiosis mexicana. In *Pueblos indígenas y arqueología en Latinoamérica*, edited by C. Gnecco and P. A. Rocabado, pp. 65-82. Fundación de Investigaciones Arqueológicas Nacionales-Universidad de los Andes, Bogotá.

2015 *Los orígenes de los pueblos indígenas del Valle de México. Los altépetl y sus historias*. Universidad Nacional Autónoma de México, México, D.F.

Nichols, Deborah L., Elizabeth M. Brumfiel, Hector Neff, Mary Hodge, Thomas H. Charlton, and Michael D. Glascock

2002 Neutrons, Markets, Cities, and Empires: A 1000-Year Perspective on Ceramic Production and Distribution in the Postclassic Basin of Mexico. *Journal of Anthropological Archaeology* 21: 25-82.

Ortiz, Ponciano, and Robert Santley

1976 Social relations in ancient Teotihuacan. In *The Valley of Mexico*, edited by E. R. Wolf, pp. 205-248. University of New Mexico Press, Albuquerque.

1981 Teotihuacan: City, State, and Civilization. In *Supplement to the Handbook of Middle American Indians*, Vol. 1: Archaeology, edited by V. Bricker and J. Sabloff, pp.198-243, University of Texas Press, Austin.

1988 The Last Years of Teotihuacan Dominance. In *The Collapse of Ancient States and Civilizations*, edited by Norman Yoffee and George L. Cowgill, pp. 102-164. University of Arizona Press, Tucson.

1992 Teotihuacan Studies: From 1950 to 1990 and Beyond. In *Art, Ideology, and the City of Teotihuacan*, edited by Janet Catherine Berlo, pp. 339-429. Dumbarton Oaks Research Library and Collection, Washington, D. C.

Modelski, George

2000 World System Evolution. In *World System History: The Social Science of Long-term Change*, edited by Robert A. Denemark, Jonathan Friedman, Barry K. Gills, and George Modelski, pp. 24-53. Routledge, London.

Moholy-Nagy, Hattula

1999 Mexican Obsidian at Tikal, Guatemala. *Latin American Antiquity* 10(3): 300-313.

Monnet, Jérôme

2003 From Urbanism to Urbanity: A Dialogue between Geography and Archaeology about the City. In *El Urbanismo en Mesoamérica*, edited by Willam T. Sanders, Alba Guadalupe Mastache, and Robert H. Cobean, pp. 21-42. Instituto Nacional de Antropología e Historia, México, D.F.

Morselli B., Simonetta

2004 El Tocado de los Gobernantes en las Representaciones Escultóricas de Tikal: Propuesta para una Lectura Iconográfica. Master thesis. Universidad Nacional Autónoma de México, México, D. F.

Mountjoy, Joseph B.

1987 La caída del Clásico en Cholula visto desde el Cerro Zapotecas. In *El auge y la caída del Clásico en el México central*, edited by Joseph B. Mountjoy and Donald L. Brockington, pp. 237-258. Universidad Nacional Autónoma de México, México, D.F.

Murakami, Tatsuya

2010 Power Relations and Urban Landscape Formation: A Study of Construction Labor and Resources at Teotihuacan, Mexico. Ph.D. dissertation, Arizona State University, Tempe.

2008 Las "CASAS" Nobles de los barrios de Teotihuacan. Estructuras exclusionistas en un entorno corporativo. *Memoria 2007*: 485-502.

2009 Corporate Life in Apartment and Barrio Compounds at Teotihuacan, Central Mexico: Craft Specialization, Hierarchy, and Ethnicity. In *Domestic Life in Prehispanic Capitals: A Study of Specialization, Hierarchy, and Ethnicity*. Memoirs of the Museum of Anthropology, Vol. II, edited by Linda R. Manzanilla and Claude Chapdelaine, pp. 21-42. University of Michigan, Ann Arbor.

Marcus, Joyce

2003 The Maya and Teotihuacan. In *The Maya and Teotihuacan: Reinterpreting Early Classic Interaction*, edited by Geoffrey E. Braswell, pp. 337-356. University of Texas Press, Austin.

Marcus, Joyce, and Kent V. Flannery

1996 *Zapotec Civilization. How Urban Society Evolved in Mexico's Oaxaca Valley*. Thames and Hudson, London.

Martínez Donjuan, Guadalupe

1979 *Las Pilas, Morelos*. Colección Científica, núm. 75. Instituto Nacional de Antropología e Historia, México, D.F.

Mastache, Alba Guadalupe, and Robert H. Cobean

1985 Tula. In *Mesoamérica y el centro de México: Una antología*, edited by Jesús Monjarás-Ruiz, Rosa Brambilia, and Emma Pérez-Rocha, pp. 273-307. Instituto Nacional de Antropología e Historia, México, D.F.

1989 The Coyotlatelco Culture and the Origins of the Toltec State. In *Mesoamerica after the Decline of Teotihuacan, A. D. 700-900*, edited by Richard A. Diehl and Janet Catherine Berlo, pp.49-68. Dumbarton Oaks Research Library and Collection, Washington, D. C.

Mastache, Alba Guadalupe, Robert Cobean, and Dan Healan

2002 *Ancient Tollan: Tula and The Toltec Heartland*. University Press of Colorado, Boulder.

Matos Moctezuma, Eduardo

1979 Las corrientes arqueológicas en México. *Nueva Antropología* III(12): 7-25.

2006 *Tenochtitlan*. Fondo de Cultura Económica, México, D.F.

Millon, René

1973 *Urbanization at Teotihuacán, México*, Vol. 1, Part 1: The Teotihuacan Map: Text. University of Texas Press, Austin.

Autónoma de México, México, D.F.

Manzanilla, Linda R.

1983 La redistribución como proceso de centralización de la producción y circulación de bienes: Análisis de dos casos. *Boletín de Antropología Americana* 7: 5-18.

1992 The Economic Organization of the Teotihuacan Priesthood: Hypotheses and Considerations. In *Art, Ideology, and the City of Teotihuacan: A Symposium at Dumbarton Oaks 8th and 9th October 1988*, edited by Janet Catherine Berlo, pp.321-338, Dumbarton Oaks Research Library and Collection, Washington, D.C.

1996 Corporate Groups and Domestic Activities at Teotihuacan. *Latin American Antiquity* 7(3): 228-246.

1997a Early Urban Societies: Challenges and Perspectives. In *Emergence and Change in Early Urban Societies*, edited by Linda R. Manzanilla, pp. 3-39. Plenum Press, New York.

1997b Teotihuacan: Urban Archetype, Cosmic Model. In *Emergence and Change in Early Urban Societies*, edited by Linda R. Manzanilla, pp. 109-131. Plenum Press, New York.

2001a La zona del Altiplano Central en el Clásico. In *Historia Antigua de México*, Vol. II, Segunda edición, edited by Linda R. Manzanilla and Leonardo López Lujan, pp. 203-239. Universidad Nacional Autónoma de México, México, D.F.

2001b Agrupamientos Sociales y Gobierno en Teotihuacan, Centro de México. In *Reconstruyendo la Ciudad Maya: El Urbanismo en las Sociedades Antiguas*, edited by Andrés Ciudad Ruiz, Ma. Josefa Iglesias Ponce de León, and Ma. del Carmen Martínez Martínez, pp. 461-482. Sociedad Española de Estudios Mayas, Madrid.

2001c Gobierno Corporativo en Teotihuacan: Una Revisión del Concepto "Palacio" Aplicado a la Gran Urbe Prehispánica. *Anales de Antropología* 35: 157-190

2004 Social Identity and Daily Life at Classic Teotihuacan. In *Mesoamerican Archaeology*, edited by Julia A. Hendon and Rosemary A. Joyce, pp. 124-147. Blackwell Publishing, Malden.

2005 Migrantes epiclásicos en Teotihuacan. Propuesta metodológica para el análisis de migraciones del Clásico al Posclásico. In *Reacomodos demográficos del Clásico al Posclásico en el centro de México*, edited by Linda Manzanilla, pp. 261-273. Universidad Nacional Autónoma de México, México, D.F.

2006 Estados corporativos arcaicos. Organizaciones de excepción en escenarios excluyentes. *Cuicuilco* 13(36): 13-45.

2013 Reconstructing Exchange Systems: Periphery vs. Periphery, and Periphery vs. Core. In *Constructing, Deconstructing, and Reconstructing Social Identity: 2,000 Years of Monumentality in Teotihuacan and Cholula, Mexico*, Monograph 1, edited by Saburo Sugiyama, Shigeru Kabata, Tomoko Taniguchi, and Etsuko Niwa, pp. 139-154. Cultural Symbiosis Research Institute, Aichi Prefectural University, Nagakute.

Kirchhoff, Paul

1985 [1961] El imperio tolteca y su caída. In *Mesoamérica y el Centro de México: Una Antología*, edited by Jesús Monjarás-Ruiz, Rosa Brambila, and Emma Pérez-Rocha, pp. 249-272. Instituto Nacional de Antropología e Historia, México, D.F.

Kolb, Charles

1986 Commercial Aspects of Classic Teotihuacan Period "Thin Orange Wares. In *Research in Economic Anthropology*, Supplement No. 2: Economic Aspects of Prehispanic Highland Mexico, edited by Barry L. Isaac, pp. 155-205. JAI Press, Greenwich.

1987 *Marine Shell Trade and Classic Teotihuacan, Mexico*. Bar International Series 364. British Archaeological Reports, Oxford.

Litvak King, J.

1970 Xochicalco en la caída del Clásico: una hipótesis. *Anales de Antropología* VII: 131-144.

1974 Algunas observaciones acerca del Clásico de Xochicalco, México. *Anales de Antropología* XI: 9-17.

1997 Mexican Archaeology: Challenges at the End of the Century. *SAA Bulletin* 15(4): 1-5.

López Austin, Alfredo, and Leonardo López Luján

2001 *El Pasado Indígena*. Fondo de Cultura Económica, México, D.F.

2009 *Monte Sagrado- Templo Mayor: El Cerro y la Pirámide en la Tradición Religiosa Mesoamericana*. Universidad Nacional Autónoma de México e Instituto Nacional de Antropología e Historia, México, D.F.

López Austin, Alfredo Leonardo López Luján, and Saburo Sugiyama

1991 The Temple of Quetzalcoatl at Teotihuacan: Its Possible Ideological Significance. *Ancient Mesoamerica* 2(1): 93-105.

López P., Claudia M., and Claudia Nicolás Careta

2005 La cerámica de tradición norteña en el valle de Teotihuacan durante el Epiclásico y el Posclásico temprano. In *Reacomodos demográficos del Clásico al Posclásico en el centro de México*, edited by Linda Manzanilla, pp. 275-286. Universidad Nacional

2003 The Xochicalco Production Sequence for Obsidian Prismatic Blades. Technological Analysis and Experimental Inferences. In *Mesoamerican Lithic Technology: Experimentation and Interpretation*, edited by Kenneth G. Hirth, pp. 182-196. University of Utah Press, Salt Lake City.

Hirth, Kenneth G., Gregory Bondar, Michael D. Glascock, A. J. Vonarx, and Thierry Daubenspeck

2006 Supply-Side Economics: An Analysis of Obsidian Procurement and the Organization of Workshop Provisioning. In *Obsidian Craft Production in Ancient Central Mexico. Archaeological Research at Xochicalco*, edited by Kenneth G. Hirth, pp. 115-136. University of Utah Press, Salt Lake City.

Hirth, Kenneth, and Jorge Angulo Villaseñor

1981 Early State Expansion in Central Mexico: Teotihuacan. *Journal of Field Archaeology* 8(2): 135-150.

Houston, Stephen, and Takeshi Inomata

2009 *The Classic Maya*. Cambridge University Press, Cambridge.

Joyce, Arthur A.

2010 *Mixtecs, Zapotecs, and Chatinos. Ancient Peoples of Southern Mexico*. Wiley-Blackwell, Malden.

Kabata, Shigeru

2009 La industria de obsidiana y su abastecimiento a Santa Cruz Atizapán. In *La Gente de la Ciénaga en Tiempos Antiguos: La Historia de Santa Cruz Atizapán*, edited by Yoko Sugiura Yamamoto, pp. 243-260. Universidad Nacional Autónoma de México, México, D.F.

2010 La dinámica regional entre el valle de Toluca y las áreas circundantes: Intercambio antes y después de la caída de Teotihuacan. Ph.D dissertation. Universidad Nacional Autónoma de México, México, D.F.

Kabata, Shigeru, and Tatsuya Murakami

2017 Proyecto Arqueológico Tlalancaleca, Puebla: Informe Técnico de la Quinta Temporada 2016-2017. Consejo Nacional de Arqueología, México, D.F.

Kabata, Shigeru, Tatsuya Murakami, Julieta M. López J., and José Juan Chávez V.

2014 Dinámicas de interacción en la transición del Formativo al Clásico: Los resultados preliminares del Proyecto Arqueológico Tlalancaleca, Puebla 2012-2014. *Boletín del Instituto de Estudios Latinoamericanos de Kyoto* 14: 73-105.

Kabata, Shigeru, and Yuta Chiba

mative Mesoamerica. *World Archaeology* 24(3): 449-466.

1997 Pre-Hispanic Quarrying in the Ucareo-Zinapecuaro Obsidian Source Area. *Ancient Mesoamerica* 8(1): 77-100.

Heyden, Doris

1975 An Interpretation of the Cave Underneath the Pyramid of the Sun in Teotihuacan, Mexico. *American Antiquity* 40(2): 131-147.

1981 Caves, Gods, and Myths: World-View and Planning in Teotihuacan. In *Mesoamerican Sites and World-Views*, edited by Elizabeth P. Benson, pp. 1-39. Dumbarton Oaks Research Library and Collections, Washington, D.C.

Hirth, Kenneth G.

1976 Teotihuacan Influence in the Eastern Valley of Morelos. In *Las Fronteras de Mesoamérica*, Tomo 2, pp. 33-43. Sociedad Mexicana de Antropología, México, D.F.

1978 Teotihuacán Regional Population Administration in Eastern Morelos. *World Archaeology* 9(3): 320-333.

1989 Militarism and Social Organization at Xochicalco, Morelos. In *Mesoamerica after the Decline of Teotihuacan, A.D. 700-900*, edited by Richard A. Diehl and Janet Catherine Berlo, pp. 69-81. Dumbarton Oaks Research Library and Collection, Washington, D.C.

1998 A New Way to Identify Marketplace Exchange in the Archaeological Record. *Current Anthropology* 39(4): 451-476.

2006 Modeling a Prehistoric Economy: Mesoamerican Obsidian Systems and Craft Production at Xochicalco. In *Obsidian Craft Production in Ancient Central Mexico. Archaeological Research at Xochicalco*, edited by Kenneth G. Hirth, pp. 287-300. University of Utah Press, Salt Lake City.

2008 The Economy of Supply: Modeling Obsidian Procurement and Craft Provisioning at a Central Mexican Urban Center. *Latin American Antiquity* 19(4): 435-457.

2009 Economía política prehispánica: Modelos, sueños y realidad arqueológica. In *Bases de la Complejidad Social en Oaxaca. Memoria de la Cuarta Mesa Redonda de Monte Albán*, edited by Nelly M. Robles García, pp.17-53. Instituto Nacional de Antropología e Historia, México, D.F.

Hirth, Kenneth G., and Ann Cyphers Guillén

1988 T*iempo y Asentamiento en Xochicalco*. Universidad Nacional Autónoma de México, México, D.F.

Hirth, Kenneth. G., J. Jeffery Flenniken, and Bradford Andrews

Austin.

García Cook, Ángel, and B. Leonor Merino Carrión

1997 El "Epiclásico" en la región poblano-tlaxcalteca. In *Antología de Tlaxcala*, Vol. IV, edited by Lorena Mirambell Silva, pp. 340-356. Instituto Nacional de Antropología e Historia, México, D.F.

Gills, Barry K, and Andre Gunder Frank

1991 5000 Years World System History: The Cumulation of Accumulation. In *Core/Periphery Relations in Precapitalist Worlds*, edited by Christopher Chase-Dunn and Thomas D. Hall, pp. 67-112. Westview Press, Boulder.

González de la Vara, Fernán

1999 *El valle de Toluca hasta la caída de Teotihuacan*. Colección Científica, núm.389. Instituto Nacional de Antropología e Historia, México, D.F.

González Lauck, Rebecca B

1994 La antigua ciudad olmeca en La Venta, Tabasco. In *Los Olmecas en Mesoamérica*, edited by John E. Clark, pp. 93-111. Equilibrista, México, D.F.

2007 El Complejo A. *Arqueología Mexicana* XV(87): 4954.

2008 *La arqueología del mundo olmeca*. In *Olmeca. Balance y perspectivas. Memoria de la Primera Mesa Redonda, Tomo* II, edited by María Teresa Uriarte and Rebecca B. Gonzálz Lauck, pp. 397-410. Universidad Nacional Autónoma de México, México, D.F.

2014 La zona del Golfo en el Preclásico: La etapa olmeca. In *Historia Antigua de México*, Vol. I, Tercera edición, edited by Linda R. Manzanilla and Leonardo López Luján, pp. 363-406. Universidad Nacional Autónoma de México, México, D.F.

Hall, Thomas D.

2000 Frontiers, Ethnogenesis, and World-Systems: Rethinking the Theories. In *A World-Systems Reader: New Perspectives on Gender, Urbanism, Cultures, Indigenous Peoples, and Ecology*, edited by Thomas D. Hall, pp. 237-270. Rowman & Littlefield, Lanham.

Hall, Thomas D., and Christopher K. Chase-Dunn

1996 Comparing World-Systems: Concepts and Hypotheses. In *Pre-Columbian World Systems*. Monographs in World Archaeology, No. 26, edited by Peter N. Peregrine and Gray M. Feinman, pp. 11-25. Prehistory Press, Madison.

Healan, Dan M.

1993 Local versus Non-local Obsidian Exchange at Tula and its Implications for Post-for-

and Exchange in Early Mesoamerica, edited by Kenneth. G. Hirth, pp. 157-178. University of New Mexico Press, Albuquerque.

Fernández Christlieb, Federico, and Ángel Julián García Zambrano

2006 Introducción. In *Territorialidad y Paisaje en el Altepetl del Siglo XVI*, edited by Federico Fernández Christlieb and Ángel Julián García Zambrano, pp. 13-28. Fondo de Cultura Económica, México, D.F.

Feldman, Lawrence H.

1974 Tollan in Hidalgo: Native Accounts of Central Mexican Tolteca. In *Studies of Ancient Tollan: A Report of the University of Missouri. Tula Archaeological Project*, edited by Richard A. Diehl, pp. 130-149. University of Missouri, Missouri.

Fields, Virginia, M., and Dorie Reents-Budet (eds.)

2005 *Los Mayas. Señores de la Creación: los Orígenes de la Realeza Sagrada.* Instituto Nacional de Antropología e Historia, México, D.F.

Figueroa Sosa, Sandra

2006 Cronología Cerámica de los Pozos Estratigráficos del Islote 20b del Sitio de Santa Cruz Atizapán, Edo. de México. Clásico y Epiclásico en el Valle de Toluca. Licentiate thesis. Escuela Nacional de Antropología e Historia, México, D.F.

Filini, Agapi

2004 *The Presence of Teotihuacan in the Cuitzeo Basin, Michoacán, Mexico: A World-System Perspective*. Archaeopress, Oxford.

Fowler, William R., Jr., Jane H. Kelley, Frank Asaro, Helen V. Michel, and Fred H. Stross

1987 The Chipped Stone Industry of Cihuatan and Santa Maria, El Salvador, and Sources of Obsidian for Cihuatan. *American Antiquity* 52(1): 151-160.

García Chávez, Raúl

2004 De Tula a Azcapotzalco: Caracterización Arqueológica de los Altepetl de la Cuenca de México del Posclásico Temprano y Medio, a través del Estudio Cerámico Regional. Ph.D dissertation. Universidad Nacional Autónoma de México, México, D.F.

García Chávez, Raúl, J. Michael Elam, Harry B. Iceland, and Michael D. Glascock

1990 INAH Salvage Archaeology Excavation at Azcapotzalco, Mexico. *Ancient Mesoamerica* 1: 225-232.

García Cook, Ángel

1981 The Historical Importance of Tlaxcala in the Cultural Development of the Central Highlands. In *Handbook of Middle American Indians*, Supplement 1: Archaeology, edited by V. R. Bricker and J. A. Sabloff, pp. 244-276. University of Texas Press, *de cambio en Teotihuacan: Reflexiones y discusiones de su cronología*, edited by Rosa Brambila and Rubén Cabrera, pp. 353-375. Colección Científica, núm. 366. Instituto Nacional de Antropología e Historia, México, D.F.

Diehl, Richard A.

1983 *Tula: The Toltec Capital of Ancient Mexico*. Thames and Hudson, London.

1989 A Shadow of Its Former Self: Teotihuacan during the Coyotlatelco Period. In *Mesoamerica after the Decline of Teotihuacan, A.D. 700-900*, edited by Richard A. Diehl and Janet Catherine Berlo, pp. 9-18. Dumbarton Oaks Research Library and Collection, Washington, D.C.

1993 The Toltec Horizon in Mesoamerica: New Perspectives on an Old Issue. In *Latin American Horizons*, edited by Don S. Rice, pp. 263-294. Dumbarton Oaks, Washington, D.C.

Drennan, Robert D.

1984a Long-Distance Movement of Goods in the Mesoamerican Formative and Classic. *American Antiquity* 49(1): 52-65.

1984b Long-Distance Transportation Costs in Pre-Hispanic Mesoamerica. *American Anthropologist* 86(1): 105-112.

Drennan, Robert D., Philip T. Fitzgibbons, and Heinz Dehn

1990 Imports and Exports in Classic Mesoamerican Political Economy: The Tehuacan Valley and The Teotihuacan Obsidian Industry. In *Research in Economic Anthropology*, Vol.12, edited by Barry L. Issac, pp.177-199. JAI Press INC., Greenwich.

Earle, Timothy

2002 Commodity Flows and the Evolution of Complex Societies. In *Theory in Economic Anthropology*, edited by Jean Ensminger, pp.81-103. AltaMira Press, Walnut Creek.

Evans, Susan Toby

2008 *Ancient Mexico and Central America: Archaeology and Culture History. Second Edition*. Thames & Hudson, London.

Fash, William L., Alexandre Tokovinine, and Barbara W. Fash

2009 The House of New Fire at Teotihuacan and its Legacy in Mesoamerica. In *The Art of Urbanism: How Mesoamerican Kingdoms Represented Themselves in Architecture and Imagery*, edited by William L. Fash and Leonardo López Luján, pp. 201-229. Dumbarton Oaks Research Library and Collection, Washington, D. C.

Feinman, Gray M., Richard Blanton, and Stephen Kowalewski

1984 Market System Development in the Prehispanic Valley of Oaxaca, Mexico. In *Trade*

1993 The Age of Teotihuacan and its Mission Abroad. In *Teotihuacan: Art from the City of the Gods*, edited by Kathleen Berrin and Esther Pasztory, pp. 140-155. Thames and Hudson, The Fines Arts Museums of San Francisco, San Francisco.

Covarrubias García, Mariana

2003 Arquitectura de un Sitio Lacustre del Valle de Toluca desde Finales del Clásico y durante el Epiclásico (550-900 d.C). Una Reconstrucción de las Estructuras Públicas del Montículo 20 de Santa Cruz Atizapán. Licentiate thesis. Escuela Nacional de Antropología e Historia, México, D.F.

Cowgill, George L.

1974 Quantitative Studies of Urbanization at Teotihuacan. In *Mesoamerican Archaeology: New Approaches*, edited by Norman Hammond, pp. 363-396. Duckworth, London.

1983 Rulership and the Ciudadela: Political Inferences from Teotihuacan Architecture. In *Civilization in the Ancient Americas: Essays in Honor of Gordon R. Willey*, edited by Richard M. Leventhal and Alan L. Kolata, pp. 313-343. University of New Mexico Press, Cambridge.

1992 Social Differentiation at Teotihuacan. In *Mesoamerican Elites: An Archaeological Assessment*, edited by Diane Z. Chase and Arlen F. Chase, pp. 206-220. University of Oklahoma Press, Norman.

2004 Origins and Development of Urbanism: Archaeological Perspectives. *Annual Review of Anthropology* 33: 525-549.

2015 *Ancient Teotihuacan: Early Urbanism in Central Mexico*. Cambridge University Press, Cambridge.

Culbert, T. Patrick

1993 *The Ceramics of Tikal: Vessels from the Burials, Caches, and Problematical Deposits*. Tikal Report No. 25, part A. The University of Pennsylvania, Philadelphia.

Cyphers, Ann, and Kenneth G. Hirth

2000 Ceramics of Western Morelos: The Cañada through Gobernador Phases at Xochicalco. In *The Xochicalco Mapping Project*, edited by Kenneth G. Hirth, pp. 102-135. *Archaeological Research at Xochicalco*, Vol. 2. The University of Utah Press, Salt Lake City.

Díaz Oyarzabal, Clara Luz

1980 *Chingú: Un sitio Clásico del áera de Tula, Hgo*. Colección Científica, núm. 90. Instituto Nacional de Antropología e Historia, México, D.F.

1998 Ocoyoacac: Un sitio con influencia teotihuacana en el valle de Toluca. In *Los ritmos*

Pyramid. University of Pittsburgh, Pittsburgh.

2016 *Urbanization and Religion in Ancient Central Mexico*. Oxford University Press, New York.

Carballo, David M., and Thomas Pluckhahn

2007 Transportation Corridors and Political Evolution in Highland Mesoamerica: Settlement Analyses Incorporating GIS for Northern Tlaxcala, Mexico. *Journal of Anthropological Archaeology* 26: 607-629.

Charlton, Thomas H.

1978 Teotihuacán, Tepeapulco, and Obsidian Exploitation. Science 200(4347): 1227-1236.

1984 Production and Exchange: Variables in the Evolution of a Civilization. In *Trade and Exchange in Early Mesoamerica*, edited by Kenneth. G. Hirth, pp.17-42. University of New Mexico Press, Albuquerque.

Charlton, Thomas, and Michael Spence

1982 Obsidian Exploitation and Civilization in the Basin of Mexico. In *Mining and Mining Techniques in Ancient Mesoamerica*, edited by Phil C. Weigand and Gretchen Gwynne, pp. 67-85. State University of New York, New York.

Chase-Dunn, Christopher K., and Thomas D. Hall

1991 Conceptualizing Core/Periphery Hierarchies for Comparative Study. In *Core/Periphery Relations in Precapitalist Worlds*, edited by Christopher Chase-Dunn and Thomas D. Hall, pp. 5-44. Westview Press, Boulder.

1997 *Rise and Demise: Comparing World-Systems*. Westview Press, Boulder.

2000 Comparing World-systems to explain social evolution. In *World System History: The Social Science of Long-term Change*, edited by Robert A. Denemark, Jonathan Friedman, Barry K. Gills, and George Modelski, pp. 85-111. Routledge, London.

Cobean, Robert H.

1990 *La cerámica de Tula, Hidalgo*. Colección Científica, núm. 215. Instituto Nacional de Antropología e Historia, México, D.F.

2002 *Un mundo de obsidiana: minería y comercio de un vidrio volcánico en el México antiguo*. Instituto Nacional de Antropología e Historia, México, D.F.

Coggins, Clemency

1983 An Instrument f Expansion: Monte Alban, Teotihuacan, and Tikal. In *Highland-Lowland Interaction in Mesoamerica: Interdisciplinary Approaches. A Conference at Dumbarton Oaks October 18th and 19th, 1980*, edited by Arther G. Muller, pp.49-68, Dumbarton Oaks Research Library and Collection, Washington D.C.

México, edited by Linda Manzanilla, pp. 45-56. Universidad Nacional Autónoma de México, México, D.F.

Braswell. Geoffrey E.

2003 Obsidian Exchange Spheres. In *The Postclassic Mesoamerican World*, edited by Michael E. Smith and Francis F. Berdan, pp. 131-158. University Utah Press, Salt Lake City.

Braswell, Geoffrey E., John E. Clark, Kazuo Aoyama, Heather I. McKillop, and Michael D. Glascock

2000 Determining the Geological Provenance of Obsidian Artifacts from the Maya Region: A Test of the Efficacy of Visual Sourcing. *Latin American Antiquity* 11(3): 269-282.

Brittenham, Claudia

2015 *The Murals of Cacaxtla. The Power of Painting in Ancient Central Mexico.* University of Texas Press, Austin.

Cabrera Castro, Rubén

2001 Ciudadela. In *La Pintura Mural Prehispánica en México. Teotihuacan*, tomo I: Catálogo, coordinated by Beatriz de la Fuente, pp. 3-18. Instituto Nacional de Antropología e Historia, México, D.F.

2009 Monte Albán y Teotihuacan: Interacciones políticas, ideológicas y científicas. In *Bases de la complejidad social en Oaxaca. Memoria de la Cuarta Mesa Redonda de Monte Albán*, edited by Nelly M. Robles García, pp. 243-264. Instituto Nacional de Antropología e Historia, México, D.F.

Cabrera C., Rubén, Saburo Sugiyama, and George L. Cowgill

1991 The Templo de Quetzalcoatl Project at Teotihuacan: A Preliminary Report, *Ancient Mesoamerica* 2(1): 77-92.

Canto Aguilar, Giselle

2006 La cerámica del Epiclásico de Morelos. In *El fenómeno Coyotlatelco en el Centro de México: Tiempo, Espacio y Significado. Memoria del Primer Seminario-Taller sobre Problemáticas Regionales*, edited by Laura Solar Valverde, pp. 361-374. Instituto Nacional de Antropología e Historia, México, D.F.

Carballo, David M.

2005 State Political Authority and Obsidian Craft Production at the Moon Pyramid, Teotihuacan, Mexico. Ph.D dissertation. University of California, Los Angeles.

2011 *Obsidian and the Teotihuacan State: Weaponry and Ritual Production at the Moon*

引用文献

欧文文献

Baird, Ellen T.

1989 Stars and War at Cacaxtla. In *Mesoamerica after the Decline of Teotihuacan, A.D. 700-900*, edited by Richard A. Diehl and Janet Catherine Berlo, pp. 105-122. Dumbarton Oaks Research Library and Collection, Washington, D.C.

Ball, Joseph W.

1983 Teotihuacan, the Maya, and Ceramic Interchange: A Contextual Perspective. In *Highland-Lowland Interaction in Mesoamerica: Interdisciplinary Approaches. A Conference at Dumbarton Oaks October 18th and 19th. 1980*, edited by Arther G. Muller, pp.125-143, Dumbarton Oaks Research Library and Collection, Washington, D.C.

Benitez, Alexander

2006 Late Classic and Epiclassic Obsidian Procurement and Consumption in the southeastern Toluca Valley, Central Highland Mexico. Ph.D dissertation. University of Texas at Austin.

Bernal García, María Elena, and Ángel Julián García Zambrano

2006 El altepetl colonial y sus antecedentes prehispánicos: contexto teórico-historiográfico. In *Territorialidad y Paisaje en el Altepetl del Siglo XVI*, edited by Federico Fernández Christlieb and Ángel Julián García Zambrano, pp. 31-113. Fondo de Cultura Económica, México, D.F.

Berdan, Frances F., and Patricia Rieff Anawalt

1997 *The Essential Codex Mendoza*. University of California Press, Berkeley.

Blanton, Richard E., Gary M. Feinman, Stephen A. Kowalewski, and Peter N. Peregrine

1996 A Dual-Processual Theory for the Evolution of Mesoamerican Civilization. *Current Anthropology* 37(1): 1-14.

Bove, Frederick J., and Sonia Medrano Busto

2003 Teotihuacan, Militarism, and Pacific Guatemala. In *The Maya and Teotihuacan: Reinterpreting Early Classic Interaction*, edited by Geoffrey E. Braswell, pp. 45-79. University of Texas Press, Austin.

Braniff, Beatriz

2005 Los chichimecas a la caída de Teotihuacan y durante la conformación de la Tula de Hidalgo. In *Reacomodos demográficos del Clásico al Posclásico en el centro de*

■著者略歴

嘉幡　茂（かばた　しげる）

1972年大阪市生まれ

メキシコ国立自治大学文学部人類学調査研究所修了、人類学博士

日本学術振興会「頭脳循環を活性化する若手研究者海外派遣プログラム（愛知県立大学）」若手研究者、愛知県立大学客員共同研究員等を経て、現在、ラス・アメリカス・プエブラ大学人類学科准教授、立命館大学客員研究員、京都外国語大学客員研究員

受賞：メキシコ国立人類学歴史学研究所・第4回国際テオティワカン円卓学会・最優秀賞受賞、メキシコ合衆国第13回オトパメ国際会議・ノエミ・ケサーダ賞・特別賞受賞、メキシコ国立人類学歴史学研究所・アルフォンソ・カソ賞・最優秀賞受賞

主な著書：『共生の文化研究：特集号　現代に生きるメキシコ世界遺産：古代文明と伝統芸術のルーツ』共編著（2009、愛知県立大学）、『古代メソアメリカ・アンデス文明への誘い』共著（風媒社、2011）、『Constructing, Deconstructing, and Reconstructing Social Identity: 2,000 Years of Monumentality in Teotihuacan and Cholula, Mexico』共編著（2013、愛知県立大学）、『メソアメリカを知るための58章（エリア・スタディーズ130）』共著（明石書店、2014）など。

2019年4月25日　初版発行　《検印省略》

環太平洋文明叢書《かんたいへいようぶんめいそうしょ》 7

テオティワカン―「神々《かみがみ》の都《みやこ》」の誕生《たんじょう》と衰退《すいたい》―

著　者　嘉幡　茂

発行者　宮田　哲男

発行所　株式会社　雄山閣

〒102-0071　東京都千代田区富士見2-6-9

TEL 03-3262-3231　FAX 03-3262-6938

振替 00130-5-1685

http://www.yuzankaku.co.jp

印刷・製本　株式会社ティーケー出版印刷

N.D.C. 256　208p　21cm

ISBN978-4-639-02642-6　C0022